L'ÉTRANGE HISTOIRE DE MONSIEUR PAUL
est le trois cent deuxième livre
publié par Les éditions JCL inc.

Données de catalogage avant publication (Canada)

Couët, Bernard,

L'Étrange Histoire de Monsieur Paul

ISBN 2-89431-302-0

I. Titre.

PS8555.0822F36 2003   C843'.54   C2003-941795-6

PS9555.0822F36 2003

© **Les éditions JCL inc., 2003**
Édition originale : novembre 2003

L'Étrange Histoire
de Monsieur Paul

DU MÊME AUTEUR :

Les Amants du Royaume
Roman, Chicoutimi, Éditions JCL, 1999, 376 pages

Le Retour de l'exilé
Roman, Chicoutimi, Éditions JCL, 2000, 406 pages

Le Manège des intrigants
Roman, Chicoutimi, Éditions JCL, 2001, 413 pages

La Chute des idoles
Roman, Chicoutimi, Éditions JCL, 2002, 372 pages

© **Les éditions JCL inc., 2003**
930, rue Jacques-Cartier Est, CHICOUTIMI (Québec) G7H 7K9
Tél. : (418) 696-0536 – Téléc. : (418) 696-3132 – www.jcl.qc.ca
ISBN 2-89431-302-0

Bernard Couët

L'Étrange Histoire de Monsieur Paul

Roman

LES ÉDITIONS JCL

Mes remerciements vont à Audrey Ciccotti,
Peggy Pinchart, et surtout à mon épouse
Danielle pour toute l'aide qu'elles m'ont apportée.
Je remercie aussi Richard Poitras
pour ses judicieux conseils.

À Jean Laroche et Louise Couët
pour leur gentillesse et leur hospitalité,
et
à Charles Lapointe et Doug Fyfe
pour toutes ces belles années de collaboration.

Nous reconnaissons l'aide financière du gouvernement du Canada par l'entremise du Programme d'aide au développement de l'industrie de l'édition (PADIÉ) pour nos activités d'édition. Nous bénéficions également du soutien de la Sodec et, enfin, nous tenons à remercier le Conseil des Arts du Canada pour l'aide accordée à notre programme de publication.

Gouvernement du Québec – Programme de crédit d'impôt pour l'édition de livres – Gestion SODEC

Une maison n'est jamais tranquille dans l'obscurité
pour ceux qui écoutent intensément.
Les fantômes ont été créés quand
le premier homme s'éveilla dans la nuit.

Sir J. M. Barrie, *Le Petit Ministre.*

PREMIÈRE JOURNÉE

Vendredi 26 novembre 1999 à 1 h 35
Paul Lacroix se réveilla en sursaut avec l'angoissante impression d'être en danger. Tremblant, tous ses sens en alerte, il ouvrit les yeux sur l'obscurité de sa chambre et, retenant son souffle, il écouta sans bouger, l'esprit envahi par une peur lui tordant les boyaux. Il resta ainsi de longues secondes, attentif, guettant le moindre bruit. Mais rien ne vint troubler le silence presque sépulcral de la chambre. Seuls les battements affolés de son cœur tapant contre sa poitrine résonnaient comme un tambour dans sa tête. À moitié rassuré, il osa enfin respirer et essaya de réfléchir sans paniquer. « *Peut-être mon imagination me joue-t-elle des tours?* » pensa-t-il, pour se dire que non, ce qu'il avait entendu était bien réel. « *Peut-être ai-je rêvé?* » essaya-t-il, ensuite, de se convaincre, pour rejeter aussitôt cette idée en songeant que, s'il avait rêvé, il s'en souviendrait.

Alors, s'il n'avait pas rêvé et si son imagination ne lui jouait pas de tours, qui avait prononcé ce « Réveille-toi! » impérieux dont la véhémence l'avait si brusquement tiré de son sommeil? Quelqu'un se trouvait-il blotti dans le noir de sa chambre, n'attendant que le moment propice pour l'agresser? Ou, encore pire, l'heure était-elle venue pour le Démon de s'emparer de son âme? Sa grand-mère, cette méchante mégère, lui avait dit tellement de fois que le Diable ou l'un de ses suppôts viendrait une nuit pour l'entraîner en enfer que, pendant cinquante ans, il s'était réveillé au moindre bruit, angoissé par cette idée effrayante imprimée dans son cerveau depuis l'enfance. Jusqu'à maintenant, il avait toujours été capable de se raisonner et de se rendormir. Cependant, cette nuit, c'était différent.

Jamais auparavant une voix ne lui avait ordonné de s'éveiller, et c'est ça qui le terrifiait. Surtout que la voix qu'il avait entendue avait des accents étranges, lugubres même. Avec beaucoup de prudence, il tendit le bras pour allumer sa lampe de chevet. Sa main tremblait si fort qu'il dut se reprendre à deux fois avant de réussir à pousser l'interrupteur. La lumière se répandit dans la chambre et, même si la petite ampoule de vingt-cinq watts était loin de bien éclairer la totalité de la pièce, ce fut suffisant pour s'apercevoir qu'il était seul et que personne n'allait l'attaquer ou s'emparer de lui. La crainte qu'il avait ressentie jusque-là s'envola et il se trouva stupide de s'être laissé impressionner de cette façon.

Mais son soulagement fut de courte durée. Son inquiétude reprit vite le dessus quand il se dit que la voix provenait peut-être de l'extérieur de la chambre. Il essaya de se rassurer en se disant que personne ne pouvait se trouver dans l'appartement. Comment un intrus aurait-il pu y pénétrer? Il était situé au neuvième étage. La seule possibilité était la porte d'entrée et il se souvenait très bien d'avoir enclenché le verrou avant de se coucher la veille. Pour entrer, il aurait donc fallu défoncer la porte et, ça, il l'aurait entendu. Mais cette certitude ne fut pas suffisante pour le calmer. Se connaissant, il savait qu'il ne se rendormirait pas avant d'être allé vérifier.

Résigné à devoir se lever, il repoussa les couvertures, enfila ses pantoufles et son peignoir et ouvrit la porte de sa chambre. C'est alors qu'il se figea sur place. Face à la salle de bain, un rai de lumière filtrait sous la porte de la chambre que sa fille Florence avait occupée avant de quitter les lieux deux mois plus tôt. Aussitôt, son cœur s'emballa et, pendant une seconde, l'idée qu'elle puisse être de retour le submergea. Il l'imagina sortant de sa chambre, lui sautant au cou et l'embrassant comme elle le faisait chaque fois qu'elle rentrait du travail en prononçant son traditionnel :

« Salut, mon petit papa chéri! »

Cependant, la réalité le rattrapa aussitôt. Sa fille ne pouvait pas être là. Elle n'y serait d'ailleurs plus jamais. On ne revenait pas de l'endroit où elle se trouvait maintenant. Le cimetière ne délivrait jamais de bon de sortie à ceux qui y avaient élu domicile.

Comme chaque fois qu'il pensait à sa fille, une image horrible s'inscrivit dans son esprit: celle de sa Florence étendue sur le plancher de la cuisine de son appartement, la gorge tranchée d'une oreille à l'autre.

Ce soir-là, il avait cru devenir fou, peut-être même l'avait-il été pendant un moment. La vue de sa fille étendue dans une mare de sang l'avait tellement traumatisé qu'au lieu de se servir du téléphone pour appeler du secours, il était sorti en courant de l'appartement qu'elle occupait avec ce voyou d'Alberto pour se précipiter au poste de police situé quelques rues plus loin. À peine avait-il eu le temps de décrire au policier de garde ce qu'il avait vu qu'un grand voile noir s'était abattu sur lui. Il se souvenait de l'agent notant l'adresse, puis plus rien jusqu'au moment où il s'était réveillé assis dans une voiture de police stationnée en double file, gyrophares allumés, devant l'immeuble habité par sa fille rue Sainte-Famille.

En repensant à cette soirée maudite, il sentit son cœur se serrer et, d'un geste lent, il essuya une larme qui perlait au coin de son œil droit.

La veille, comme il le faisait d'ailleurs tous les soirs depuis la mort de Florence, il était venu se recueillir dans sa chambre. Il s'était assis dans la berceuse et l'avait imaginée s'activant dans cette pièce qu'elle appelait son petit nid. Ces visites étaient pour lui une sorte de pèlerinage pendant lequel il se gorgeait de son souvenir. Avait-il oublié d'éteindre en repartant? Il resta un moment immobile, puis se décida à aller voir.

Comme il s'y attendait, la pièce était vide, vide comme son cœur depuis que sa petite Florence lui avait annoncé qu'elle le quittait pour aller vivre avec Alberto Rinaldo, un bon à rien. Comment sa fille avait-elle pu accepter de partager sa vie avec un truand appartenant à la mafia italienne de Montréal, une ordure dont la seule activité était de vendre de la drogue aux clients des bars branchés

11

de la ville? En réalité, c'est lui qui était venu s'installer chez elle. Florence s'était occupée de tout : elle avait loué l'appartement meublé rue Sainte-Famille, signé le bail, payé la caution et fait effectuer les travaux de rénovation. Alberto n'avait pas levé le petit doigt ni rien déboursé. Il s'était contenté d'arriver en roi et maître.

Paul n'avait jamais compris comment sa fille avait pu s'amouracher d'un pareil énergumène qui avait eu toutes sortes de démêlés avec la justice. Doté d'un physique agréable, beau parleur, il avait tellement bien embobiné Florence qu'elle en était tombée follement amoureuse et avait choisi de quitter son père pour aller s'installer avec lui. Il avait bien essayé de la faire changer d'avis, mais elle ne l'avait pas écouté. Aujourd'hui, il ne pouvait que constater les dégâts. Sa fille unique était morte, il était désormais seul dans la vie, et son meurtrier était toujours libre.

Lentement, presque religieusement, il pénétra dans la chambre et s'arrêta aussitôt le seuil franchi pour laisser son regard faire le tour de la pièce. Rien n'avait bougé depuis le jour où elle était partie. Il n'avait touché à rien. Pour lui, cette pièce était devenue un sanctuaire dédié à sa mémoire, une pièce qu'elle avait arrangée à son goût.

À travers ce qu'elle contenait, il avait l'impression de retrouver un peu d'elle-même : les meubles qu'ils avaient choisis ensemble; la chaîne stéréo et le coffret à CD, cadeaux de ses dix-huit ans; le poste de télévision Sony Trinitron et l'ordinateur Compaq qu'elle s'était offerts avec sa première paie; les posters de ses artistes préférés, Marcus Miller et Keith Jarrett, aux côtés d'une reproduction d'un tableau de Jean-Gabriel Domergue; le coffre en cèdre dont elle ne pouvait refermer le couvercle tellement il était rempli de ses jouets d'enfant; le jardin de cactus, cadeau de sa marraine décédée deux ans plus tôt; sa collection de chats en verroterie disposée sur la commode et celle de ses poupées Barbie éparpillées un peu partout sur les étagères de la bibliothèque au milieu des romans de Barbara Cartland et de ceux de la collection Harlequin. Le gros album photos, mémorial visuel de la famille et bible de

Florence passionnée de photographie, était resté sur sa table de chevet. Non, rien n'avait bougé. Même la panthère noire en peluche, qu'elle avait gagnée à La Ronde quelques années plus tôt, était toujours à sa place, couchée sur la couette rose qu'elle utilisait comme couvre-lit.

Florence était partie sans presque rien emporter : quelques ustensiles de cuisine, des objets personnels, ses bijoux, son attirail photographique et une partie de ses vêtements. Le placard de sa chambre contenait encore plusieurs de ses robes et tailleurs toujours imprégnés de son parfum. C'était comme si elle n'avait pas eu l'intention de partir définitivement.

Sa fille représentait tout pour Paul et son départ lui avait causé un choc énorme. Au cours des trois premières semaines qui avaient suivi son déménagement, il se réfugiait pendant des heures dans cette pièce. Il prenait alors quelques-uns de ses vêtements, les accrochait à la patère, s'asseyait dans la berceuse, fermait les yeux et se laissait envahir par l'odeur de jasmin qu'ils dégageaient. Dans ces moments-là, il avait le sentiment qu'elle se trouvait encore avec lui, qu'elle était assise à ses côtés en train de regarder la télévision en sa compagnie. Cependant, il avait assez vite mis fin à ce qui risquait de devenir une drogue le jour où il avait réalisé que, s'il continuait à agir ainsi, il ne tarderait pas à sombrer dans la folie.

De même, il n'ouvrait plus les tiroirs de sa commode depuis le soir où il s'était surpris à caresser du bout des doigts la lingerie fine qu'elle avait laissée derrière elle. Ce soir-là, il avait pleuré longtemps, très longtemps sa petite fille disparue pour toujours, assassinée par ce voyou d'Alberto.

Car Paul en était sûr, c'était l'amant de sa fille qui l'avait tuée. Qui d'autre aurait pu le faire ? Un voleur ? Un rôdeur ? Non, on ne lui avait rien volé et elle n'avait pas été violée. Quelqu'un qui aurait pu lui en vouloir suffisamment pour commettre un tel forfait ? Non, elle n'avait pas ce genre d'ennemis. En fait, le seul qui avait un mobile pour la tuer était Alberto. Ne l'avait-elle pas mis à la porte de son appartement une semaine avant sa mort avec l'aide du concierge de son immeuble, un ancien boxeur reconverti dans le gardiennage?

Cette histoire, Paul l'avait apprise d'une amie de Florence avec qui il était allé prendre un café après les obsèques. D'après elle, les deux amants avaient eu une violente dispute qui aurait tourné au pugilat lorsque Florence avait appris qu'Alberto la trompait avec une strip-teaseuse d'un club de nuit de l'est de Montréal où il écoulait sa marchandise. C'était à la suite de cette altercation qu'elle avait décidé de le faire expulser de chez elle. D'après Geneviève, le bel Alberto avait été passablement amoché par l'ancien boxeur et aurait juré de se venger.

Toujours immobile à la même place, Paul ferma les yeux et revit sa fille telle qu'elle était lors de leur dernier dîner au restaurant quelques mois plus tôt. Elle avait mis son plus bel ensemble et était passée chez le coiffeur dans la matinée. Dieu qu'elle était belle ce soir-là! Tous les clients les avaient regardés avec, dans les yeux des hommes, de l'admiration, et dans ceux des femmes, de la jalousie. Jamais il n'avait été aussi fier. Sa fille était la plus belle. Toute la soirée elle avait ri, plaisanté et s'était gentiment moquée de lui. Florence était heureuse de vivre et ne faisait de mal à personne. Alors pourquoi le Seigneur avait-il permis que le destin lui réserve un tel sort? C'était trop injuste de mourir ainsi à vingt et un ans.

Encore une fois, son cœur se serra et des larmes se mirent de nouveau à glisser furtivement sur ses joues sans qu'il fasse aucun effort pour les arrêter.

Il serait probablement resté encore longtemps prostré à l'entrée de la chambre si un courant d'air léger, mais glacial comme un vent du nord, ne l'avait soudainement pénétré jusqu'aux os. Surpris, il sortit de sa torpeur et s'aperçut qu'il grelottait. Au même moment, il réalisa qu'une odeur étrange flottait dans l'air, une odeur de terre humide, d'humus détrempé par la pluie. Il regarda autour de lui pour découvrir d'où elle provenait. C'est à cet instant que le phénomène se produisit pour la première fois. Il y eut un sifflement, puis ce fut comme si sa vision s'était tout à coup troublée, comme si tout devenait flou, enrobé de brouillard. Les objets se défaisaient autour de lui et il dut se retenir pour ne pas tomber. Puis, tout aussi rapidement que cela avait commencé, sa vision redevint normale et le courant d'air cessa.

Hébété, Paul secoua la tête en se demandant ce qui lui arrivait.

« *La fatigue*, pensa-t-il, *la fatigue, c'est sûrement ça. Je suis à bout. Cette affaire est en train de me rendre fou. Je ferais mieux d'aller me coucher.* »

Il allait se retourner pour regagner sa chambre lorsque ses yeux se portèrent sur le petit jardin de cactus, et des images s'incrustèrent dans son esprit. Il se vit en train d'y changer le terreau et de l'arroser. Une ombre de sourire apparut sur ses lèvres. Il venait de comprendre d'où venait cette odeur d'humus mouillé. Voulant en être sûr, il repensa à ce qu'il avait fait la veille et se revit s'occupant des plantes et quittant la chambre après avoir éteint la lumière.

« Quoi! »

Paul avait crié. Il avait donc bien éteint hier soir avant d'aller se coucher. Alors, pourquoi le plafonnier était-il allumé lorsqu'il s'était levé quelques minutes plus tôt? Un plafonnier ne s'allume pas tout seul, c'est impossible. À moins qu'il n'ait arrosé les cactus le soir d'avant et qu'il n'ait oublié d'éteindre hier? Ce devait être ça, sinon c'est qu'il commençait à perdre la boule. En fait, peut-être vaudrait-il mieux que ce soit ça, car il oublierait tout et n'aurait plus à vivre avec le souvenir de sa fille gisant sur le sol de la cuisine, la gorge tranchée et les traits déformés. S'il oubliait tout, il serait tranquille et dormirait sans avoir ces terribles cauchemars qui le réveillaient trempé de sueur, tremblant de tous ses membres. Oui, il voulait oublier, mais pas maintenant, pas avant d'avoir vu ce maudit Alberto arrêté, jugé et condamné.

Fatigué, embrouillé, confus, n'arrivant plus à se rappeler, Paul décida que la meilleure chose à faire était d'aller se coucher.

Après avoir fermé le plafonnier, il retourna dans sa chambre, et, malgré ses interrogations, réussit à s'endormir quelques minutes plus tard.

* * *

Mais sa nuit fut de courte durée. Un peu après cinq heures quinze du matin, il fut réveillé de nouveau, cette fois par le même rêve horrible qui le hantait depuis la mort tragique de sa fille. Un cauchemar qu'il savait relié au décès de Florence, mais qu'il n'arrivait pas à s'expliquer; un cauchemar effrayant qui se répétait jusque dans ses moindres détails et qui, cette nuit-là, débuta comme tous les autres.

Il se vit d'abord pénétrer dans l'appartement occupé par sa fille rue Sainte-Famille. Ce devait être le soir ou la nuit, car toutes les pièces étaient dans l'obscurité, toutes sauf la cuisine d'où émanaient une lumière blafarde et un bruit d'eau s'écoulant dans un évier métallique. Une odeur indéfinissable semblait flotter dans l'air.

« Florence! » cria-t-il à plusieurs reprises sans obtenir de réponse. Pourtant, elle devait bien être là puisqu'il y avait de la lumière et qu'un robinet coulait.

Intrigué et inquiet, il s'avança jusqu'à la porte de la cuisine et risqua un œil prudent. Florence était là, debout, lavant sa vaisselle en se balançant au rythme d'une mélopée qu'elle aurait fredonnée dans sa tête.

« Florence! cria-t-il de nouveau d'une voix forte, c'est papa. »

Sa fille sursauta, arrêta son mouvement de balancier, bougea sa tête de gauche à droite à la manière d'un automate avant de se retourner et de le regarder avec des yeux remplis d'une immense tristesse.

« Chérie, que se... »

Mais il ne put terminer sa phrase. L'horreur venait de s'abattre sur lui. Le cou de Florence, ce beau cou à la peau si douce et si blanche, était strié d'une oreille à l'autre par une fine ligne rouge d'où perlaient des gouttelettes de sang que le néon faisait briller comme autant de rubis, des gouttelettes qui glissaient lentement le long de son cou pour disparaître à l'intérieur du col de sa robe en laissant de petites coulées pourpres derrière elles.

Tétanisé par cette vision, les yeux exorbités, Paul Lacroix sentit son esprit se vider et il resta figé à l'entrée de la cuisine, se contentant de fixer sa fille dont la pâleur s'accroissait au fur et à mesure que de nouvelles perles de sang se formaient le long de son mortel collier rouge.

Incapable de penser, il mit plusieurs secondes avant de réaliser qu'elle s'adressait à lui. Réussissant à dominer son horreur, il se fit attentif mais, à sa grande surprise, il n'entendit rien. Pourtant, sa bouche bougeait, articulait des mots. Mais ces mots n'avaient aucun son, c'étaient des mots silencieux. Était-il devenu sourd? Non, puisqu'il entendait toujours l'eau du robinet.

« Florence, je ne t'entends pas », parvint-il à dire d'une voix enrouée par l'émotion. « Parle plus fort, chérie », ajouta-t-il en essayant de s'avancer vers elle.

Cependant, ses jambes refusèrent de lui obéir et, malgré tous les efforts qu'il fit pour bouger, il se vit contraint de rester au milieu de la porte, littéralement paralysé alors que sa petite fille adorée, celle qui était sa raison d'être, semblait réclamer son aide. Il essaya de nouveau d'arracher ses jambes du sol, tirant, forçant, mais en vain. Désespéré, ne sachant que faire, il la regarda et une terrible pensée s'incrusta dans son esprit: Florence l'appelait à l'aide. Elle était en train de mourir et il ne pouvait rien faire pour lui porter secours. Son désespoir s'accrut lorsqu'il la vit articuler avec de plus en plus de force des mots toujours aussi inaudibles. Tous les traits de son visage, qui était maintenant d'une blancheur cadavérique, laissaient deviner l'effort qu'elle faisait pour essayer de se faire entendre.

Soudain, il réalisa que le visage de Florence venait de changer du tout au tout. Ses traits déformés reflétaient maintenant une fureur incommensurable. Elle qui était si belle, si resplendissante, avait pris un aspect hideux, repoussant. Estimant que son impuissance à agir était responsable de cette transformation, il fut submergé par un sentiment de culpabilité qui lui vrilla le cœur et lui fit monter les larmes aux yeux.

Mais il n'eut guère le temps d'en verser beaucoup, car la terreur s'empara de son esprit en voyant la nouvelle transformation que sa fille subissait. Ce fut comme si ses traits se distendaient, fondaient, s'affaissaient avant de devenir évanescents et de disparaître complètement, ne laissant derrière eux qu'une tête sans visage, une masse informe de chair blanche sous laquelle semblaient s'activer de minuscules abominations. Il voulut fermer les yeux pour ne plus voir cette monstruosité. Mais ses paupières refusèrent d'obéir et, horrifié, il fut contraint d'assister à une troisième transformation encore plus horrible que les deux premières. Sous la masse de chair, une nouvelle bouche se formait avec lenteur à partir du trait sanglant qui encerclait le cou de Florence; une bouche aux lèvres sanguinolentes qui, à son tour, se mit à parler avec des mots restant toujours aussi inaudibles.

Malgré la terreur qui lui comprimait le cœur, Paul s'efforça de tendre l'oreille. En comprenant ce que sa fille disait, peut-être tout redeviendrait-il normal. Mais, il dut se rendre à l'évidence, les seuls bruits perceptibles étaient ceux produits par le chuintement de l'air inspiré et expiré par cette monstrueuse ouverture, et ceux produits par les gros postillons rouges qu'elle projetait et qui tombaient sur le plancher en faisant de sinistres gargouillements. Plus la bouche faisait d'efforts pour se faire entendre, plus les postillons qu'elle lançait devenaient gros. Au bout d'un moment, les postillons devinrent tellement énormes qu'ils couvrirent bientôt le plancher et Paul sentit avec horreur un liquide fangeux d'un rouge presque noir lui recouvrir les pieds. Une odeur de pourriture se répandit dans la cuisine, une odeur si puissante qu'elle le fit défaillir.

« Florence, réussit-il enfin à crier, qu'essaies-tu de me dire, que veux-tu que je fasse? Je veux t'aider, mais je n'arrive pas à te comprendre ni à bouger. »

C'est le moment que choisit sa fille pour se mettre en mouvement et s'avancer dans sa direction. Ce fut aussi le moment où l'horreur absolue prit possession de son esprit. Plus cette chose abjecte se rapprochait de lui, plus la puanteur augmentait et plus la bouche grossissait. Elle enfla si bien qu'elle en vint à occuper à elle seule une bonne partie de la pièce. Florence n'existait plus. Elle s'était diluée pour devenir un magma spongieux soutenant cet énorme orifice qui s'avançait à sa rencontre.

Parvenue face à lui, la bouche s'éleva et vint se placer presque à la verticale au-dessus de sa tête. Il était tétanisé par la peur. Plus rien d'autre n'existait que ce monstrueux trou rouge sombre d'où lui parvenaient de macabres borborygmes. Cette chose abjecte vivait, elle s'était emparée de la vie de Florence et avait pris sa place. Il voulut se retourner pour essayer de fuir, mais le liquide visqueux qui atteignait maintenant ses cuisses avait enlevé toute vie à ses jambes. Elles étaient mortes comme lui allait bientôt mourir. Il le comprit lorsqu'il vit, derrière cette gueule géante oscillant au-dessus de sa tête, des flammes apparaître et des pleurs mêlés à des cris de supplique s'élever. La bouche était le Démon, la cuisine, l'enfer, et Belzébuth était venu pour s'emparer de lui comme sa méchante grand-mère le lui avait si souvent dit lorsque, enfant, il osait toucher son sexe.

La chaleur devint étouffante et la bouche satanique se rapprocha de nouveau pour s'arrêter à quelques centimètres de sa tête. Puis, tel un nageur se préparant à plonger en apnée, elle inspira et expira de plus en plus profondément. À la fin, après une dernière expiration qui la vida de tout l'air qu'elle contenait, elle se pencha vers lui jusqu'à engloutir totalement sa tête et inspira avec une telle force qu'il sentit ses pieds s'arracher de la fange et tout son corps aspiré inexorablement à l'intérieur de cette infernale monstruosité. Il voulut résister, se retenir aux parois de la bouche satanique, mais en vain. Ses mains ne firent que s'enfoncer dans une masse grouillante de petits asticots rouges qui lui mordillaient les doigts.

Au moment même où tout son corps était attiré à l'intérieur, un rire diabolique se fit entendre et les lèvres se refermèrent, le laissant prisonnier des asticots qui le submergèrent et commencèrent à pénétrer dans son corps par tous les pores de sa peau. Il poussa un hurlement de mort et se débattit avec la force du désespoir contre cette masse vivante qui l'emprisonnait et le dévorait.

C'est toujours à cet instant précis qu'il se réveillait, empêtré dans ses couvertures, hurlant, tremblant, couvert de sueur, le cœur battant et l'esprit totalement paniqué.

Il lui fallait alors plusieurs minutes pour se remettre de ses émotions et, s'il voulait se rendormir, il devait prendre un somnifère qui le plongeait dans un sommeil sans rêve jusqu'au matin. C'était pour lui la seule façon de trouver un peu du repos dont il avait le plus grand besoin. Sans médicaments, sa nuit était terminée. Il avait toujours été sujet à faire de l'insomnie, mais le décès de Florence avait aggravé les choses.

Aujourd'hui, cependant, son cauchemar l'avait réveillé au petit matin et il décida de ne pas utiliser de sédatif, même pas le tranquillisant léger que son médecin lui avait prescrit. Cela le ferait dormir trop tard et il avait une journée chargée. Il n'aurait pas accumulé beaucoup d'heures de sommeil, mais tant pis. De toute façon, ce ne serait pas la première fois qu'il passerait la journée fatigué. Depuis le temps qu'il partageait ses nuits avec dame insomnie, il avait l'habitude.

Après avoir retrouvé son calme, il remit de l'ordre dans ses draps et s'allongea pour essayer de comprendre, une bonne fois pour toutes, pourquoi ce maudit cauchemar revenait le hanter chaque nuit.

Il n'avait jamais cru que les rêves puissent être porteurs de messages. Pour lui, ceux qui croyaient à de telles balivernes étaient de grands naïfs qui se faisaient escroquer par de soi-disant spécialistes. D'ailleurs, il s'était souvent moqué de son ex-épouse qui accordait foi à tout ce qui était horoscopes, tarots, lignes de la main, feuilles de thé, rêves et qui fréquentait diseuses de bonne aventure, cartomanciennes, astrologues et autres bonimenteurs de cet acabit. Cependant, aujourd'hui, il en était venu à se dire qu'un cauchemar aussi terrifiant qui se répétait toutes les nuits sans varier d'un iota avait peut-être une signification. Sans trop d'espoir, il se mit à réfléchir de nouveau à cette possibilité, repassant dans sa tête pour la énième fois le déroulement de ce rêve maudit qu'il connaissait maintenant par cœur.

Il se creusa les méninges et, après une heure, il crut avoir trouvé une explication qui lui parut plausible : Florence voulait qu'il retourne dans l'appartement de la rue Sainte-Famille où se trouvait peut-être quelque chose qui avait échappé à la police ; un indice pouvant faire avancer l'enquête ou, mieux, une preuve de la culpabilité de ce salaud d'Alberto.

En vérité, il était retourné une fois dans l'appartement. C'était le lendemain du meurtre. Le lieutenant Grimard l'y avait conduit pour qu'il vérifie si des bijoux ou des objets précieux ayant appartenu à sa fille n'avaient pas disparu. Ce jour-là, il n'avait pas osé le dire au policier, mais il n'était jamais venu dans cet appartement avant le soir du crime. Cette visite avait été très difficile et s'il n'avait pas eu le lieutenant pour le soutenir et l'encourager, il n'aurait pas pu la terminer. Il avait regardé partout, sauf dans la cuisine où il n'avait pu pénétrer sous peine de s'évanouir, et n'avait rien vu d'anormal. Tous les bijoux et objets de valeur qu'il lui connaissait lorsqu'elle vivait avec lui étaient là.

Peut-être devrait-il y retourner et regarder encore ? Qui sait s'il ne découvrirait pas quelque chose que l'émotion et le choc l'avaient empêché de voir la première fois ? Il avait toujours la clé de l'appartement dont le loyer était payé jusqu'à la fin du mois. Il lui faudrait demander la permission à la police puisque les scellés étaient peut-être encore sur la porte. Mais serait-il capable d'y pénétrer seul et de regarder le dessin à la craie qui avait été fait sur le plancher de la cuisine pour représenter le corps de Florence ? Comment allait-il réagir s'il le voyait ? Et s'il se trouvait mal et perdait conscience, qui pourrait l'aider ?

Mais dans cet autre monde où Florence se trouvait, dans ce monde de l'au-delà où elle voyait tout, savait tout, que penserait-elle de lui s'il faisait preuve d'une telle lâcheté? La réponse à cette question se trouvait dans son cauchemar et cette réponse n'avait rien d'équivoque : elle ne le lui pardonnerait pas.

C'est alors qu'il pensa au gardien de l'immeuble qui s'était lié d'amitié avec sa fille. Il l'avait rencontré au salon funéraire et, depuis, il lui avait parlé à deux reprises au téléphone. Chaque fois, l'ancien boxeur s'était montré d'une grande gentillesse et lui avait dit de ne pas hésiter à l'appeler s'il avait besoin de quelque chose. Sans doute accepterait-il de l'accompagner s'il était libre. Il décida d'attendre neuf heures et de prendre contact avec lui.

* * *

« Et pour l'enquête sur la petite Lacroix, celle dont nous avions commencé à parler vendredi dernier juste avant que le directeur m'appelle, tu as du nouveau ? demanda le capitaine Jacques Buchalet en saisissant un dernier dossier posé sur son bureau.

— Non, pas pour l'instant. Nous en sommes toujours au même point. Cette affaire s'avère plus complexe qu'elle ne semblait l'être au début », lui répondit son bras droit, le lieutenant Jean-Marc Grimard.

Buchalet se laissa retomber contre le dossier de sa chaise en dodelinant de la tête, croisa les mains sur son gros ventre et resta silencieux. Avec son physique rondouillard, son air un peu pataud, son teint rougeaud, sa grosse moustache poivre et sel et sa tête argentée, il ressemblait plus à un bon notaire de province qu'au responsable de l'Escouade des homicides de la Communauté urbaine de Montréal.

Et pourtant, en ce qui le concernait, il ne fallait surtout pas se fier aux apparences. Il avait été l'un des meilleurs enquêteurs du Canada et il demeurait, à deux ans de la retraite, une figure légendaire de la lutte contre la criminalité. Le nombre de meurtres qu'il avait résolus était impressionnant et la vingtaine d'enquêteurs constituant son unité lui vouaient une admiration sans bornes. Ses facultés d'analyse et de déduction associées à une expérience de plus de trente ans d'enquêtes avaient souvent procuré à ses collaborateurs l'indice ou l'élément décisif leur permettant de résoudre une énigme difficile.

Depuis son arrivée à la tête de l'Escouade des homicides cinq ans plus tôt, il n'allait presque plus sur le terrain, laissant ce travail à ses équipiers, et se concentrait sur la gestion de ce groupe qu'il dirigeait avec finesse et doigté. Il faut dire que sa santé ne lui laissait pas beaucoup de choix. Il était diabétique et devait suivre un régime sévère pratiquement impossible à respecter quand on était enquêteur.

Le pourcentage de meurtres résolus sur le territoire de la Communauté urbaine de Montréal était le plus élevé de toutes les grandes villes d'Amérique. Cette réussite faisait la fierté de ses hommes et en particulier du lieutenant Grimard, responsable d'organiser le travail de toute l'équipe.

Les deux compères s'étaient rencontrés dix-huit ans plus tôt lorsque le jeune agent Grimard, après des études en technique policière, avait joint l'Escouade des homicides. On l'avait alors jumelé au sergent Buchalet et les deux policiers avaient travaillé en tandem pendant près de dix ans. Le jeune agent avait tout appris de son coéquipier et en était venu à le considérer un peu comme son grand frère. Avec son physique de catcheur, son regard noir et sévère, ses sourcils épais, sa chevelure broussailleuse, sa voix grave et sa mine toujours renfrognée, Grimard était l'antithèse de son patron. Mais cette disparité entre les deux hommes avait contribué à leur succès. Ils étaient particulièrement efficaces dans les interrogatoires qu'ils menaient, Grimard jouant les méchants et Buchalet les bons. Ils avaient réussi à soutirer des aveux à de très nombreux suspects en travaillant ainsi. Au fil des ans, l'élève avait si bien appris de son maître que le jour où Buchalet avait été propulsé à la tête de l'Escouade des homicides, il avait demandé à Grimard de devenir son adjoint. Leur duo fonctionnait à merveille et était la raison principale des succès de cette unité de la police.

Tous les vendredis matin, les deux policiers se réunissaient pour faire le point sur les enquêtes en cours. Ce jour-là, ils en étaient arrivés au meurtre de Florence Lacroix lorsque le capitaine avait posé cette question à son lieutenant. La réponse négative de son enquêteur en chef l'avait laissé perplexe.

« Vous n'avez pas de suspects? demanda-t-il après un long moment de silence.

— Le seul que nous ayons est Alberto Rinaldo, dont je t'ai parlé.

— Le petit mafieux qui vivait en concubinage avec elle?

— Oui. Toute l'équipe le croit coupable. Mais le problème, c'est qu'il a un alibi en béton et nous n'arrivons pas à le casser.

— Quel genre d'alibi?

— Le soir du meurtre, il prétend avoir joué au poker avec trois de ses amis, une partie commencée à dix-neuf heures et qui, selon ses dires, s'est terminée vers deux heures du matin.

— Une très longue partie.

— À qui le dis-tu! Si l'alibi tient, on ne pourra rien contre Alberto puisque le médecin légiste a fixé la mort de Florence Lacroix aux environs de vingt heures trente, vingt heures quarante-cinq. »

Le capitaine hocha la tête, saisit son éternelle tasse de café et la vida d'une seule gorgée avant de demander :

— Vous avez interrogé ses partenaires de cartes?

— Oui, et on les a même mis sous pression, mais cela n'a rien donné. Ils ont confirmé les déclarations d'Alberto.

— Des raisons de douter de leur témoignage?

— Tu parles! Ces trois individus travaillent pour lui. Ils contrôlent la trentaine de petites mains qui revendent sa drogue dans les bars et clubs de la ville. Des petits voyous.

— Il y a quelqu'un d'autre qui les a vus faire cette partie?

— Non. Selon leurs dires, ils ont été seuls tout le temps.

— Et à quel endroit s'est-elle déroulée?

— Chez l'un d'eux, Antonio Poli.

— Casier judiciaire?

— Oui, mais rien de très grave. Quelques infractions reliées à la possession de stupéfiants.

— Les deux autres?

— Même chose.

— Donc rien qui pourrait nous permettre de leur faire suffisamment peur pour qu'ils changent leur version des faits?

— Non. À moins de leur faire le coup de la drogue qu'on trouve sur eux ou dans leur voiture, mais je te sais contre ces méthodes. »

Buchalet planta son regard dans celui de son adjoint et dit de cette voix dont il savait si bien maîtriser les tonalités :

« Totalement contre. Si l'on veut que la société ait confiance en nous, il faut que nous soyons les premiers à respecter la loi. Vous avez interrogé leur entourage?

— Oui, mais ils habitent dans le quartier italien où c'est la loi du silence qui prévaut, surtout quand une affaire touche des affidés de la mafia.

— Hum... hum. »

De nouveau, le capitaine Buchalet resta silencieux, les yeux mi-clos et le front plissé. Quand il reprit la parole, ce fut pour demander :

« Vous avez interrogé aussi les voisins de la petite Lacroix?

— Oui, nous avons fait une enquête de voisinage complète. Il y a cent quatre appartements dans son immeuble, mais c'est comme si ceux qui les habitent vivaient dans un univers clos, chacun vaquant à ses petites affaires sans se préoccuper le moins du monde de ce qui se passe autour de soi. Ils n'ont rien vu, rien entendu; à croire qu'ils sont tous aveugles ou sourds. À part deux ou trois, les autres ignoraient même son existence. Remarque, cela ne me surprend qu'à moitié. L'immeuble est habité principalement par des étudiants de McGill, des personnes âgées et des immigrés en majorité asiatiques; des gens qui, en général, se mêlent de leurs affaires.

— Et qu'en est-il du gardien dont tu avais commencé à me parler la semaine dernière avant que nous soyons interrompus?

— Ce soir-là, il était au Centre Molson. Plusieurs journalistes lui ont parlé, car il a mangé au restaurant de la presse avant le début du match de hockey. C'est un ancien boxeur qui a eu son heure de gloire il y a une quinzaine d'années dans la catégorie poids lourd et qui est resté populaire. Tu le connais peut-être, Robert Mongrain?

— Je me souviens d'avoir lu le compte rendu de ses combats dans le *Montréal Matin*. Il y a des témoins qui l'ont vu pendant le match?

— Nous n'en avons pas pour l'instant. Il était seul et avait une place dans une section où il n'y a presque pas de billets de saison. Ce n'est pas évident de retrouver des gens qui étaient assis près de lui et qui pourraient témoigner l'avoir vu. Mais nous continuons à chercher. Par contre, le gérant de la boutique de souvenirs lui a parlé quelques minutes avant la fin du match. Mongrain s'y est rendu pour acheter un chandail des Canadiens qu'il voulait offrir à un de ses neveux. Il était donc au Centre Molson avant dix-neuf heures trente et après vingt-deux heures. Entre les deux, nous n'avons personne, pour l'instant, pouvant confirmer son alibi. Tu crois qu'il pourrait avoir tué la petite Lacroix?

— Je n'en sais rien, mais je pense que c'est une piste à explorer.

— Pourquoi l'aurait-il tuée à ton avis?

— Tu m'as dit qu'il lui avait rendu un fier service en expulsant Rinaldo de son appartement. Il a peut-être voulu se faire payer en nature et elle a refusé. Ce genre de situation peut facilement dégénérer. D'après ce que tu m'as dit, cette fille était très jolie et le gardien n'avait plus de femme.

— Possible, cependant je suis porté à croire qu'il nous a dit la vérité.

— Continuez quand même à chercher de ce côté-là juste au cas où... »

Le chef de l'Escouade des homicides ne termina pas sa phrase. Il se leva plutôt pour se diriger lentement vers le fond de son bureau où se trouvait une petite table en métal sur laquelle était installé son propre percolateur. Il remplit deux tasses de ce qu'il appelait sa drogue et revint toujours aussi lentement. Il en posa une devant son adjoint et se rassit en disant :

« Si Mongrain ne vous a pas menti, il n'y avait donc pas de gardien le soir du meurtre ?

— Non, mais il n'y en a jamais le soir. L'immeuble est doté d'un téléphone et d'une caméra qui permet aux locataires de voir ceux qui veulent entrer.

— Ce qui voudrait dire que le meurtrier est soit un familier qui connaissait les codes, soit un habitant de l'immeuble, soit encore un intrus guettant l'arrivée d'un locataire pour entrer en même temps que lui. Si les gens ne se connaissent pas, c'est possible.

— Je ne crois pas trop à cette option. Nous avons posé cette question aux résidants et ils ont répondu qu'ils n'avaient fait entrer personne ce soir-là. Vrai ou faux, je ne sais pas. Possible qu'ils l'aient fait et n'osent pas l'avouer. Je connais peu de gens prêts à admettre avoir commis une imprudence ayant conduit à un assassinat.

— Personne dans l'immeuble n'a d'antécédents judiciaires, vol, viol ou meurtre ?

— On vérifie, mais négatif jusqu'à présent. »

Il y eut un autre moment de silence pendant lequel Buchalet ingurgita la moitié de sa tasse de café qu'il savoura en fermant les yeux. Puis, satisfait, il reprit :

« Un rôdeur aurait-il pu pénétrer dans l'immeuble par le garage lorsqu'un locataire en a ouvert la porte pour s'y garer ? Parfois les portes sont lentes à se refermer.

— C'est possible, mais peu probable. La fille n'a pas été violée, et, d'après son père, on ne lui a rien pris. De plus, son appartement est au onzième étage et il n'y a pas de balcon. Donc, à moins d'être l'homme araignée, le meurtrier n'a pu entrer que par la porte et celle-ci n'a pas été fracturée.

— Ce qui veut dire qu'il possédait la clé, ou qu'elle lui a ouvert parce qu'elle le connaissait. Sa porte avait-elle un judas ?

— Oui.

— Il faut donc pratiquement exclure la thèse du rôdeur.

— On va la garder sous le coude, mais personne dans l'équipe n'y croit.

— Et le père? »

Grimard secoua la tête en faisant la moue.

« Si tu l'avais vu le soir du meurtre, tu ne te poserais même pas la question. Dévasté qu'il était le pauvre homme, une loque que l'on pouvait ramasser à la petite cuillère. D'après tous ceux qui les connaissent, il adorait sa fille. Ils étaient très liés et passaient beaucoup de temps ensemble, vacances comprises.

— Il a un alibi?

— Non. Il a passé la journée au lit avec une migraine carabinée et ne s'est levé que vers vingt heures. Il a alors décidé d'aller voir sa fille et l'a trouvée morte. Cette découverte l'a terriblement affecté. Il est convaincu que c'est Alberto qui a fait le coup et il ne comprend pas que nous le laissions en liberté. D'ailleurs, il m'a appelé tout à l'heure pour me demander la permission d'aller visiter l'appartement en compagnie du gardien dans l'espoir de découvrir quelque chose qui pourrait faire avancer l'enquête. Je lui ai dit oui puisque nous avons levé les scellés hier après avoir passé l'appartement au peigne fin à plusieurs reprises. Mais j'ai quand même demandé à Pierre Phaneuf de les accompagner. On ne sait jamais, peut-être qu'ils trouveront un indice qui nous a échappé.

— Tu penses toi aussi que c'est Alberto qui a fait le coup?

— Oui. Il est le seul à avoir un mobile sérieux pour ce crime. Il a juré de se venger lorsqu'elle l'a fait expulser de chez elle par le gardien qui n'y est pas allé de main morte.

— Entre menacer de se venger et tuer, il y a une marge.

— D'accord, mais Alberto est un violent. Il n'hésite pas à faire bastonner les clients qui lui doivent de l'argent. Il a déjà été arrêté pour coups et blessures.

— Ouais... »

Encore un moment de silence pendant lequel le

capitaine Buchalet consulta le dossier qu'il avait devant lui. Soudain, il fronça les sourcils et regarda attentivement une photo qu'il sortit du dossier.

« Je me trompe ou il s'agit bien d'une empreinte de la partie avant d'une semelle de chaussure?

— Tu ne te trompes pas. Elle était sur le plancher de la cuisine près du corps de la victime. Sans doute que le meurtrier a mis le bout du pied gauche dans la flaque de sang et qu'il ne s'en est pas rendu compte, sinon il l'aurait effacée.

— Vous avez pu identifier la marque de la chaussure?

— Pas de façon certaine, mais on y travaille. »

Le chef de l'Escouade des homicides se contenta d'acquiescer de la tête avant de remettre la photo dans le dossier et de le refermer.

« Que comptes-tu faire maintenant?

— J'ai une idée à te soumettre.

— Je t'écoute.

— Alberto est un petit voyou, pédant, arrogant et sûr de lui. Quand nous l'avons interrogé, il nous a déclaré qu'il ne dirait rien sans la présence de son avocat. On l'a fait venir et, dès son arrivée, Alberto nous a sorti son alibi, un sourire narquois aux lèvres. Une vraie tête à claques. On a vérifié immédiatement et, drôle de coïncidence, tous les témoins étaient chez eux, comme s'ils attendaient notre appel. Ils ont confirmé l'alibi d'Alberto avec exactement la même histoire et les mêmes détails, à la minute près...

— Tu es en train de me dire qu'ils avaient bien appris leur leçon?

— Oui. Après confirmation de l'alibi, l'avocat nous a déclaré que, si nous n'avions rien d'autre contre son client, il exigeait sa libération immédiate.

— Ce que vous avez fait?

— Oui, mais seulement après l'avoir fait poireauter en lui posant quelques questions supplémentaires auxquelles il a répondu par un « Je ne sais rien de ce meurtre ». Mais nous sommes tous convaincus qu'il s'est moqué de nous, que son alibi est bidon.

— Avoir des convictions, c'est bien, mais avoir des preuves, c'est mieux.

— C'est pour ça que j'ai besoin de toi.

— Rien d'illégal, j'espère?

— Non, non. Je veux simplement mettre de la vraie pression sur notre ami, le faire surveiller jour et nuit pour que nous puissions le surprendre en flagrant délit de vente de stupéfiants. Si on réussit ça, on l'embarque et, là, on aura un vrai motif pour le garder avec nous.

— Tu n'as pas besoin de moi pour ça.

— C'est pour la suite que tu peux m'aider. J'aimerais que nous l'interrogions comme on le faisait ensemble dans le bon vieux temps.

— Le bon et le méchant?

— Oui.

— Holà! Il y a longtemps que je n'ai pas fait ça. Je me demande si je peux encore jouer le jeu.

— Allons, Jacques, c'est toi qui m'as appris à jouer. Tu étais le meilleur. Ce genre de choses, c'est comme le vélo, cela ne se perd pas.

— Tu crois qu'Alberto pourrait se laisser avoir?

— On en a fait tomber des plus coriaces que lui, souviens-toi. »

Le capitaine Buchalet hocha la tête en souriant avant de dire :

« Je vais te faire une confidence, Jean-Marc. Si j'ai accepté ce poste de direction, c'est que mon cœur ne me permettait plus d'aller sur le terrain. Trente ans de sandwichs, de pizzas, de hamburgers, de Coca-Cola avalés en vitesse sur le coin d'un bureau ou assis dans une auto, c'est dur pour les artères. Mais le terrain me manque. Ça va me faire du bien de participer à cet interrogatoire avec toi.

— Avant, il faut prendre ce salaud en flagrant délit et ce ne sera pas facile.

— Si ton idée ne marche pas, mets un enquêteur à ses trousses, quelqu'un qui va le suivre ouvertement partout où il ira, l'empêchant ainsi de travailler. Comme ton Alberto est un violent, peut-être qu'il va perdre les pédales et s'en prendre à ton homme. S'il le fait, on va pouvoir le garder au frais pendant plusieurs jours. S'en prendre à un représentant des forces de l'ordre, c'est une infraction grave.

— Bonne idée. J'essaie d'abord ma méthode, et si on n'aboutit à rien, j'utilise la tienne. D'accord?

— Comme tu voudras.

— À nous deux, on va le coincer, tu verras.

— Espérons-le. Entre-temps, je vais m'exercer sur ma femme. Si je réussis à la faire changer d'avis au moins une fois avant ma mort, c'est que je suis encore bon pour le service. »

Les deux hommes éclatèrent de rire. Toute la police de Montréal savait que, si le capitaine menait au bureau, c'était tout le contraire chez lui. Il était d'ailleurs le premier à dire qu'à la maison, il avait abdiqué toutes ses prérogatives en faveur de sa femme, ajoutant qu'il n'avait même pas osé s'opposer à cette prise de pouvoir.

« Allez, sauve-toi, reprit le gros homme en redevenant sérieux. Je dois me rendre chez le maire pour une conférence de presse sur la réforme de la police municipale et je ne voudrais pas être en retard. Bonne fin de semaine.

— À lundi, chef. »

* * *

Il était dix heures trente lorsque Paul Lacroix arriva devant le 3610 de la rue Sainte-Famille. Avant d'entrer dans l'immeuble tout en hauteur, il porta son regard vers les fenêtres d'un appartement situé au onzième étage, celui que Florence avait occupé pendant un peu plus de deux mois. La gorge nouée, il resta là, sans bouger, sous le crachin d'automne qui tombait par moments depuis le lever du jour. Peut-être espérait-il que, par miracle, sa fille ne soit pas morte et qu'elle apparaisse à l'une des fenêtres pour lui faire un signe de la main. Mais rien de tel ne se produisit et, après avoir poussé un long soupir, il décida d'entrer à l'intérieur de l'immeuble.

Robert Mongrain l'attendait dans le hall en compagnie d'un policier en civil. L'ancien poids lourd, qui avait fait les beaux jours de la boxe montréalaise dans les années 1970, avait encore fière allure. Contrairement à beaucoup de boxeurs de cette catégorie qui, à leur retraite, négligent leur physique, lui avait continué à s'entraîner. Il passait une heure par jour dans une salle de musculation située à deux pas de son domicile. Avec un tel adversaire, le bel Alberto, même s'il était reconnu comme un bon bagarreur, n'avait eu aucune chance lorsqu'il s'était fait expulser de l'appartement de Florence.

Cet homme, qui avait vu son épouse le quitter lorsque à la fin de sa carrière il lui avait avoué qu'il était sans le sou – son gérant était disparu avec les quatre cent mille dollars qu'il était censé avoir placés pour lui –, gardait, depuis ce jour, une profonde méfiance envers les femmes. Cependant, il avait craqué pour la nouvelle locataire du 1105 dès le jour de son arrivée. Timide, il n'avait jamais osé lui avouer avoir le béguin pour elle, surtout qu'elle vivait avec un jeune homme. D'ailleurs, eût-elle été seule qu'il ne lui aurait rien dit. Il n'était pas assez fou pour croire qu'une aussi belle jeune femme puisse s'amouracher d'un ancien guerrier des rings que douze années de boxe au plus haut niveau canadien n'avaient pas embelli. Néanmoins, il était heureux d'être devenu son ami et se contentait de ce sourire éclatant qu'elle lui réservait pour le remercier de tous les petits travaux qu'il faisait « juste pour elle » comme il aimait le dire. Florence avait vite deviné les sentiments qu'elle provoquait chez l'ancien boxeur et elle en jouait avec toute son habileté féminine. Peut-être trop, même.

Pauvre Alberto, s'il n'avait pas battu Florence, sans doute le gardien se serait juste contenté de le bousculer un peu lors de son expulsion. Mais, malheureusement pour lui, Florence avait montré à l'ancien boxeur les traces de coups qu'elle avait reçus. Mongrain en avait été révolté et, lorsque cet imbécile d'Alberto avait osé le défier, il était tombé sur le jeune voyou à bras raccourcis, lui infligeant une véritable raclée. Tout juste si le petit truand avait eu assez de force pour clamer qu'il reviendrait se venger.

Le décès de Florence l'avait beaucoup affecté et, quand Paul l'avait appelé un peu plus tôt pour lui demander de l'accompagner dans sa visite de l'appartement, il avait tout de suite accepté.

« Bonjour, monsieur Lacroix, comment allez-vous? lança le gardien en serrant avec chaleur la main de son visiteur.

— Ça va, merci. C'est gentil d'avoir consenti à m'escorter pour cette visite. Seul, je ne crois pas que j'aurais pu la faire.

— Je ne pouvais dire non au père de Florence. Votre fille était tellement gentille avec moi. Son sourire me manque.

— Elle me manque beaucoup à moi aussi. »

En voyant les yeux de Paul se remplir de tristesse, Mongrain lui tapa affectueusement sur l'épaule, puis il se retourna vers le policier qui l'accompagnait et dit:

« Monsieur Lacroix, je vous présente l'agent Phaneuf qui va nous accompagner. »

Les deux hommes se serrèrent la main.

« C'est incroyable, reprit le gardien, qu'il puisse y avoir sur la terre des hommes assez monstrueux pour égorger ainsi une pauvre fille sans défense.

— Nous savons bien, vous et moi, qui a fait ça.

— Oh oui! Et l'enfant de chienne est toujours en liberté sans que la police fasse quoi que ce soit pour l'arrêter.

— Il a un alibi inattaquable, intervint l'agent Phaneuf.

— Qu'on me l'amène, ce petit voyou. Je le ferai parler, moi! tonna l'ancien boxeur en serrant les poings. D'ailleurs, si l'enquête n'aboutit pas, je vais me charger de lui avec quelques-uns de mes amis.

— Attention, monsieur Mongrain, ne faites rien que vous pourriez regretter. »

L'ancien boxeur baissa les yeux et rougit comme un enfant pris en faute.

« Des regrets? rétorqua-t-il avec une voix chagrinée, j'en ai déjà et je vais en avoir longtemps.

— Comment ça? lui demanda Lacroix.

— Je suis en partie responsable de ce qui est arrivé à Florence. Si je m'étais contenté d'expulser Alberto sans le frapper à tour de bras, probablement qu'il n'aurait pas cherché à se venger. Malheureusement, j'ai un peu forcé la note. Aujourd'hui, je le regrette.

— Ne vous culpabilisez pas. Vous avez agi comme je l'aurais fait moi-même si Florence m'avait tout raconté. Et je dois vous avouer que je me sens aussi responsable que vous. J'aurais dû insister avec plus de fermeté pour qu'elle ne se mette pas en ménage avec ce vaurien d'Alberto. Malheureusement, Florence n'a pas voulu m'écouter. Elle était amoureuse, vous comprenez, amoureuse et inexpérimentée, un mélange qui s'avère souvent dangereux et parfois explosif. Elle était d'une telle candeur. Je l'ai trop protégée, trop élevée dans un cocon. En ce sens, j'ai été un mauvais père. »

Paul Lacroix secoua la tête d'un air triste avant d'ajouter :

« À trop vouloir bien faire, on commet parfois des erreurs. Élever une enfant sans sa mère n'est pas chose facile, croyez-moi.

— Au moins, vous l'aviez avec vous. J'ai eu un seul enfant, un fils, et ma femme est partie avec lui aux États-Unis. Je ne l'ai jamais revu.

— La vie n'est pas toujours simple... Allez, monsieur Mongrain, arrêtons de nous apitoyer sur notre sort. Montons avec l'agent Phaneuf visiter cet appartement. Peut-être trouverons-nous quelque chose qui pourra faire avancer l'enquête et prouver la culpabilité d'Alberto. »

* * *

Ils passèrent au crible le salon, la salle à manger, la chambre, la salle de bain et même les toilettes pendant plus d'une heure sans rien détecter d'anormal. Ils déplacèrent les meubles, ouvrirent les tiroirs, inspectèrent les placards, regardèrent sous le lit et fouillèrent les vêtements. N'ayant obtenu aucun résultat, Paul commença à penser qu'il avait été idiot de croire que ce cauchemar était un message de Florence. Un moment, il songea à abandonner, mais il restait la cuisine à visiter et, même s'il savait pertinemment que cela lui serait pénible, il devait y aller. Il ne voulait pas avoir de regrets plus tard.

En pénétrant dans cette pièce où sa fille avait trouvé la mort, Paul Lacroix porta le regard bien malgré lui vers l'endroit où il l'avait découverte. Sur le sol, la trace de son corps dessinée à la craie était encore visible. Dès qu'il la vit, la cuisine se mit à osciller, le plancher à onduler et il dut se cramponner au gardien pour ne pas tomber. De violentes nausées l'assaillirent et ce n'est qu'au prix d'un gros effort qu'il réussit à se retenir et à retrouver suffisamment de calme pour commencer ses recherches.

À la surprise de Paul, le gardien trouva si rapidement l'indice qu'ils étaient venus chercher qu'il en resta pantois. Sitôt dans la pièce, Mongrain se dirigea vers le comptoir de la cuisine et ouvrit un tiroir dissimulé dans un placard situé sous l'évier. Il y manquait un couteau, le fameux couteau qu'elle avait commandé lors d'une émission de télé-achat. Avec sa lame fabriquée dans un alliage à base de lave, il était plus coupant qu'une lame de rasoir. Elle s'en servait souvent, mais le maniait avec une extrême prudence. Selon l'ancien boxeur qui allait souvent lui rendre visite après son travail, elle le replaçait dans son étui de cuir et le remettait à sa place dans le tiroir dès qu'elle n'en avait plus besoin.

En découvrant que le couteau et l'étui avaient disparu, les deux hommes se dirent qu'ils venaient probablement de trouver ce que le meurtrier avait utilisé comme arme. Les experts de la police s'étaient longuement questionnés à ce sujet. Pour avoir réussi à trancher la gorge de la victime aussi parfaitement sans écorchure et sans échancrure, il fallait un instrument très coupant. On avait évoqué un cutter, une lame de rasoir, un scalpel, mais personne n'avait pensé à ce genre de couteau.

Paul était content, il allait pouvoir aider la police. Sa visite à l'appartement n'avait pas été facile, mais elle en valait la peine. Bien sûr, cette découverte ne faisait pas d'Alberto le meurtrier, mais il avait sa petite idée là-dessus et se promit d'en parler avec le responsable de l'enquête.

« Allons-nous-en, dit-il à l'ancien boxeur, nous avons fait du bon travail. Florence doit être fière de nous. »

* * *

Il attendait depuis plus d'une demi-heure et commençait à s'impatienter lorsque le lieutenant Grimard se décida enfin à le faire entrer dans son bureau, un cubicule spartiate doté d'une seule fenêtre et où, mis à part un bureau à tiroirs et deux chaises en bois, il n'y avait que des classeurs et des piles de dossiers. Sur le mur, face à la porte, était suspendu un immense plan de la Communauté urbaine de Montréal. Parsemé de centaines d'épingles à tête colorée, il ressemblait à une de ces peintures contemporaines que seuls les prétendus experts arrivent à comprendre; tout au moins, ce fut la première idée qui vint à Paul Lacroix en l'apercevant.

« Une carte de la criminalité à Montréal au cours des vingt dernières années, expliqua le policier en voyant l'intérêt de son visiteur pour le plan. Chaque épingle représente un délit commis sur notre territoire.

— Et pourquoi toutes ces couleurs?

— Pour différencier les délits. À chaque couleur correspond un type de crime. Les meurtres sont en rouge, les crimes d'ordre sexuel en bleu, les cambriolages d'importance en vert, les fraudes et autres magouilles financières en jaune, les infractions et crimes reliés aux stupéfiants en gris et ainsi de suite. Si vous observez attentivement, vous verrez qu'avec chaque épingle il y a une étiquette sur laquelle est inscrit un numéro. C'est un numéro qui nous permet de retrouver le dossier qui correspond à ce crime. Ainsi, j'ai toujours sous les yeux un portrait des délits commis sur le territoire montréalais. C'est très utile, car il arrive souvent qu'un meurtre soit relié à d'autres types de crimes.

« — Ne serait-il pas plus simple de tout mettre ça sur informatique? demanda Lacroix un peu surpris que l'on puisse encore utiliser des méthodes aussi archaïques.

— C'est déjà fait. Nous possédons même un logiciel conçu par des Québécois pour ça. Mais, personnellement, je préfère la bonne vieille méthode. Je fais partie de la catégorie des dinosaures. L'informatique, c'est trop compliqué pour moi. »

Paul Lacroix regarda le policier avec un air perplexe. Déjà qu'il trouvait que l'enquête sur le meurtre de sa fille n'avançait pas très vite, une telle déclaration n'avait rien pour lui remonter le moral. Il se contenta d'esquisser un semblant de sourire avant de demander :

« Dites-moi, lieutenant, le meurtre de ma fille est-il représenté sur cette carte?

— Oui, regardez. »

Les deux hommes s'avancèrent près de la carte et le policier pointa de son crayon une épingle à tête rouge.

« Voilà votre fille », dit-il d'un ton grave.

Paul Lacroix eut l'impression de recevoir un coup de poignard en l'entendant. Voilà à quoi sa fille chérie était réduite : une petite épingle fixée sur un plan de Montréal parmi des centaines d'autres. C'était tout ce qu'elle représentait pour la police. Même si, au fond de lui, il se savait injuste, il en voulut à l'inspecteur de s'être exprimé de cette façon. Cependant, il choisit de ravaler son amertume et demanda, après avoir profondément respiré :

« Pourquoi y a-t-il deux couleurs rouges?

— Le rouge brique indique les meurtres résolus, le pourpre, ceux dont l'enquête continue.

— Espérons que, dans le cas de ma fille, vous pourrez bientôt remplacer la couleur pourpre par la couleur brique! lança Lacroix d'un ton un peu sec.

— Nous faisons tous les efforts pour ça », rétorqua le policier tout aussi sèchement.

Paul comprit qu'en continuant sur ce ton, il risquait de froisser le policier et de le braquer contre lui. Il fit marche arrière et dit d'une voix beaucoup plus douce :

« Je crois que je peux vous aider.

— C'est ce que l'agent Phaneuf m'a déclaré. Expliquez-moi ce que vous pensez. »

Sans se faire prier, Lacroix raconta au lieutenant Grimard, qui le dominait d'une bonne tête, comment le gardien s'était aperçu de la disparition du couteau à lame de pierre de lave. Le policier l'écouta avec attention et, comme Paul s'y attendait, il demanda :

« Pourquoi êtes-vous aussi sûr que ce couteau est l'arme du crime?

— Vos experts n'ont-ils pas déclaré que seule une arme très coupante avait pu faire une blessure aussi nette?

— Exact.

— Eh bien, ce couteau coupait encore mieux qu'une lame de rasoir et, à mon avis, il aurait pu causer une telle blessure.

— D'autres raisons?

— Je vous ai dit que le couteau avait disparu. Or, ma fille y tenait plus que tout et...

— Elle aurait très bien pu le jeter après l'avoir brisé. Vous m'avez dit que la lame était très fragile, l'interrompit le policier.

— C'est vrai, mais elle n'aurait jamais jeté l'étui.

— Pourquoi?

— Parce que Florence gardait tout ce qui pouvait lui être utile. De plus, une gravure représentant le Vésuve figurait sur l'étui en cuir et elle y tenait beaucoup.

— Hum... C'est faible comme explication, mais même si ce couteau est l'arme du crime, cela ne prouve pas qu'Alberto soit le meurtrier. Votre fille lavait sa vaisselle lorsqu'elle a été assassinée. Elle a pu nettoyer ce couteau et le déposer sur l'évier en attendant de le ranger à sa place. Quiconque présent dans l'appartement aurait pu s'en emparer pour commettre son forfait.

— Non, je ne crois pas.

— Comment pouvez-vous être aussi affirmatif?

— Florence laissait toujours l'étui dans le tiroir. Elle ne le sortait jamais. Le gardien qui la visitait souvent pourra vous le confirmer. Si ce que vous dites est vrai, l'étui y serait toujours.

— L'assassin aurait pu le prendre et partir avec.

— C'est bien ce qui est arrivé, mais comme le tiroir est dissimulé dans un placard sous l'évier, il fallait savoir qu'il se trouvait à cet endroit. Or, un rôdeur n'aurait pas pu. Alberto, par contre, le savait. Non, lieutenant, je ne me trompe pas, lui seul a pu faire ça. Le gardien est du même avis que moi. »

Le policier mit quelques instants avant de répondre :

« Je suis désolé d'avoir à vous le dire, monsieur Lacroix, mais cela ne prouve rien. Le tiroir était peut-être ouvert quand le meurtrier a commis son forfait et, ayant vu l'étui, il s'en est emparé pour l'emporter. Nous allons avoir besoin de preuves plus tangibles et plus sérieuses que celle-ci pour pouvoir l'inculper.

— Je crois que si vous l'arrêtiez en lui disant qu'il a tué ma fille avec ce couteau, il pourrait peut-être paniquer et avouer.

— Il me faut une raison pour l'arrêter et celle-là n'est pas suffisante.

— Alors, vous allez le laisser courir tout en sachant qu'il a assassiné ma fille ?

— C'est vrai que tout semble indiquer qu'il est l'assassin, mais vingt ans de métier m'ont appris à me méfier.

— Vous ne le croyez pas coupable ? Il a menacé Florence, il possédait les clés de l'appartement et il savait où se trouvait le couteau. Cela ne vous suffit pas pour l'arrêter ? Allons donc ! »

Paul Lacroix avait terminé d'une voix agressive et le lieutenant Grimard s'apprêta à lui répondre assez vertement. Cependant, lorsqu'il vit que les yeux de son visiteur se remplissaient d'eau, il se retint. Pris de pitié pour le pauvre homme, il se sentit un peu coupable d'être la cause de son chagrin, et il décida de lui donner un peu d'espoir.

« Ne vous fâchez pas, monsieur Lacroix, vous nous avez beaucoup aidés en indiquant quelle arme a tué votre fille. C'est un pas en avant dans l'enquête. Qui sait, peut-être pourrons-nous faire arrêter Alberto d'ici peu? Ne perdez pas espoir. »

À moitié convaincu, Paul lui exprima quand même sa satisfaction et le quitta. C'est en sortant du quartier général de la police qu'une idée germa dans son esprit. Il pourrait peut-être faire arrêter Alberto plus vite que le lieutenant Grimard.

Lorsqu'il arriva chez lui trois quarts d'heure plus tard, il était décidé à agir.

* * *

Comme il le faisait maintenant tous les soirs depuis le meurtre, Paul Lacroix se réfugia dans la chambre de sa fille après avoir avalé un maigre repas. Depuis le départ de Florence et plus particulièrement depuis son assassinat, il avait perdu son bel appétit. Lui qui avait l'habitude de dévorer tout ce que sa fille mettait dans son assiette devait se forcer pour manger. La plupart du temps, il se contentait d'un bol de soupe qu'il sirotait en grignotant quelques crackers et un peu de fromage.

Son médecin lui avait prescrit des comprimés censés lui redonner de l'appétit, mais cela n'avait servi à rien. Il avait arrêté de les prendre sachant qu'il ne retrouverait le goût de manger que le jour où le meurtrier de sa fille serait arrêté et condamné. Et même là, il n'en était pas sûr. La mort de sa petite Florence avait creusé chez cet homme un gouffre profond qui ne serait probablement jamais comblé. Même une condamnation à perpétuité ne suffirait peut-être pas à refermer sa plaie. Ce pacifiste qui avait toujours été contre la peine de mort en venait à envier ceux qui, dans certains États américains, pouvaient espérer que les responsables de meurtres aussi crapuleux soient condamnés à la chaise électrique.

Assis dans la berceuse, il réfléchissait à l'idée qui lui était venue en quittant le lieutenant Grimard plus tôt dans la journée. Il estimait avoir un bon plan et, tout en écoutant un CD de jazz de sa fille, un de ceux qu'elle faisait tourner lorsqu'ils passaient la soirée ensemble à jouer au gin-rummy, il en peaufina les détails. Bien sûr, ce ne serait pas facile. Il y avait même des risques. Mais cela importait peu à ce père désespéré et avide de vengeance pour qui seules comptaient l'arrestation et la condamnation de l'assassin.

Si son plan ne marchait pas, si tous les efforts de la police et des siens ne donnaient aucun résultat, si le maudit Alberto continuait à se balader libre comme l'air tout en continuant à vendre son poison à la jeunesse montréalaise, c'est lui qui se chargerait de le mettre hors d'état de nuire. Comment? Il n'y avait pas encore réfléchi, mais il trouverait en temps et lieu.

Paul Lacroix n'était pas un violent. Mais depuis le soir où il avait découvert le cadavre de Florence, le mot vengeance lui était devenu familier et il se sentait prêt à l'exercer contre l'assassin de sa fille.

Toute la soirée, il pensa à son plan et lorsque, vers vingt-trois heures, il décida d'aller se coucher, il en avait arrêté tous les détails. Satisfait, il quitta la chambre de Florence non sans s'être assuré d'avoir bien éteint la lumière. Si sa prostate le laissait tranquille, il pouvait espérer passer une bonne nuit, son cauchemar n'ayant plus aucune raison de venir le déranger.

DEUXIÈME JOURNÉE

Samedi 27 novembre 1999 à 2 h 10

Ce ne furent ni sa prostate, ni son habituel cauchemar, ni même la voix lugubre de la veille qui le réveillèrent vers deux heures du matin, mais son voisin du dessus, un Albanais arrivé au Canada comme réfugié politique deux ans plus tôt et qui avait la mauvaise habitude de se saouler royalement tous les vendredis soir. Rentrant au milieu de la nuit, il faisait un bruit infernal. Au début, ses voisins avaient bien pensé se plaindre auprès de la gérance de l'immeuble dans l'espoir de le faire expulser. Cependant, l'homme était si gentil et si calme lorsqu'il était sobre que finalement ils avaient changé d'idée et s'étaient résignés à l'endurer; d'autant plus qu'on avait appris que sa femme et ses deux fils avaient été victimes d'un pogrom lors de la guerre qui avait ensanglanté les Balkans quelques années auparavant. Et, après tout, ses saouleries ne se produisaient qu'une fois par semaine.

Sachant qu'il ne réussirait pas à s'endormir avant que l'Albanais ne trouve le chemin de son lit, Paul Lacroix se tourna pour regarder l'heure. Mais son regard ne se rendit jamais jusqu'au réveille-matin. Il s'arrêta plutôt sur la porte de sa chambre qui était entrebâillée. Elle laissait pénétrer une lumière diffuse dont l'origine lui apparut être à l'autre bout du corridor. D'un seul coup, son cœur se mit à battre très vite et une pensée troublante s'empara de son esprit. Se pouvait-il qu'elle provienne encore de la chambre de Florence? Il rejeta cette idée. Il se souvenait très bien avoir éteint le plafonnier en la quittant quelques heures plus tôt.

Avec une curiosité teintée d'inquiétude, il se leva, s'avança dans le corridor jusqu'à la chambre dont la porte était ouverte et s'arrêta sur le seuil. Au premier coup d'œil, il ne remarqua rien d'anormal, mais il fut assailli par la même odeur de terre humide et la même sensation de froid glacial que la veille. Il eut même l'impression fugitive d'entendre comme une sorte de sanglot, mais ce fut à peine audible et cela ne recommença pas. Il y avait quelque chose d'étrange dans la pièce, comme une présence diffuse, invisible, impalpable qui l'angoissa et le fit frissonner.

Paul Lacroix ne croyait pas aux fantômes. « Des histoires de bonne femme », disait-il quand on abordait ce sujet avec lui. Cependant, lorsque ses yeux se portèrent sur la table de chevet et qu'il s'aperçut que l'album photos était ouvert, il commença à croire qu'il avait eu tort et que ces histoires avaient peut-être du vrai. Il n'avait pas touché à cet album depuis le départ de Florence. Encore hier soir il était à sa place, bien fermé. Pour qu'il soit maintenant ouvert, il fallait donc que quelqu'un l'ait touché. Mais qui pouvait l'avoir fait?

Dépassé par tous ces événements incompréhensibles, il se demanda si la mort de Florence n'avait pas affecté sa raison. Effrayé par cette perspective, il se replia sur lui-même et resta prostré un long moment, n'osant plus regarder en direction de la table de chevet.

Finalement, son besoin de savoir l'emporta sur son angoisse. Se redressant, il regarda l'album plus attentivement et vit qu'il était ouvert à la première page sur laquelle une grande photo était fixée. D'où il était, il ne pouvait pas bien la voir, mais il savait qu'elle représentait un petit garçon en culottes courtes et au regard triste, entouré, à sa droite, par un homme au faciès dur et sévère qui semblait mal à l'aise avec sa chemise au col empesé et son complet trop juste, et, à sa gauche, par une femme à l'air résigné dont la chevelure noire ramenée en chignon faisait ressortir les défauts d'un visage qui, sans cela, aurait pu être agréable. Tous les trois arboraient un sourire de commande. La photo le représentait à six ans, entre son père et sa mère, le jour de sa première communion. Il portait un petit veston bleu dont la manche gauche était ornée d'un brassard blanc aux inscriptions dorées. Il fallait une grande occasion comme une première communion pour qu'on lui ait acheté un veston et des souliers qui brillaient au soleil.

Après un moment d'hésitation, Paul Lacroix se dirigea d'un pas prudent vers la table de chevet, saisit l'album et se laissa choir dans la berceuse où il avait passé une bonne partie de la soirée précédente. À peine eut-il le temps de poser ses yeux sur cette première photo qu'il fut ébloui par un flash et comme aspiré dans un tunnel brumeux à une vitesse folle. Le temps de ressentir un haut-le-cœur et il se retrouva dans une chambre qu'il crut reconnaître. Devant lui, un petit garçon assis sur le linoléum usé essayait de reconstituer, à l'aide de cubes aux côtés imagés, un paysage des Alpes. Paul se souvint. Il avait quatre ans à l'époque.

D'avoir été transporté ainsi dans le passé et de s'observer jouant avec ses cubes le stupéfia. Pendant quelques minutes, il contempla, le cœur serré, ce petit bout de chou, pâle et maigrichon, appliqué à compléter son puzzle. Il y était presque arrivé lorsqu'il releva la tête en sursautant et laissa échapper le cube qu'il tenait à la main. De la chambre voisine, celle de ses parents, lui parvenaient des cris de rage entrecoupés de hurlements de terreur et de bruits de lutte. Cela parut durer une éternité. Puis, ce fut le silence, un silence angoissant après un tel tumulte. Les secondes s'écoulèrent et l'enfant allait ramasser son cube lorsque d'autres hurlements s'élevèrent accompagnés par des bruits de gifles claquant comme des coups de fusil. L'instant d'après, une voix puissante mais empâtée par l'alcool se fit entendre.

« Maudite guedoune, je vais te dompter une bonne fois pour toutes. »

L'enfant savait que la grosse voix appartenait à cet homme violent qui le frappait de ses énormes mains poilues aux ongles sales, de cet homme méchant qui lui baissait ses petites culottes et le battait si fort avec une ceinture en cuir qu'il restait incapable de s'asseoir pendant plusieurs heures, de cet homme dont il avait peur et qu'il appelait papa.

En entendant tout ce vacarme, le premier réflexe du petit garçon fut de se réfugier sous le lit et de se boucher les oreilles comme il le faisait d'habitude lorsque son père s'en prenait à sa mère. Il avait une peur panique des colères de ce méchant papa qui ne lui parlait que pour le réprimander ou le battre. Mais aujourd'hui, pour la première fois, il n'écouta pas cette petite voix qui lui disait de se sauver, de se cacher, de ne pas se mêler de cette dispute. Il réalisait que sa mère, qui le protégeait et le cachait lorsque son père rentrait en titubant et en criant, était en danger. C'était à son tour de la défendre.

Courageusement, il se leva et se dirigea vers la chambre voisine d'où provenaient toujours ces bruits de lutte. Il tremblait tellement fort qu'il eut de la difficulté à saisir la poignée de la porte et à l'ouvrir. Il vit alors sa mère, à moitié dévêtue, pleurant, criant, essayant de se défaire de l'emprise de son mari qui, à moitié couché sur elle, le pantalon baissé, la maintenait sous lui d'une main ferme tout en la frappant de l'autre.

Bien que terrorisé, le petit garçon grimpa sur le lit, saisit à pleines mains la crinière graisseuse de son père et tira de toutes ses forces pour essayer de libérer sa chère maman. Tout se passa alors très vite. La brute poussa un cri rauque, se redressa, et le petit Paul ne put esquiver un bras énorme qui le frappa à l'épaule et le projeta en bas du lit. Il ressentit comme une explosion dans sa tête et tout devint noir.

Lorsqu'il se réveilla, il était couché sur le canapé du salon. Sa mère, le visage tuméfié et les yeux inquiets, était penchée sur lui. À ses côtés se trouvait un vieux monsieur à la moustache poivre et sel, le docteur Vincent. « *Pourquoi est-il là?* » pensa Paul. Mais il n'eut pas le temps de chercher une réponse. Déjà, le vieux médecin soufflait à sa mère :

« Attention, il revient à lui.

— Merci, mon Dieu! lança Thérèse Lacroix en joignant les mains dans un geste de prière avant d'ajouter en caressant le visage de son fils : Ne bouge pas, Paulo, reste couché, je reviens tout de suite. »

Les deux adultes s'éloignèrent de quelques pas et se mirent à parler à voix basse. Il parvint à saisir quelques mots lorsque le docteur, qui semblait fâché, éleva le ton :

« Ça ne peut continuer ainsi, martela-t-il, il va finir par vous tuer. Vous devriez prévenir le chef de police. Si vous ne le faites pas, moi je vais m'en charger.

— Non, je ne veux pas, répondit sa mère d'une voix décidée. Je vous défends d'en parler.

— Alors, faites-le pour votre fils.

— Je vais régler le problème à ma façon lorsque le temps sera venu, ne vous inquiétez pas. »

Ils discutèrent encore pendant quelques instants à voix basse avant de revenir vers lui. Sa tête lui faisait mal et il avait hâte d'être seul avec sa mère. Elle saurait bien comment calmer sa douleur.

« Ça va aller, Ti-Paul », lui dit le docteur Vincent avec un sourire engageant. Il lui toucha le front, prit sa température, examina ses yeux avec une petite lampe de poche, lui fit suivre son doigt de droite à gauche et vérifia son pouls. Puis, il se tourna vers sa mère et déclara :

« Il ne devrait pas y avoir de problèmes. Réveillez-le toutes les heures et, si jamais il restait endormi, appelez-moi. Je viendrai tout de suite. Quant à vous, soignez ces écorchures et votre lèvre fendue avec la pommade que je vous ai donnée... Et un conseil : si vous ne voulez pas éviter que l'on vous pose des questions embarrassantes, évitez de venir au village pour quelques jours. »

S'étant endormi, Paul n'entendit pas la réponse de sa mère, mais lorsqu'il se réveilla, elle le berçait en pleurant doucement. Elle essaya bien de cacher ses larmes lorsqu'elle le vit ouvrir les yeux, mais trop tard. Ti-Paul en fut bouleversé et se mit lui aussi à pleurer.

* * *

La vision de la mère et de l'enfant qui pleuraient ensemble se brouilla lentement et finit par disparaître. De nouveau, Paul Lacroix fut projeté dans le tunnel brumeux et, lorsqu'il en émergea, c'était l'été, le lendemain de sa première communion. Il devait être assez tard en soirée, car la brunante avait envahi l'horizon. Ti-Paul était debout dans la cuisine, regardant le chef de police du village qui, sur le seuil de la porte, parlait à sa mère.

« Votre mari a eu un accident, madame Lacroix. En revenant du village par le rang Trois, il a perdu le contrôle de son auto et a plongé dans la rivière Noire. C'est arrivé devant la maison de Tancrède Villeneuve. Son fils Albert, qui se berçait sur la galerie, a tout vu. Selon lui, votre mari conduisait comme un fou. Soudain, il s'est mis à zigzaguer, puis a bifurqué vers la droite et est finalement passé par-dessus le garde-fou pour tomber dans la rivière. Albert a averti son père qui m'a appelé et je suis venu tout de suite avec quelques hommes du village. On a utilisé le tracteur des Villeneuve pour sortir la voiture de l'eau, mais malheureusement, votre mari était mort. Selon des témoins qui se trouvaient à l'auberge Carcajou en même temps que lui, il aurait beaucoup bu avant de prendre la route. Ce n'est donc pas surprenant qu'il ait eu un accident. »

Il y eut un moment de silence, puis il ajouta :

« Je ne devrais pas dire ça, mais... je suis soulagé pour vous. »

Peu après, le chef de police était reparti et sa mère avait souri, un sourire de satisfaction, un sourire éclatant comme Paul ne lui en avait jamais vu. Elle l'avait alors pris dans ses bras et s'était lancée dans une valse endiablée en lui disant :

« C'est fini, mon Ti-Paul, c'est fini. Il ne reviendra plus jamais nous tourmenter. »

* * *

L'image de Ti-Paul et de Thérèse Lacroix valsant dans la cuisine en riant s'évanouit à son tour. Il y eut un moment de vide suivi de brouillard et, lorsque celui-ci se leva, une troisième scène apparut : celle de Ti-Paul regardant son méchant papa couché dans un cercueil dont l'intérieur était drapé de satin blanc. Il ne s'intéressait pas au visage ravagé par des années d'alcoolisme. Toute son attention était plutôt concentrée sur les grosses mains velues jointes sur le thorax du mort, des mains mortes, des mains qui ne le battraient plus jamais, qui ne s'attaqueraient plus à sa mère, qui ne le forceraient plus à faire des choses sales dans la grange et qui, bientôt, se retrouveraient six pieds sous terre, prisonnières pour toujours. Ti-Paul dut se retenir pour ne pas laisser éclater sa joie. S'il n'y avait pas eu autant de monde autour de lui, il aurait fait une grosse grimace au méchant homme et lui aurait même craché dessus en criant :

« Bon débarras, maudit sauvage ! »

Il s'agenouilla sur le prie-Dieu, pour demander à Jésus d'envoyer le mauvais homme en enfer et de le garder enfermé là jusqu'à la fin des temps. Il répéta sa demande une autre fois pour être bien sûr que le petit Jésus l'ait entendu. Sa prière terminée, il fit un rapide signe de croix et sortit de la maison pour se faufiler sous la galerie où se trouvait son refuge secret. C'est à cet endroit qu'il se cachait lorsque son père rentrait saoul et faisait ses crises. Il resta là un long moment à penser que, dorénavant, il serait seul avec sa mère. Cela le remplit de joie.

Il s'apprêtait à retourner dans la maison lorsque son oncle Wilfrid, celui qui avait le mauvais œil, car il le regardait toujours d'une drôle de façon, sortit sur la galerie avec Edgar Lemieux. Les deux hommes décapsulèrent leur bouteille de bière, allumèrent une cigarette et ingurgitèrent une longue rasade avant que l'oncle Wilfrid ne déclare :

« Pauv' Aldéric. J'vas t'dire, mon Edgar, y'aurait jamais dû mourir de ce façon. Tout est d'la faute de sta maudite rongeuse de balustre. Y'é devenu alcoolique après l'avoir épousée. C'é vrai qu'y prenait un petit coup avant son mariage, mais pas comme après. Une folle que j'te dis, la Thérèse, une sainte nitouche toujours fourrée à l'église et au presbytère. Aldéric m'a dit qu'a voulait jamais faire l'amour avec lui, qu'a disait que c'tait un péché. Et les rares fois où elle acceptait, elle était raide et froide comme une épinette en hiver. Aussi ben faire ça avec une chèvre, disait

Aldéric, au moins a bouge du cul. Pis, je vas t'dire l'gros secret qu'y m'a confié un jour. Mais avant, mon Edgar, j'veux que tu m'promettes d'en parler à personne, O.K.?

— Promis, juré, Wilfrid.

— Ti-Paul, cé pas l'fils d'Aldéric.

— Non? Cé l'fils de qui alors?

— Tiens-toé ben : c'é l'fils du curé.

— Hein! Ben voyons donc, Wilfrid.

— Si j't'le dis.

— Cé pas possible. Té sûr?

— Sûr et certain. Aldéric m'a dit qu'y avait pas fait l'amour avec sa femme depuis des semaines lorsque la Thérèse y a annoncé être en famille. Y'a fait ses calculs quand Ti-Paul é né, et ça marchait pas.

— Ça veut pas dire que c'é l'curé.

— Sois pas naïf, Edgar. A passait tout son temps au presbytère, soi-disant pour s'occuper des Dames de Sainte-Anne et des Enfants de Marie. Y'ont bon dos, les Enfants de Marie, y'ont plutôt servi à faire un enfant dans l'dos d'Aldéric, oui.

— C'est rien qu'des suppositions, Wilfrid.

— Tabarnak, Edgar, r'garde Ti-Paul, y'a la même maudite face plate que l'curé, y'a rien d'Aldéric. »

Ti-Paul n'avait pu en entendre davantage, les deux hommes s'étant éloignés vers l'arrière de la maison. Il réfléchit un moment à ce qu'il venait d'apprendre, puis retourna dans la maison et se dirigea vers la salle de bain. Il se regarda longuement dans la glace et fut réconforté en constatant que sa figure n'était pas plate. Il fut troublé, cependant, de voir que ses yeux et la forme de son visage se rapprochaient de ceux du curé. Troublé, il l'était, mais pas du tout malheureux.

Le surlendemain, lors des obsèques, il observa le prêtre avec toute l'attention qu'un petit garçon de son âge pouvait avoir. Assis au premier rang, il scruta son visage et le trouva beau, doux et calme, à l'opposé de celui du mauvais papa enfermé dans le cercueil placé tout près de lui. Ti-Paul se sentit libéré et un sourire illumina son visage, un sourire que sa mère lui fit comprendre d'enlever d'un petit coup de coude. Mais ce ne fut qu'au cimetière, lorsqu'il vit le cercueil de son père s'enfoncer dans la terre, qu'il se sentit complètement libéré. Si sa mère ne l'avait pas forcé à repartir, il serait resté là pour regarder les ouvriers enterrer cet homme qui lui avait fait tant de mal. Quand il ressortit du cimetière, il put se dire que c'était vraiment fini, que plus jamais le mauvais papa ne reviendrait pour leur faire du mal. S'il avait pu, il aurait crié de bonheur.

Une dizaine de jours plus tard, les formalités terminées, il monta dans le train de Montréal en compagnie de sa mère pour ne plus jamais revenir dans ce village de mille cinq cents habitants situé en pleine forêt à la frontière de l'Abitibi et du Témiscamingue; un trou perdu au bout du monde, selon Thérèse Lacroix qui avait toujours détesté cet endroit.

Ti-Paul et sa mère, comme tout le village d'ailleurs, ne surent jamais qu'en examinant l'auto d'Aldéric, le chef de police avait découvert que la colonne de direction avait été trafiquée. Il pensa d'abord que le saoulard s'était essayé à réparer lui-même sa voiture et qu'il avait salopé le travail. Cependant, quand, le lendemain, la veuve Girard, qui habitait non loin des Lacroix, lui avait dit que la veille il lui semblait avoir aperçu Thérèse sortir de dessous l'auto d'Aldéric, il avait eu des doutes.

Ayant bien réfléchi, le policier, qui était tout à la fois chef de police et chef des pompiers, choisit de déclarer que la mort d'Aldéric était accidentelle. N'était-ce pas la meilleure chose qui pouvait arriver à sa famille? Comme Ti-Paul, quelques jours plus tôt, il pensa que la mort de Lacroix était « un bon débarras ».

* * *

L'image du petit garçon assis dans le train avec sa mère s'estompa elle aussi dans des filaments de brouillard et Paul Lacroix se retrouva dans la chambre de Florence complètement abasourdi. Il était effaré. Pourquoi avait-il eu ces visions de son enfance? Il avait l'impression d'avoir vécu un mauvais rêve tout en étant éveillé. Cette impression s'accrut davantage lorsqu'il constata avec surprise qu'il était plus de trois heures du matin et que l'odeur de terre humide, comme le froid pénétrant qui lui avait glacé les os un peu plus tôt, avait disparu. Effrayé, il referma l'album photos, le remit sur la table de chevet et resta assis de très longues minutes dans la berceuse afin d'essayer de mettre de l'ordre dans ses idées. Il voulait réfléchir à ce qui lui arrivait.

Il ne comprenait pas. Pourquoi tous ces phénomènes étranges et angoissants se produisaient-ils? Jamais auparavant il n'avait eu de pareilles visions. Étaient-elles réelles ou était-ce le fruit de son imagination? Il eut beau se creuser la cervelle pendant plusieurs minutes, il fut incapable de trouver la moindre réponse à ses questions. Fatigué, confus, il décida de retourner dans sa chambre pour essayer de dormir. Il mit cependant beaucoup de temps pour y arriver.

* * *

Deux heures plus tard, Paul Lacroix était assis dans son lit, couvert de sueur et des larmes de désespoir aux yeux. Il venait de se réveiller après avoir fait une fois de plus ce terrible cauchemar dont il s'était cru débarrassé après sa découverte de la veille. Il s'était illusionné en pensant que Florence se servait de ce moyen pour lui faire passer un message. Mais alors, pourquoi était-il hanté par cet horrible rêve toutes les nuits? Allait-il le faire jusqu'à la fin de ses jours? Si c'était le cas, il ne le supporterait pas. Mais comment y mettre fin? Ces pensées se bousculaient dans son esprit et tournaient comme un manège sans fin qui l'étourdissait et le laissait pantelant, désemparé, vidé de toute force. De nouveau, il se dit qu'il devenait fou, qu'il était fou. Refusant de réfléchir une seule minute de plus, effrayé par ce qui pourrait surgir de son esprit, il choisit la seule solution qu'il connaissait pour oublier et trouver le repos. Il prit un somnifère et se recoucha.

Quelques minutes plus tard, Paul Lacroix sombra dans un sommeil profond qui le garda au lit jusqu'en début d'après-midi.

* * *

Le San Daniele était l'endroit à la mode, celui où il fallait être vu si on voulait avoir sa photo dans les journaux et magazines branchés de Montréal. Fréquenté par le monde de la mode, de la publicité et de la communication, ce restaurant de la rue Saint-Laurent, qui servait une nourriture de qualité mais à des prix exorbitants, appartenait à la mafia montréalaise.

Au début des années 1990, l'arrivée d'un nouveau parrain à la tête de la pègre italienne du Québec avait signifié un changement drastique d'orientation dans le type d'activités qu'elle menait. Ses patrons avaient choisi de se spécialiser dans deux secteurs particuliers : l'importation de cocaïne, dont elle avait le monopole et qu'elle revendait aux bandes de motards, et le blanchiment d'argent pour le monde interlope. Elle pratiquait cette dernière activité en utilisant la technique de l'assurance-vie en association avec des sociétés installées dans des paradis fiscaux. Les juteux revenus tirés de ces opérations, la mafia les investissait dans l'immobilier, l'hôtellerie et la restauration. Le San Daniele faisait partie de ces propriétés acquises grâce à des hommes de paille qui, en échange de généreuses compensations financières, acceptaient de servir de prête-nom aux caïds de la pègre italienne.

Ce restaurant, acquis quelques années plus tôt en même temps qu'une bonne partie du pâté de maisons où il était situé, avait été choisi par la mafia pour en faire son quartier général. Lors des travaux de rénovation, on avait aménagé une dizaine de petits salons réservés à des repas de groupe ou à des hommes d'affaires désireux de manger en toute tranquillité avec leurs invités ou leur maîtresse. Dans l'un de ces salons, cachée derrière une bibliothèque amovible, se trouvait une porte donnant accès à un escalier conduisant au sous-sol où avait été aménagée une salle désignée comme « le sous-marin ». C'était une pièce d'une quarantaine de mètres accessible uniquement par un sas. Elle reposait sur des pilotis, et un espace vide d'un bon mètre séparait ses murs de la boîte de béton qui l'enfermait. Les murs, le plancher et le plafond étaient faits d'un matériau empêchant toute écoute électronique. Pour la protéger des intrusions intempestives de la police ou de tueurs appartenant à des bandes rivales, le sas ne s'ouvrait qu'avec un digicode dont la combinaison changeait toutes les semaines.

C'est dans ce lieu toujours étroitement surveillé et gardé que les chefs de la mafia québécoise se réunissaient pour discuter de leurs affaires.

En ce samedi matin, deux hommes se trouvaient dans cette pièce et l'un d'eux était plutôt nerveux. Assis face à Paulo Di Moro, le bras droit du parrain montréalais et son exécuteur des hautes œuvres, Alberto Rinaldo essayait de convaincre celui-ci de sa bonne foi.

« Je vous le répète, monsieur Di Moro, ce n'est pas moi qui ai tué Florence Lacroix.

— Alors, explique-moi pourquoi la police veut te mettre sous pression pour ce meurtre? lui demanda le gangster dont le regard inquisiteur et le visage osseux dénué de toute expression faisaient frémir Alberto.

— Me mettre sous pression?

— Oui. Selon notre informateur au sein de la police, Grimard est convaincu que tu as fait le coup. Ses enquêteurs veulent te prendre en flagrant délit de vente de drogue. Ils pourront ainsi t'arrêter et te soumettre à un interrogatoire serré dans le but de te faire avouer.

— Ils peuvent toujours y aller. Je ne suis pas du genre à me mettre à table.

— Ne te gonfle pas trop. Ils ont déjà fait parler des plus costauds que toi. Grimard est un policier d'expérience qui sait y faire.

— Admettons, mais pour avouer, il faudrait que je sois le meurtrier. Or, je n'ai pas tué cette fille. Ce soir-là, je jouais aux cartes avec des amis.

— Pourtant, la police semble d'un avis contraire. Leur chef ne se donnerait pas tant de mal pour te coincer s'il n'avait pas une bonne raison de te croire coupable.

— Nous, les Italiens, on n'égorge pas les femmes, vous devez le savoir. Ce sont les Arabes qui tuent de cette façon. Comme la police ne trouve pas de coupable, elle essaie de me mettre ce crime sur le dos simplement parce que j'étais le petit ami de cette fille.

— D'après un témoin, tu l'aurais menacée.

— Mettez-vous à ma place. Elle m'a fait expulser de son appartement par le gardien, un ancien boxeur poids lourd qui s'est fait un plaisir de me massacrer. J'ai perdu la tête et dit n'importe quoi. Mais je ne suis pas assez fou pour tuer quelqu'un pour ça. »

Paulo Di Moro resta silencieux un long moment, ses yeux de fouine fixant son interlocuteur avec une telle intensité que le bel Alberto eut l'impression de se faire dépecer vivant. Finalement, le numéro deux de la mafia laissa tomber.

« Alberto, je veux bien te croire. Mais je le fais uniquement par considération pour ton père qui nous a rendu de précieux services avant de mourir. Au cas où tu ne le saurais pas, le patron a promis à ton père de s'occuper de toi. C'est pour respecter cette promesse qu'il t'a laissé continuer ton petit trafic de drogue. Il a même négocié avec les motards pour te garder un territoire. Alors, ne le déçois pas, car il ne te le pardonnerait pas.

— Ne vous inquiétez pas, monsieur Di Moro, je ne le décevrai pas.

— O.K., mais écoute-moi bien. La police veut te coincer, mais le patron ne tient pas à ce qu'elle le fasse. Alors, tu as intérêt à te tenir à carreau. Cela veut dire : plus de trafic de drogue, plus de bagarre, plus d'excès de vitesse, plus de folies. Plus rien qui puisse donner prise aux enquêteurs. Tu restes tranquille tant que je ne t'aurai pas donné la permission de recommencer tes activités. C'est compris ?

— Oui, oui. Mais comment je vais faire pour vivre si je ne peux pas distribuer mon stock ?

— On va t'avancer ce qu'il te faut pour que tu ne manques de rien pendant cette période.

— C'est chic de votre part, merci.

— Ce n'est pas moi qu'il faut remercier, mais le patron.

— Remerciez-le pour moi.

— Contente-toi de faire ce qu'il te dit.

— Il n'y aura pas de problèmes.

— Je l'espère pour toi, Alberto. »

Le ton et le regard de Paulo Di Moro en prononçant ces dernières paroles firent frissonner le jeune truand. Il connaissait la réputation de tueur sans pitié que véhiculait cet homme. Malheur à ceux qui avaient la mauvaise idée de vouloir s'opposer à lui ou de ne pas obéir à ses ordres. Alberto n'avait nulle envie de vérifier si cette réputation était fondée ou non. Aussi se promit-il de ne rien faire qui puisse le mettre en colère. Par contre, comme il avait menti concernant Florence Lacroix, il n'était pas tranquille. Si jamais Di Moro l'apprenait, il risquait de passer un mauvais quart d'heure.

Lorsqu'il quitta le San Daniele quelques minutes plus tard, les policiers qui le suivaient pas à pas depuis le matin lui trouvèrent un air soucieux. Le jeune fanfaron, qui normalement marchait toujours les épaules droites et le menton hautain, avait perdu de sa superbe. Il semblait inquiet, troublé et distrait. Les policiers s'empressèrent d'en informer leur superviseur au quartier général de la rue Saint-Urbain.

* * *

Paul Lacroix n'en menait pas large. Réveillé vers quinze heures trente, il avait pris sa douche et s'était forcé à manger deux toasts avec une pomme et de la confiture. Puis, il était sorti pour acheter son journal au dépanneur du coin. Il en avait profité pour marcher un peu. Le temps pluvieux, humide et froid qui sévissait depuis quelques jours avait cédé sa place à une température plus douce. Paul s'était dit que cela lui ferait du bien d'en profiter. Il déambulait au hasard lorsqu'il s'arrêta devant la vitrine d'un fleuriste. Il regarda les fleurs et les plantes qui se trouvaient à l'intérieur de la boutique, sembla réfléchir pendant quelques instants et se décida à entrer. Il choisit une douzaine de roses qu'il fit mettre sur un lit de verdure, demanda au vendeur de lui emballer le tout dans du papier cellophane et sortit du magasin. Il attendit que passe un taxi, le héla et se fit conduire au cimetière de la Côte-des-Neiges.

Une fois arrivé sur les lieux, il paya le taxi, s'engagea dans l'allée principale, tourna deux fois à gauche et une fois à droite avant de s'arrêter devant l'emplacement où sa fille avait été enterrée. Il se signa, fit une courte prière et déposa les fleurs au pied de la pierre tombale en marbre sur laquelle il avait fait graver :

Florence Lacroix, décédée le 15 novembre 1999
à l'âge de 21 ans. Qu'elle repose en paix.

Il se redressa et resta longtemps debout, parlant avec sa Florence adorée. Il savait qu'elle était là, près de lui, non seulement parce que son corps était enterré à cet endroit, mais parce que son esprit semblait imprégner les lieux. Il avait l'impression que la brise légère qui s'était levée quelques minutes plus tôt et qui lui caressait le visage était le moyen pris par Florence pour lui faire savoir qu'elle était à ses côtés, qu'elle l'entendait et le remerciait de sa présence.

C'est lorsque le vent tourna au nord et le fit grelotter qu'il sut que le temps était venu de repartir. Il fit une dernière prière, embrassa sa fille en pensée et retourna chez lui.

Une fois rentré, il feuilleta distraitement le journal avant de se réfugier au salon pour réfléchir dans le calme. Il était angoissé par tout ce qui lui arrivait depuis deux jours.

Pendant plus d'une heure, il resta assis sans parvenir à trouver la moindre explication rationnelle à ce qui lui arrivait. Mais comment trouver une explication rationnelle à des manifestations qui ne l'étaient pas ? Ce qu'il vivait depuis la mort de Florence était tellement inhabituel et invraisemblable que tout était à la fois possible et impossible.

Après s'être longtemps questionné, il finit par se dire que, seul, il ne trouverait pas de réponses à ses questions. Il allait avoir besoin d'aide. Mais vers qui pouvait-il se tourner? Il y avait bien cette espèce de timbrée, une astrologue cartomancienne que son ex-épouse consultait à tout bout de champ et qui se prétendait psychologue. Elle habitait à deux coins de rue de chez lui. Cependant, elle avait l'air tellement déjantée avec ses cheveux raides, ses ongles verts en forme de griffe, son boubou aux couleurs chamarrées, ses chaussettes roses et ses savates déformées qu'il ne se voyait pas aller la consulter. D'ailleurs, la seule fois où il l'avait rencontrée, elle l'avait fixé avec un tel regard méprisant qu'il n'avait réussi qu'à bredouiller quelques banalités. Ce jour-là, il avait compris que sa femme avait dû lui peindre un portrait peu flatteur de son mari.

Malgré tout, c'est en pensant à cette vieille détraquée qu'il se souvint d'avoir rencontré un psychologue. Il ne l'avait vu qu'une seule fois, mais peut-être se souviendrait-il de lui et accepterait-il de le conseiller. Ils s'étaient croisés au début de l'année, en février plus exactement, chez un de ses rares amis, un ancien collègue de travail retraité habitant Sainte-Adèle. Ce dernier les avait invités, Florence et lui, à venir célébrer le carnaval avec une vingtaine d'autres personnes dont ce psychologue. Cet homme d'une quarantaine d'années au physique agréable, à la voix douce et au regard vif enseignait à l'Université de Montréal. Il était accompagné de son épouse, une femme charmante avec laquelle il avait discuté un long moment. C'est elle qui lui avait appris que son mari était psychologue et qu'il se spécialisait dans les phénomènes surnaturels. Il se rappelait même avoir été très étonné lorsqu'elle lui avait confié que son mari pratiquait l'hypnose sur les gens victimes de phénomènes étranges. Il utilisait cette technique pour vérifier s'ils disaient la vérité. Dans son domaine, il était une sommité et, durant le repas, il avait monopolisé l'attention de tout le monde en racontant certaines de ses expériences dont quelques-unes étaient carrément effrayantes.

Toutes ces histoires de fantômes, de revenants et d'esprits baladeurs avaient frappé Paul et sa fille qui en avaient discuté sur le chemin du retour. Si lui se disait sceptique, elle, par contre, y croyait. « *Comme sa mère* », avait pensé son père ce jour-là.

Aujourd'hui, malgré son scepticisme pour le surnaturel, Paul devait admettre que ce docteur en psychologie était peut-être le seul à pouvoir l'aider. Que risquait-il en le lui demandant? Pas grand-chose. Au point où il en était, il n'avait rien à perdre. Il valait quand même mieux s'adresser à lui plutôt qu'à la vieille folle dont les références étaient sûrement fausses. Son ami de Sainte-Adèle étant parti en Floride pour l'hiver, il décida de téléphoner à l'université dès le lundi matin pour obtenir les coordonnées du professeur et tenter de le rencontrer.

* * *

Vers vingt et une heures, il s'habilla et sortit de chez lui pour se diriger vers la rue Saint-Laurent. Pendant plus de deux heures, il fit la tournée des endroits où Rinaldo se tenait habituellement. Ses efforts demeurèrent vains. Non seulement il ne le vit pas mais, lorsqu'il posa quelques questions à son sujet aux barmen et aux serveurs, il reçut pour toute réponse des regards sinon inquiétants, du moins inquisiteurs. Quand, un peu avant minuit, il retourna à son appartement, il était déçu, mais pas découragé. Il savait qu'Alberto ne tarderait pas à apprendre que quelqu'un s'intéressait à lui. En retournant le lendemain et le surlendemain dans ces mêmes endroits et en posant les mêmes questions, il finirait par inquiéter l'Italien qui viendrait probablement pour découvrir celui qui le cherchait avec autant de persévérance. Ainsi, il pourrait mettre son plan à exécution.

* * *

À son retour chez lui, Paul constata que tout était normal dans la chambre de Florence. Le plafonnier était éteint, il ne sentit aucune odeur particulière et n'eut pas plus froid que dans le corridor. Même l'album photos était à l'endroit où il l'avait déposé la veille. « *Ces drôles de phénomènes sont peut-être terminés?* » pensa-t-il plein d'espoir.

Il scruta chaque coin et recoin de la pièce afin de s'assurer que tout ce qu'elle contenait était bien à sa place. N'ayant rien trouvé d'anormal, il poussa un soupir de soulagement et ressortit pour regagner sa chambre et se coucher. Il s'endormit aussitôt.

TROISIÈME JOURNÉE

Dimanche 28 novembre 1999 à 2 h 30

Cette nuit-là, ce fut un bruit étrange qui le réveilla, une sorte de raclement désagréable comme celui produit par quelqu'un qui avance en se traînant les pieds après avoir marché dans le sable. Il se redressa d'un seul coup et tendit l'oreille pour essayer de découvrir d'où pouvait provenir ce bruit. De nouveau la peur s'était emparée de son esprit, surtout qu'au même moment il aperçut qu'il y avait de la lumière dans la chambre de Florence. Cette fois-ci, il n'y avait pas à se tromper : lorsqu'il avait quitté la pièce plus de deux heures auparavant, il se souvenait très bien avoir éteint.

Il resta de longues minutes assis dans son lit sans bouger, prêtant l'oreille au moindre son. Mais, tout comme le premier soir, il n'entendit rien et décida de se lever. Il se dirigea d'abord vers la fenêtre de sa chambre pour remonter le store. La nuit était sombre et de gros nuages noirs obscurcissaient le ciel. En bas, la lumière des réverbères peinait pour percer le rideau formé par la pluie qui tombait dru. La rue était déserte. Un vieux taxi noir passa lentement, ses phares arrivant à peine à illuminer la chaussée. Paul observa les feux arrière qui s'éloignaient et disparurent rapidement, avalés par le déluge. Il frissonna. Ce qu'il voyait était sinistre. Il regarda partout, mais ne vit rien qui aurait pu être à l'origine de ce drôle de raclement. Sans s'attarder davantage, il rabaissa le store, regrettant presque de l'avoir ouvert, et revêtit sa robe de chambre.

L'esprit en proie à un sentiment d'anxiété qu'il n'arrivait pas vraiment à contrôler, il se dirigea vers la chambre de Florence. Dès son arrivée, il vit que les phénomènes étranges qu'il avait observés les nuits précédentes étaient de nouveau présents. Il s'était trompé hier en pensant que c'était terminé. L'odeur et le froid étaient bien là et l'album photos avait été ouvert et déposé sur le lit. Chose encore plus étrange, la télévision fonctionnait, syntonisée sur une chaîne où un écran neigeux s'accompagnait par intermittence de raclements et de crissements inhabituels. En les entendant, Paul comprit qu'il venait de découvrir l'origine des bruits qui l'avaient réveillé. Cependant, si cette découverte le rassura, il fut, par contre, angoissé par le fait que la télé était allumée. Quelqu'un avait bien dû pénétrer dans l'appartement pour le faire. Était-ce la même personne qui avait aussi allumé le plafonnier et déposé l'album sur le lit après l'avoir ouvert?

Obligé de se rassurer, il fit le tour de l'appartement, allant même jusqu'à ouvrir les placards et regarder sous les lits. Il ne trouva rien et se sentit ridicule. C'était la deuxième fois qu'il se comportait de cette façon irréfléchie. La chaîne de la porte d'entrée était accrochée, cela aurait dû le rassurer. Cependant, dans l'état où il se trouvait, il n'était plus capable de penser logiquement. Trop de manifestations inexplicables se produisaient autour de lui pour qu'il y arrive.

C'est en revenant dans la chambre de Florence qu'une idée prit soudain forme dans son esprit. Quelques jours plus tôt, il l'aurait rejetée du revers de la main. Mais, à cet instant, au milieu de cette chambre où se passaient toutes ces manifestations surnaturelles, elle ne lui apparut pas aussi invraisemblable. Après quelques secondes de réflexion, il se dit que, si son idée était la bonne, il était important de faire ce qu'on attendait de lui. Si l'album était ouvert à un endroit précis, c'était probablement qu'on voulait qu'il regarde les photos fixées à ces pages. Il allait donc s'exécuter. Il s'approcha de la berceuse et s'y assit après s'être emparé de l'album. Celui-ci était ouvert sur une double page où étaient fixées quatre photos le représentant devant la maison de sa grand-mère à Saint-Henri.

Dès que son regard se porta sur ces photos, il y eut du brouillard suivi d'une sensation de déplacement à une vitesse phénoménale. De nouveau, il fut projeté dans le passé. Quand tout s'immobilisa, il se vit en culottes courtes et bas golf en train de lire, assis sur la galerie de cette maison carrée de deux étages construite en bardeaux d'amiante. Sa mère et sa grand-mère occupaient le bas, alors que le haut était loué à deux vieilles filles dont le seul passe-temps était le commérage.

Concentré sur sa bande dessinée racontant les aventures de Mickey en Afrique, il mit du temps avant de réaliser que sa grand-mère l'appelait pour le souper.

« Va te laver les mains », lui lança-t-elle d'un ton acrimonieux dès qu'il pénétra à l'intérieur de la maison, avant d'ajouter : « Je ne comprends pas comment ta mère peut te laisser lire des *comics*. Ce sont des livres pour les sans-génie. Tu ferais mieux de lire le livre d'Histoire sainte que je t'ai acheté plutôt que ces cochonneries. »

Docile, le petit Paul obéit. Il n'avait pas envie de recevoir une claque derrière la tête. Le « Vieux Dragon gris », comme il la désignait dans son for intérieur, n'était pas commode. Sa grand-mère ne l'aimait pas, c'était une évidence qu'il pouvait vérifier tous les jours. Il n'avait jamais compris pourquoi elle se comportait de cette façon avec lui. Qu'avait-elle à reprocher à ce petit-fils qui, à son arrivée à Saint-Henri trois ans plus tôt, était prêt à aimer cette grand-mère inconnue? Mais il avait vite déchanté : toujours à lui crier après et à l'agresser pour la moindre broutille. Jamais un mot gentil, une caresse ou une gâterie. Bien qu'il eût fait de gros efforts pour ne jamais le montrer, il en était venu à la détester.

Et pourtant, le « Vieux Dragon gris » allait à la messe tous les matins, s'impliquait activement dans la Saint-Vincent de Paul et dans d'autres mouvements religieux de la paroisse, montait à genoux les escaliers de l'Oratoire Saint-Joseph chaque été et disait un rosaire tous les soirs. Aux yeux des voisins, elle passait pour une sainte femme.

Le petit Paul ne comprenait pas. Comment pouvait-on dire d'une personne aussi méchante qu'elle était sainte? Les frères maristes qui enseignaient à l'école du quartier ne disaient-ils pas que, si on voulait devenir un saint, il fallait être bon, doux, obéissant et, surtout, s'aimer les uns les autres? Ce n'était pas ce que sa grand-mère pratiquait à son égard. Elle avait surtout la phobie du péché, le questionnant sans arrêt sur ses moindres gestes, allant même jusqu'à le surveiller dès qu'il était seul. Elle lui défendait de mettre les mains dans ses poches et lui rabâchait tous les jours de ne pas toucher ou regarder sa « zouzoune » lorsqu'il faisait pipi, se déshabillait ou prenait un bain. Selon ses dires, ce petit bout de chair était un instrument du Diable qui avait été la cause de tous les malheurs des êtres humains.

« Si jamais il grossit et devient dur, lui disait-elle sans arrêt, c'est que le Diable s'est emparé de toi et, une nuit, il viendra te chercher pour t'entraîner dans les flammes de l'enfer. »

Heureusement pour Paul, il y avait sa mère, une femme douce et aimante qui rendait plus supportable la vie pénible que le « Vieux Dragon gris » lui faisait endurer. Cependant, en raison de son emploi à la Canada Packers où elle travaillait de quatre heures à minuit, il ne la voyait pas souvent. Il y avait bien les fins de semaine où elle restait à la maison, mais elle était tellement fatiguée qu'elle dormait presque tout le temps.

Le petit garçon espérait qu'un jour sa mère puisse amasser suffisamment d'argent pour que tous les deux puissent quitter cet endroit maudit en laissant le « Vieux Dragon gris » seul dans son antre. Entre-temps, il s'efforçait d'enfouir au plus profond de sa mémoire chaque jour passé dans cette maison.

* * *

La vision du petit Paul en train de se laver les mains s'estompa. Comme la veille, il y eut un moment de flottement suivi d'un nouveau rideau de brouillard qui se leva avec lenteur sur un petit garçon plus grand, mais toujours en culottes courtes. Il était assis sur le banc de la galerie en train de lire lorsqu'il fut interpellé par une petite voix flûtée.

« Bonjour, toi. »

Il releva la tête et ses yeux s'agrandirent de surprise en voyant celle qui lui parlait. Elle était sûrement la plus jolie petite fille qu'il ait vue de toute sa vie. Non seulement elle lui parlait, mais elle lui souriait. Lui qui n'avait pas d'amis, lui le timide dont tous les autres enfants se moquaient, semblait intéresser cette belle petite fille. Il n'en revenait pas.

« On a déménagé hier dans la rue Larouche, reprit-elle avant qu'il ait pu répondre à son bonjour. Je m'appelle Claire, et toi?

— Po... Paul, répondit-il en bégayant.

— Popaul, c'est un drôle de nom ça.

— Non, pas Popaul, Paul.

— Ah bon! C'est bien plus beau. Quel âge as-tu? lui demanda-t-elle en s'approchant de la galerie sans attendre d'y être invitée.

— Dix ans.

— Moi, j'en ai neuf. Tu crois qu'on peut être amis? Je ne connais personne ici.

— Euh... oui. »

Claire monta le rejoindre sur la galerie et, d'un seul élan, se hissa sur la rambarde où elle s'assit face à son nouvel ami. Aussitôt, elle se mit à babiller, lui racontant tout sur elle. Paul, déjà conquis, l'écoutait, subjugué. Il n'osait même pas bouger de peur que le charme ne se rompe. Il avait l'impression d'avoir devant lui une petite fée venue du ciel juste pour lui. Son regard était rivé sur ce beau visage entouré de cheveux blonds. C'est seulement lorsqu'elle lui parla de ses souliers neufs qu'il baissa les yeux pour les regarder. Il eut alors le choc de sa courte vie. La robe de Claire s'était relevée jusqu'en haut des genoux. De l'endroit où il était assis, il pouvait voir ses jambes, ses cuisses et la petite culotte blanche qu'elle portait sous sa robe. Paul sentit un drôle de frisson lui parcourir le bas-ventre. Fasciné, il n'entendait plus ce que sa nouvelle amie disait.

Mais ce fut bien pire lorsque Claire, emportée par son bavardage, se mit à balancer les jambes d'avant en arrière tout en se déplaçant légèrement vers la droite. Ce changement de position fit glisser sa petite culotte, et l'élastique un peu distendu qui encerclait sa cuisse suivit le mouvement. Lui apparut, alors, un petit renflement rose. Paul était pétrifié, surtout que, le balancement des jambes de Claire s'étant accentué, l'échancrure s'agrandit et il put voir, à chaque remontée des jambes, la totalité du sexe de la petite fille.

Dans la cour de récréation, Paul avait bien entendu des garçons dire à voix basse que les petites filles n'avaient pas de « zouzoune », mais une fente. Il n'avait jamais cru ces histoires, ce n'était pas possible. Le bon Dieu n'avait pas pu faire une telle erreur en créant Ève avec la côte d'Adam. Les frères maristes l'auraient dit. Cependant, aujourd'hui, il devait se rendre à l'évidence : c'était vrai. Le regard de Paul se riva sur cet endroit qu'il découvrait pour la première fois. Son instinct lui disait que c'était mal de continuer à regarder ainsi, mais il ne pouvait détourner les yeux. Sans qu'il sache pourquoi, la vue de cette petite fente l'excitait, lui faisait battre le cœur.

Soudain, Paul se rendit compte que sa « zouzoune » durcissait et se pressait contre le devant de son petit pantalon de toile. Une peur panique s'empara de lui. Ce que sa grand-mère lui avait seriné pendant toutes ces années se produisait. Le Diable était entré dans son corps et en prenait possession. Il avait certainement commis un péché mortel et, s'il continuait à regarder l'entrejambe de Claire, il allait se retrouver en enfer. Il fallait qu'il chasse le Diable, qu'il mette fin à son emprise en détournant son regard. Mais, malgré la peur qui lui rongeait les sangs, il ne put résister à l'envie de continuer à fixer cette petite fente dont la vue lui procurait une agréable sensation au niveau des reins.

Cette drôle de situation aurait pu continuer longtemps si la grand-mère de Paul n'avait pas eu l'idée de venir observer ce qu'il faisait. S'étant approchée de la fenêtre du boudoir, elle vit ce qui se passait sur la galerie et une violente bouffée de rage la saisit : une petite dévergondée montrait son sexe à son petit-fils qui ne trouvait rien de mieux à faire que de le contempler avec des étoiles dans les yeux.

Comme une furie, elle se précipita sur la galerie en vociférant :

« Qu'est-ce que vous faites là, vous autres ? »

Puis, se tournant vers la petite fille qu'elle n'avait jamais vue auparavant, elle ajouta :

« Toi, espèce de vicieuse, disparais de ma vue et ne reviens plus jamais ici. Tu m'as compris ? »

Claire ne chercha pas à comprendre. Elle sauta en bas de la rambarde et s'enfuit à toutes jambes. Dès qu'elle se fut éloignée, le « Vieux Dragon gris » se tourna vers son petit-fils et le traîna à l'intérieur de la maison.

« Petit vaurien ! cria-t-elle en lui tirant l'oreille, tu es comme tous les autres hommes : un suppôt du Diable que la luxure perdra. Tu as fait grossir ta « zouzoune », je le vois à la bosse de ton pantalon. Le Diable s'est emparé de toi. Demain matin, je t'emmène à la messe et, après, nous irons voir le curé. Tu lui raconteras tout ce que tu as fait avec cette petite fille en espérant qu'il te pardonne ton péché et te débarrasse du Diable. Et ta mère ? Que va-t-elle dire demain matin lorsque je lui raconterai ce que tu as fait ? Elle va être terriblement malheureuse, elle qui s'esquinte la santé à trimer dur toute la journée juste pour toi. Sûrement qu'elle va pleurer toutes les larmes de son corps quand elle apprendra que son seul fils est un gros pécheur. »

Son sermon dura encore de longues minutes. Puis, estimant qu'elle l'avait assez culpabilisé, elle termina en lui donnant une magistrale claque derrière la tête et le renvoya dans sa chambre en lui intimant l'ordre de réciter cent fois son acte de contrition. Elle lâcha alors son oreille qu'elle avait tirée durant toute sa diatribe. Cela ne fit pas cesser pour autant la douleur qui lui avait fait monter les larmes aux yeux.

Sans rien dire, Paul se dirigea vers le petit cagibi qui lui servait de chambre et s'y enferma. Il était enragé. Enragé que sa grand-mère ait fait fuir celle qui aurait pu devenir son amie, enragé qu'elle veuille l'humilier devant le curé, enragé qu'elle cherche à le discréditer auprès de sa mère, mais, surtout, enragé contre lui-même d'avoir craint une nouvelle fois de se révolter contre ce « Vieux Dragon gris » qu'il avait envie de tuer. Mais sa rage était teintée de crainte. Il avait peur de ce qui pouvait lui arriver si sa grand-mère l'emmenait chez le curé. La rage et la peur se mêlant dans sa tête, il eut l'impression de perdre pied.

La douleur dans son crâne survint subitement, une douleur atroce qui lui vrilla les tempes. À plusieurs reprises dans le passé, il avait ressenti ce genre de douleur, mais aujourd'hui, elle était plus intense que jamais. Ses yeux se brouillèrent et des vertiges de plus en plus violents le firent vaciller, l'obligeant à s'allonger sur son lit pour ne pas tomber. Dès que sa tête toucha l'oreiller, sa vision devint rouge vif et il perdit conscience.

* * *

C'est la voix de sa mère qui le réveilla le lendemain matin.

« Paul, lève-toi. Grand-maman a eu un accident durant la nuit. Elle est décédée d'une crise du cœur. Habille-toi et monte chez les vieilles filles. Je les ai prévenues et elles t'attendent. Moi, je vais retourner dans sa chambre où se trouve le docteur Maheux. Il a dû prévenir les pompes funèbres. Surtout, ne pleure pas devant les vieilles filles. Elles s'empresseraient de colporter à droite et à gauche que tu n'es qu'un bébé. »

Puis sa mère était repartie, le laissant seul.

Comme un automate, l'esprit encore engourdi, il s'habilla et monta rejoindre les demoiselles Gagnon. C'est en grimpant l'escalier qu'il prit vraiment conscience que le « Vieux Dragon gris » ne l'embêterait plus jamais. Désormais, il était seul avec sa mère. Enfin, il allait avoir la paix.

Une demi-heure plus tard, en compagnie des vieilles

filles, il put observer du balcon les croque-morts qui mettaient le corps de sa grand-mère dans le corbillard. Quand ils en refermèrent les portes, il eut toutes les peines du monde à se retenir pour ne pas rire. Pleurer, sûrement pas. Il aurait plutôt crié de joie s'il avait été seul. Il était enfin débarrassé de la méchante chipie. Une dernière fois, il revit en pensée le visage du « Vieux Dragon gris », lui tira la langue et rangea définitivement le souvenir qu'il en conservait dans le plus profond des tiroirs de son cerveau en se jurant de ne jamais l'ouvrir. Il voulait l'oublier pour toujours. En regardant s'éloigner le fourgon mortuaire, Paul eut en mémoire le souvenir de la petite fente de Claire. Maintenant que sa grand-mère était définitivement partie, elle ne pourrait plus le surveiller et, si la belle petite fille revenait, peut-être pourrait-il de nouveau contempler cet entrejambe qui lui avait procuré ce délicieux picotement au creux des reins.

Malheureusement pour lui, elle ne revint jamais. À quelques reprises, il la rencontra en se rendant à l'école, mais elle ne lui adressa pas la parole. Il ne s'en offusqua pas, car, le soir dans son lit, il pouvait ouvrir le tiroir où était rangé le souvenir de sa petite fente et la regarder avec délectation. Chaque fois, sa « zouzoune » durcissait. Il savait qu'il commettait un gros péché et qu'il risquait de voir le Diable arriver. Mais il s'en fichait; il se sentait tellement bien. Ce souvenir de la petite fente ne le quitta jamais et le marqua pour le restant de sa vie.

* * *

L'image du petit garçon qui, du balcon, regardait le grand véhicule noir tourner au coin de la rue disparut pour être remplacée, après quelques secondes de brouillard habituel, par celle d'un jeune garçon d'une quinzaine d'années. Il revenait chez lui par un bel après-midi d'automne et s'amusait à donner de généreux coups de pied dans les feuilles mortes que les employés municipaux avaient accumulées en tas. Paul était joyeux. Les professeurs devant se rendre à une importante rencontre avec les autorités de la Commission scolaire, tous les élèves de son académie commerciale avaient été renvoyés plus tôt que d'habitude. Il avait intégré trois semaines plus tôt cette école préparant à des études de comptabilité. Sa mère aurait aimé qu'il fasse son cours classique, mais il avait échoué trois ans de suite aux examens d'entrée. Non pas qu'il fût bête, son quotient intellectuel était dans la bonne moyenne. Cependant, s'il était fort en mathématiques, il avait de grosses carences au niveau du français. Si sa grand-mère avait encore été là, sans doute aurait-elle mis cette faiblesse sur le dos des bandes dessinées qu'il lisait sans arrêt.

En arrivant chez lui, il constata que la porte d'entrée n'était pas fermée à clé. Cela le surprit. Sa mère, qui possédait la seule autre clé, était normalement à l'usine à cette heure-là. Depuis la mort du « Vieux Dragon gris », elle travaillait de jour, pour ne pas laisser son fils seul toute la soirée.

Bravement, mais l'oreille aux aguets, le jeune Paul pénétra dans la maison et s'immobilisa dans l'entrée. Une voix entrecoupée de sanglots lui parvint. Il reconnut celle de sa mère et son cœur se serra à la pensée qu'elle puisse avoir du chagrin. Il n'eut qu'une seule idée : aller la consoler comme elle l'avait fait si souvent avec lui. Il allait se diriger vers le salon lorsqu'une voix d'homme se fit entendre. Surpris, il s'arrêta et choisit plutôt de s'avancer silencieusement jusqu'à la porte du salon pour écouter. Il savait que ce n'était pas bien d'agir ainsi, mais il ne put résister.

« Pourquoi avoir tout dit à votre évêque ? lança sa mère d'un ton plein de reproches à son interlocuteur anonyme.

— Parce que je ne pouvais plus vivre dans le péché, lui répondit l'homme d'une voix lasse. Ma vie était devenue un véritable enfer, une hypocrisie permanente. Pendant quinze ans, j'ai exercé toutes les fonctions de mon ministère en état de péché mortel. C'était devenu insupportable. J'ai longtemps hésité mais, il y a un mois, je me suis décidé à en parler à monseigneur Patenaude. Je lui ai tout raconté, absolument tout : notre rencontre en Abitibi, nos rendez-vous amoureux, la naissance de Paul conçu lors de nos amours coupables, nos rencontres à Trois-Rivières et à Montréal dans de sordides chambres de motel. Je n'ai rien caché.

— Quand on voit les résultats, vous auriez mieux fait de vous taire. Il vous envoie en mission chez les Indiens du Yukon. Vous devez être content de vous.

— C'est le prix que je dois payer pour mes péchés.

— Dites plutôt que Patenaude a voulu vous éloigner définitivement de moi.

— Ça vaut mieux. Nous ne pouvions poursuivre cette relation coupable qui ne nous menait nulle part.

— Elle aurait pu nous mener au bonheur si vous aviez accepté de défroquer. Vous n'auriez pas été le premier prêtre à le faire. Nous aurions pu vivre heureux ici avec notre fils. »

Il y eut un moment de silence pendant lequel Paul se demanda ce que cet homme qui était son père allait répondre.

« J'y ai pensé, rétorqua finalement l'homme d'Église d'une voix triste. Cependant, je n'ai pas pu m'y résoudre. Mes vieux parents, qui ont fait de gros sacrifices financiers pour me permettre d'aller au petit séminaire et devenir prêtre, en seraient morts de chagrin. Sans parler du déshonneur qui se serait abattu sur ma famille habitant une petite ville où tout le monde se connaît. Thérèse, je vous ai aimée dès le premier jour et je vous aime encore, mais je ne veux pas que d'autres souffrent à cause de cet amour.

— Et moi, vous croyez que je ne souffre pas? Quinze ans que je vous attends. Quinze ans que je me contente de miettes glanées en cachette une ou deux fois par mois. Je vous ai tout donné, mon corps, mon âme, ma vie, mon salut, et que me donnez-vous en retour? Rien. Vous m'abandonnez sur le bord de la route comme une vieille épave inutile.

— Vous êtes sévère, Thérèse.

— Je suis surtout très malheureuse de vous perdre à tout jamais, sans espoir de retour.

— Il vous restera nos souvenirs et surtout, le plus important, notre fils.

— Heureusement. C'est un garçon tellement merveilleux et attachant. Attendez, je vais vous montrer des photos de lui. »

Il y eut un autre moment de silence, puis sa mère reprit après quelques secondes :

« Voyez comme il est beau. Il vous ressemble. »

Paul entendit le bruissement des pages que l'on tournait.

« Regardez celle-ci, lança sa mère, elle a été prise avant son entrée à l'École commerciale. J'aurais souhaité qu'il fasse son cours classique et devienne prêtre...

— Comme son père, l'interrompit l'homme d'une voix triste.

— Oui, comme son père, mais cela n'a pas marché.

— Il a l'air gentil.

— C'est un adolescent plein de qualités. Jamais vous ne l'entendez prononcer un mot plus haut que l'autre. Parfois même, je trouve qu'il est trop sage, trop renfermé. Ce qui m'inquiète, c'est qu'il n'a pas d'amis.

— Pourquoi ?

— Il dit qu'il veut me consacrer tout son temps.

— Attention à ne pas trop le couver. Ce n'est pas sain, surtout pour un garçon.

— Il mérite tout l'amour que je peux lui donner. Il n'a pas eu une enfance très heureuse. Mon mari le battait au moindre prétexte. Sa grand-mère, qui était une dévote, le détestait parce qu'il était un bâtard né d'un amour coupable avec un prêtre. Ses camarades de classe se moquaient de lui à cause de sa timidité. Sans compter que je ne le voyais presque jamais durant nos premières années à Saint-Henri. Le malheur de cet enfant, c'est qu'il n'a jamais eu de vrai père, un père qu'il aurait admiré, qui aurait été près de lui, l'aurait emmené au hockey, aurait joué avec lui, aurait partagé ses peines et ses joies. Maintenant que nous sommes seuls tous les deux, je le dorlote et lui donne toute l'affection dont il a été privé auparavant. Il était mon fils et il le sera toujours, mais il sera aussi un peu mon mari puisque je ne peux compter sur vous.

— Thérèse, ne soyez pas méchante, ne me culpabilisez pas davantage. Moi aussi je souffre. »

Il y eut un autre moment de silence, plus long celui-là, puis la voix de sa mère se fit de nouveau entendre, mais plus triste, plus suppliante.

« Charles-Albert, je sais que votre décision est prise, que je n'arriverai pas à vous faire changer d'avis. Mais, au moins, accordez-moi une dernière faveur. Prenez-moi dans vos bras, et faites-moi l'amour encore une fois que je garde bien présent le souvenir de votre corps, de votre senteur, de vos lèvres sur les miennes et de vos mains sur moi.

— Ce ne serait pas sage.

— Je n'ai pas envie d'être sage, et vous non plus. Alors, aimez-moi une dernière fois, je vous en supplie. »

Paul était bouleversé que sa mère soit obligée de quémander un peu d'amour à cet homme qui avait été son amant pendant près de vingt ans. Il lui en voulut et pensa à entrer dans le salon pour le lui faire savoir. Mais au moment où il allait s'exécuter, il entendit sa mère gémir de plaisir. Malgré sa candeur, Paul comprit ce qui se passait et cela lui causa un choc énorme. Aussitôt, il sentit les premiers symptômes d'une violente migraine, une migraine comme celle qu'il avait eue la veille de la mort de sa grand-mère, une migraine qui lui poignardait le cerveau et lui causait des douleurs atroces avant de lui faire perdre conscience.

Il ressortit de la maison en courant et se dirigea vers le petit parc de l'autre côté de la rue où il eut juste le temps de s'asseoir sur un banc avant de tomber inanimé.

* * *

Lorsque le jeune Paul revint à lui, il était toujours sur le banc. Il regarda l'horloge du clocher et vit qu'il était près de cinq heures trente de l'après-midi. Il avait été inconscient presque trois heures. Sa mère devait être très inquiète. Il n'aimait pas mentir et le faisait rarement, mais là il n'avait pas le choix. Il lui dirait qu'il s'était attardé dans le parc après l'école pour travailler son français. Sans plus attendre, il regagna son domicile en courant.

* * *

L'image de l'adolescent fonçant à travers le parc et zigzaguant entre les érables, dont les branches effeuillées dessinaient sur le sol des ombres griffues, s'effaça lentement et Paul Lacroix se retrouva dans la chambre de Florence, un peu déboussolé. À l'instant même où il reprenait contact avec la réalité, il eut l'impression d'entendre une voix aux accents caverneux murmurer :

« Pa... pa... Pa... pa. »

Il sentit son cœur exploser dans sa poitrine et un immense espoir s'empara de lui. Ce ne pouvait être que sa petite fille chérie qui lui parlait. Qui d'autre aurait pu l'appeler papa ?

« C'est toi, Florence ? cria-t-il, ajoutant tout aussitôt en se redressant : Je suis là. Où es-tu ? »

Seul le silence, un silence lourd, désespérant, lui répondit. Il attendit quelques secondes sans bouger puis, n'ayant pas obtenu de réponse, il lança :

« Florence, si tu es là, parle-moi, dis-moi quelque chose... Allons, chérie, ne me laisse pas dans l'incertitude. »

Paul était comme fou. Il se mit à marcher dans la chambre, regardant de gauche à droite avec des yeux exorbités, s'arrêtant au moindre bruit. Après de longues minutes, il se rendit à l'évidence. Si c'était bien Florence, elle ne lui répondait pas. Pourquoi ? Avait-il fait quelque chose qu'elle n'avait pas apprécié ou prononcé un mot qu'il n'aurait pas dû ? Il ne comprenait pas. Deux grosses larmes roulèrent sur ses joues, des larmes à la grosseur de l'espoir et de la déception qu'il venait d'éprouver en quelques secondes. Il se laissa retomber dans la berceuse et resta longtemps prostré, la tête entre les mains. Le fait d'entendre la voix déformée de sa fille morte moins de deux semaines plus tôt l'avait très sérieusement ébranlé.

Quand il était entré dans la chambre un peu plus tôt, il avait commencé à flirter avec l'idée que la responsable de ces phénomènes étranges pouvait être sa fille. Cette pensée lui était venue comme ça, sans raison. Lui, le cartésien pour qui toutes les histoires de revenants, de fantômes ou d'esprits visiteurs n'étaient que des élucubrations d'illuminés, ne les considérait plus comme insensées. Après ce qu'il venait de vivre, surtout après avoir entendu cet étonnant « papa », il avait pratiquement acquis la certitude que toutes ces manifestations étranges auxquelles il se trouvait confronté étaient le fait de Florence venant hanter sa chambre toutes les nuits. Mais si c'était bien le cas, pourquoi le faisait-elle?

Après avoir réfléchi sans trouver la moindre explication, il décida de s'en remettre au psychologue de l'Université de Montréal. S'il réussissait à le rejoindre, peut-être pourrait-il lui fournir des réponses à toutes ses questions. Entre-temps, le mieux qu'il avait à faire était d'aller se coucher. Il se leva pour éteindre la télé et refermer l'album photos lorsqu'il eut une idée. Pourquoi ne pas tout laisser tel quel et voir à son réveil si des changements s'étaient produits? Il décida de tenter l'expérience.

« *On verra bien ce qui va se passer* », se dit-il en quittant la chambre de Florence.

* * *

Lorsque Paul se réveilla le dimanche midi, il eut deux surprises. La première, agréable, fut de constater qu'il n'avait pas fait de cauchemar.

La seconde, plus étonnante, il l'eut en pénétrant dans la chambre de Florence. Tout était en ordre. Pas d'odeur désagréable, pas de froid mystérieux, pas de télévision et de plafonnier allumés. Plus ahurissant encore, l'album photos était à sa place sur la table de chevet. Pourtant, en quittant cette pièce dix heures plus tôt, il avait fait exprès de ne rien toucher. Il se rappelait très bien avoir déposé l'album sur le lit en le laissant ouvert à la page des photos qu'il avait regardées. Paul ferma les yeux et secoua la tête en signe d'incompréhension. La réalité semblait lui échapper de plus en plus. Il avait l'impression de vivre dans deux mondes différents, des mondes dans lesquels il était ballotté au gré de ses réveils. Il y avait ce monde normal, réel, dans lequel il vivait depuis toujours, et un autre monde mystérieux, différent, inquiétant qu'il découvrait la nuit depuis la mort de Florence et qui peut-être... Il s'arrêta, n'osant imaginer que cela puisse être possible.

Incapable de ne pas penser à ce qui lui arrivait, il passa un après-midi plutôt désagréable. Il essaya de regarder un match de football, mais en vain. Son esprit n'arrivait pas à suivre le jeu. Finalement, il trouva un peu de calme en faisant une longue marche sur le mont Royal.

Il revint à l'appartement vers dix-huit heures trente, se changea et partit en direction du boulevard Saint-Laurent où Alberto Rinaldo avait ses habitudes. Après avoir hésité sur le meilleur endroit pour commencer ses recherches, il choisit de se rendre d'abord au San Daniele. Robert Mongrain lui en avait parlé comme d'un endroit où il pourrait peut-être avoir des informations sur le petit mafieux. La salle était pleine et on le conduisit à une table près de la porte des toilettes. Il l'accepta. Après tout, il n'était pas là pour se montrer mais pour rencontrer l'assassin de sa fille. À peine eut-il le temps de consulter la carte que le serveur s'approcha de lui pour prendre sa commande. On ne perdait pas de temps au San Daniele. Il fallait faire deux services durant la soirée. S'il n'eut aucune peine à obtenir des réponses à ses demandes d'explication sur les plats de la carte, il en fut tout autrement lorsque Paul se risqua à prononcer le nom d'Alberto. La cordialité et l'humour dont le serveur avait fait preuve jusque-là disparurent aussitôt et il se contenta de prendre la commande sans plus rien dire.

En attendant qu'on lui apporte ses plats, Paul fit semblant de se plonger dans la lecture d'un livre de poche. Il n'avait aucune envie de lire, et même s'il avait essayé, il en aurait été incapable. Son taux d'adrénaline était trop élevé pour qu'il puisse se plonger dans un autre monde que celui dans lequel il se trouvait à cet instant précis. Cependant, cela lui donnait une contenance tout en lui permettant d'observer à la dérobée ce qui se passait dans cette immense salle.

Il mangea avec plaisir une assiette d'antipasti, puis se régala d'une escalope de veau Marsala. Lui qui, depuis la mort de Florence, se contentait de grignoter sans faim mangea avec appétit. La nervosité, peut-être? Il en était au dessert, un tiramisu moelleux et goûteux, quand un grand gaillard aux cheveux gominés plaqués vers l'arrière, vêtu à la dernière mode et portant une énorme chevalière en or s'arrêta devant sa table et lui demanda d'une voix polie:

« Excusez-moi, mais puis-je me joindre à vous pour quelques minutes? »

Paul Lacroix leva les yeux. L'homme avait un sourire affable et des manières recherchées. Se doutant bien que cette visite concernait Alberto, il n'hésita pas longtemps.

« Bien sûr. Vous êtes monsieur...?

— Disons Smith, ça vous va? »

Paul se contenta de hausser les épaules.

« Je vous offre un café? reprit l'homme en s'asseyant.

— Non, merci.

— Vous avez tort. C'est un pur arabica spécialement sélectionné par nos experts.

— Que puis-je faire pour vous, monsieur Smith? »

C'était la première fois de sa vie que Paul Lacroix se trouvait dans une telle situation. Il avait probablement devant lui un mafioso et il se devait de cacher le mieux possible l'inquiétude et la nervosité qui lui tenaillaient les boyaux. Malheureusement, sa voix manquait d'assurance et l'homme s'en aperçut.

« On dirait que vous n'appréciez pas ma compagnie?

— J'aime la solitude.

— Ah! bon! Alors, pourquoi cherchez-vous autant à retrouver mon ami Alberto Rinaldo?

— Puis-je savoir en quoi cela vous intéresse?

— À la vérité, cela ne m'intéresse pas vraiment.

— Surprenant. Vous me posez une question pour obtenir une réponse qui ne vous intéresse pas.

— Mais la réponse intéresse Alberto et si vous voulez le rencontrer vous allez devoir me dire ce que vous lui voulez. Je serai en quelque sorte votre messager auprès de lui. »

Paul baissa la tête vers son assiette, coupa une part de tiramisu et l'avala lentement avant de demander :

« C'est Alberto qui vous envoie?

— Non. Je suis en quelque sorte son ange gardien. Or, comme depuis hier vous vous promenez dans le quartier en posant des tas de questions sur lui, je viens aux nouvelles. Alors, pourquoi? »

Le ton de l'homme s'était fait plus incisif, plus pressant et ses yeux avaient perdu toute amabilité. Malgré la nervosité qui l'assaillait, Paul fit un gros effort pour ne pas se laisser démonter.

« Une affaire personnelle entre lui et moi, répondit-il en mangeant son dessert.

— Une affaire de quelle nature?

— Une affaire à caractère privé. »

Le visage de l'homme se ferma, ses yeux se durcirent encore plus et il se pencha vers Paul.

« Écoutez-moi bien, monsieur dont j'ignore le nom. Ou bien vous me dites tout de suite pourquoi vous voulez rencontrer Alberto, ou bien vous perdez toutes vos chances de le voir un jour. J'y veillerai personnellement. Me suis-je bien fait comprendre? »

Paul se gratta le menton avec le manche de sa cuillère et mit quelque temps avant de répondre. Le doute s'était emparé de lui. Il fallait qu'il réponde quelque chose à cet homme. Mais quoi? Inventer une raison ou dire la vérité? Finalement, sans trop savoir s'il avait fait le bon choix, il laissa tomber d'une voix qu'il chercha à rendre ferme sans trop y parvenir :

« Je suis Paul Lacroix, le père de son ex-petite amie, celle qui a été égorgée dans son appartement par un immonde criminel. Je veux lui parler de ce meurtre et de celui que je crois être le meurtrier. »

Les yeux de l'homme s'écarquillèrent de surprise. Il s'était préparé à entendre bien des choses, mais pas une telle réponse. Il mit quelques secondes avant de retrouver assez de contenance pour demander d'une voix posée :

« Vous connaissez le meurtrier?

— Je crois le connaître.

— Vous... vous pouvez m'en parler?

— Non, je réserve mes commentaires pour Alberto. »

L'homme se contenta de hocher la tête sans rien dire. Ses yeux à moitié fermés et ses mâchoires crispées semblaient indiquer qu'il réfléchissait intensément. Finalement, il sortit un paquet de cigarettes de sa poche et en offrit une à Paul.

« Merci, je ne fume pas.

— C'est très bien de prendre soin de sa santé, moi je ne peux m'en passer. »

Puis, après une autre période de silence, il jeta son regard autour de la salle et ses yeux se posèrent sur un client qui, assis seul au bar, sirotait un verre de vin. Lorsque, finalement, ses yeux revinrent vers Paul, il avait au coin des lèvres un sourire sarcastique.

« Bon plan, monsieur Lacroix. Venir ici en compagnie d'un policier en civil, essayer de rencontrer Alberto, le faire fâcher en l'accusant de meurtre pour l'amener à vous frapper afin que le policier qui vous accompagne incognito puisse l'arrêter, c'est bien pensé. Cependant, je suis désolé de vous décevoir, mais je crains que cela ne marche pas. »

Ce fut au tour de Paul d'ouvrir de grands yeux étonnés.

« Je ne comprends rien à ce que vous dites.

— Ne jouez pas au plus fin avec moi, s'il vous plaît.

— Je ne joue pas au plus fin avec vous. Je ne sais pas de quoi vous parlez.

— Vous ne connaissez pas l'homme en complet bleu assis seul au bar?

— N... non.

— Et vous êtes venu seul ici?

— Oui.

— Vous mentez mal.

— Mais...

— Allons, je sais que cet homme est un policier. Vous êtes venu avec lui en espérant faire tomber Alberto dans un piège grossier et maladroit. Je croyais la police plus habile que ça.

— Vous faites erreur, je...

— Monsieur Lacroix, je vous laisse. Oh! j'oubliais. Inutile de penser à rencontrer Alberto. Il est, disons, trop occupé pour ça. Et un conseil: si vous voulez préserver votre santé, arrêtez de vous intéresser à lui, un accident est si vite arrivé. Allez, cher ami, finissez votre tiramisu et rentrez chez vous, cela vaudra mieux. »

Sans rien ajouter, l'homme se leva, salua Paul de la tête et se dirigea vers le bar. Il appela le serveur, se fit remettre une coupe de champagne et alla la poser devant l'homme en complet bleu.

« De la part de votre ami Lacroix », lui dit-il.

Du doigt, il pointa Paul qui, les yeux étonnés, vit le policier en civil se retourner et le fixer avant de reporter son attention vers la coupe de champagne qu'il repoussa du revers de la main. Déjà, l'ange gardien d'Alberto s'éloignait vers la sortie du restaurant.

Assis à sa table, le pauvre Paul ne comprenait plus rien. Son plan avait fait long feu et cela le mettait hors de lui. Mais que venait faire la police là-dedans?

Désarçonné par ce qui venait de se passer, il décida que la meilleure chose à faire était de suivre les conseils du mafioso et de retourner chez lui.

* * *

Rentré vers vingt-deux heures, Paul décida de se mettre au lit sans attendre. Même s'il avait récupéré quelques heures de sommeil la nuit précédente, il se sentait toujours aussi fatigué. La nervosité et l'angoisse sapaient toutes ses forces. Cependant, avant de se coucher, il passa par la chambre de Florence où tout lui parut normal. Il regagna donc son lit et s'endormit presque aussitôt.

QUATRIÈME JOURNÉE

Lundi 29 novembre 1999 à 2 h 00

À deux heures du matin, il fut tiré de son sommeil par le même « Réveille-toi! » prononcé tout aussi péremptoirement que lors de la première nuit. Bien qu'un peu sonné, il ne paniqua pas. Il avait compris que cette voix lugubre avait probablement un rapport avec les manifestations insolites qui se produisaient dans la chambre de Florence. Il ouvrit les yeux et regarda en direction du corridor. La lumière dans la chambre de sa fille était bel et bien allumée. Il s'y attendait un peu et il aurait été assez déçu qu'il n'en soit pas ainsi. La curiosité commençait à prendre le dessus sur l'appréhension. Sans attendre, il se leva pour se diriger vers cette pièce qui l'attirait maintenant comme un aimant. Il marcha rapidement, impatient de découvrir ce qui allait se passer.

En arrivant, il retrouva l'odeur terreuse, le froid humide, le téléviseur allumé et l'album photos posé sur le lit, un album ouvert à une page qui semblait différente de celle de la veille.

Pendant un moment, il jongla avec l'idée de contempler les photos sans s'asseoir dans la berceuse, juste pour voir s'il serait quand même projeté dans le passé. Il hésita, mais finalement choisit de respecter le processus auquel il était habitué. Ce serait trop bête de briser le charme et de mettre un terme à tous ces phénomènes étranges qui, petit à petit, prenaient possession de son esprit et commençaient à agir sur lui comme une drogue.

Saisissant l'album, il se cala dans la berceuse et, avec une avidité qui le surprit lui-même, il fixa la photo de gauche. Elle le représentait participant à une soirée de danse en compagnie d'une jolie jeune fille. En la voyant, il sentit monter en lui un profond malaise.

Comme les nuits précédentes, le brouillard apparut, sa vue se troubla et il y eut un moment de flottement. Quand tout redevint clair, il se vit dansant avec cette jeune fille dont le nom était toujours resté dans sa mémoire : Madeleine. C'était à la soirée de Noël organisée par son école de comptabilité. Il avait alors vingt ans.

Toujours aussi timide et solitaire, Paul n'avait pas d'amis et ne cherchait pas spécialement à s'en faire. Lors de son premier cours de mathématiques, il s'était retrouvé assis à côté d'une belle et brillante jeune femme. À sa grande surprise, elle avait engagé la conversation avec lui. Mal à l'aise au début, il s'était peu à peu enhardi et, à la fin du cours, elle l'avait invité à boire un Coca-Cola à la cafétéria de l'école. Peu à peu, ils étaient devenus copains, une camaraderie qui, au fil des jours, s'avéra utile puisqu'il l'aidait en statistiques pendant qu'elle lui faisait travailler son français. Jusqu'à Noël, leur relation resta purement amicale. Aussi avait-il été très surpris lorsqu'elle lui avait demandé d'être son chevalier servant pour la surprise-partie de Noël. Il n'avait pas prévu y participer et il avait hésité, ne sachant pas comment sa mère prendrait la chose. Mais Madeleine était sa seule véritable amie et il risquait de la blesser en refusant. Il avait donc accepté, mais en lui précisant, toutefois, qu'elle devrait faire preuve de compréhension, car ce serait sa première participation à une telle soirée.

Madeleine, dont les parents étaient riches et vivaient la plupart du temps à l'étranger, habitait seule dans un appartement acheté deux ans plus tôt. Aimant sortir et faire la fête, elle avait été très surprise d'apprendre qu'elle serait la première fille à accompagner Paul à une surprise-partie. Pendant un moment elle s'était demandé s'il n'était pas homosexuel. Mais, après réflexion, elle s'était dit que non. Elle avait mis plutôt cette réserve sur le compte de la gêne et du sérieux qu'il portait à ses études.

Tout se passa sans problème. Madeleine s'avéra une

compagne des plus agréables. Elle prit plaisir à lui expliquer les us et coutumes de ce genre de soirée, à lui apprendre à danser, à le pousser à participer à quelques jeux, à le faire chanter et même à le convaincre de boire un peu de vin; ce qui, pour lui qui n'en avait jamais bu, le rendit très vite euphorique.

La surprise-partie se déroulait à Westmount chez un de leurs confrères de classe. Les parents de ce dernier possédaient l'une de ces vastes demeures à trois étages que l'on retrouve un peu partout dans ce quartier huppé de Montréal. L'arrivée de la belle Madeleine accompagnée par Paul avait provoqué la surprise parmi les invités. Il y eut même quelques commentaires peu flatteurs sur le goût de la jeune femme, de la part de ceux dont elle avait refusé l'invitation. Cependant, très vite la consommation d'alcool et de cigarettes à la drôle d'odeur avait égayé la soirée, chassant par la même occasion ces petites velléités rancunières. Au fil des heures, Paul remarqua que des couples disparaissaient pour réapparaître trente à quarante minutes plus tard, l'œil brillant et le rire facile. Désireux de ne pas apparaître niais devant Madeleine, il ne posa pas de questions.

Vers minuit, Madeleine, un peu pompette, demanda au maître des lieux de faire tourner un microsillon de Sam « The Man » Taylor. Dès les premiers accords du maestro, elle entraîna Paul sur la piste de danse et se lova dans ses bras.

Madeleine, malgré son air ingénu et ses petites lunettes d'intellectuelle, n'était pas la plus chaste des jeunes filles. À vingt ans, elle avait déjà eu plusieurs amants et ne détestait pas, à l'occasion, se payer une partie de jambes en l'air. Ce soir-là, elle en avait envie. Un peu ivre, émoustillée par tous ces couples qui partaient et revenaient avec de la satisfaction dans les yeux, attirée plus qu'elle ne voulait se l'avouer par ce Paul dont le physique agréable et les manières douces et polies lui plaisaient, elle ressentit, en dansant sur la musique de Taylor, un impérieux besoin, un désir presque animal de faire l'amour avec lui.

Paul, candide et peu expérimenté, ne pensait pas à ce genre de chose ou, s'il y pensait, il se gardait bien de le montrer. Il était ici pour accompagner Madeleine, parler avec elle, la faire danser et prévenir ses désirs tout en se conduisant en gentleman; tout au moins, c'est ce que sa mère avait bien précisé en lui faisant ses dernières recommandations.

Mais la trompette aux accents sensuels du talentueux musicien, le rythme lancinant de ses mélodies, le corps de Madeleine plaqué au sien firent peu à peu leur effet. Un doux frisson lui titilla le bas-ventre, un frisson de même nature que celui ressenti en regardant la petite fente de Claire. Au même moment, il sentit son sexe se durcir et s'appuyer contre la cuisse de sa compagne. Gêné, il voulut se reculer. Mais Madeleine ne l'entendait pas ainsi. Elle le ramena vers elle et se colla à lui avec encore plus de force en poussant un grognement de satisfaction.

Il ne résista pas et, même s'il l'avait voulu, il n'aurait pas pu. Des sensations nouvelles jaillissaient de son cerveau, descendaient le long de sa colonne vertébrale et envahissaient ses reins. Un désir violent lui comprimait les boyaux, un désir irrésistible de contempler la petite fente de Madeleine comme il avait contemplé celle de Claire douze ans plus tôt.

L'expérience de la jeune fille dans ce genre de situation lui fit comprendre que son compagnon était mûr pour une petite virée à l'étage. Rien que de penser qu'elle allait faire l'amour avec un puceau lui donnait des frissons. Elle était impatiente de voir sa réaction quand il verrait son corps dont la perfection avait enflammé les sens de beaucoup d'hommes jusque-là.

Tout en dansant, elle l'entraîna habilement vers le grand escalier de l'entrée et, une fois au pied, s'y engagea résolument, tirant derrière elle son chevalier servant un peu surpris.

Ils durent visiter plusieurs chambres avant d'en trouver une inoccupée au troisième étage. Madeleine, sachant que son partenaire n'avait aucune expérience, procéda avec tact et finesse. Elle fit grandir son désir en l'embrassant, d'abord avec délicatesse puis avec passion, baisers auxquels il répondit aussitôt sans qu'elle ait eu besoin de lui dire quoi que ce soit. De sa propre initiative, il défit le fermoir de sa robe et, après avoir descendu la fermeture éclair, la tira vers le bas. Il n'avait qu'un seul objectif: l'entrejambe de Madeleine où devait se trouver la petite fente. Il voulut s'attaquer à la culotte de satin qui protégeait encore cet endroit, mais il n'en eut pas le temps. Madeleine, qui avait enlevé son soutien-gorge, se laissa tomber sur le lit, entraînant Paul qui se retrouva à ses côtés. Elle lui attrapa les mains et les posa sur ses seins. Mais Paul n'avait pas vraiment envie de caresser cette poitrine relativement généreuse qui ne lui procurait aucune sensation spéciale. Il voulait plutôt regarder la petite fente, la toucher, passer délicatement le bout de ses doigts sur les bords roses.

Après quelques secondes de massages malhabiles, il abandonna les seins de sa partenaire et fit descendre ses mains jusqu'à ses cuisses. Sentant qu'il se rapprochait de son sexe, Madeleine commença à gémir de plaisir et à onduler sous lui. Cela fit exploser son désir et il n'eut plus qu'une seule idée: la petite fente. Saisissant le haut de sa culotte, il la baissa d'un seul coup et la jeta derrière lui pendant que, pressée par une envie irrésistible, Madeleine écartait les cuisses.

Paul, dont le regard était dirigé vers l'entrejambe de sa compagne, se figea. Il était comme paralysé par ce qu'il découvrait. Cet entrejambe ne ressemblait en rien à celui de la petite Claire. Il y avait bien une fente aux bords renflés, mais elle était sombre, entourée d'une forêt de poils noirs bouclés et hirsutes, certains même collés à la fente par un liquide visqueux dégageant une odeur forte, musquée, entêtante. Où était cette petite fente délicate qu'il avait vue chez Claire et dont le souvenir était imprimé à jamais dans sa mémoire? La déception qu'il éprouva fut terrible.

Choqué, désarçonné, l'esprit en ébullition, il se leva et se recula. Au même moment, une douleur vive lui comprima les tempes. « *Oh! non*, pensa-t-il, *pas ça.* » Mais il savait que la migraine allait venir quoi qu'il fasse et il fut saisi par la crainte d'être malade loin de chez lui.

Sous le regard étonné d'une Madeleine incrédule et frustrée qui ne comprenait rien et ne parvenait qu'à balbutier des « Mais Paul..., mais Paul », il ramassa ses vêtements, s'habilla en hâte, sortit de la chambre et dévala les trois étages. Parvenu au bas, il saisit son manteau, enfila ses bottes sans les attacher et quitta la maison en courant.

* * *

L'image du jeune Paul courant à perdre haleine sur le trottoir enneigé de la rue Grosvenor s'estompa graduellement et finit par disparaître. Il y eut ensuite comme un trou noir qui dura quelques secondes, puis un peu de brouillard et, petit à petit, une nouvelle image s'inscrivit sur l'écran mental de Paul Lacroix. C'était celle d'un immeuble moderne de l'avenue des Pins. Il faisait beau et le temps était clair. Le soleil, qui commençait à décliner vers l'ouest, allumait de rose-orangé un ciel où traînassaient des filaments de nuages aux ourlets enflammés. Il se passa un moment avant que Paul se voie apparaître au coin de la rue, puis se diriger vers l'entrée de cet immeuble. Il avait vingt-huit ans à l'époque et travaillait depuis six ans à la Sun Life, une compagnie d'assurances dont le siège social était à Montréal, mais qui, après l'élection du Parti québécois en 1976, allait être transféré à Toronto.

Lorsqu'il pénétra dans le hall, la gardienne sortit de son bureau et vint à sa rencontre. Avec toute la délicatesse possible, elle lui expliqua que plusieurs de leurs voisins s'étaient plaints des cris de sa mère et du bruit qu'elle avait fait dans le courant de l'après-midi. Paul, surpris, s'excusa et promit que cela ne se reproduirait plus.

En attendant l'ascenseur pour monter chez lui, il repensa aux raisons qui l'avaient amené à déménager à cet endroit et se demanda s'il avait pris une bonne décision.

Quatre ans plus tôt, Paul, dont les bureaux étaient au

centre-ville et qui détestait Saint-Henri, avait réussi à convaincre sa mère de vendre la maison héritée de la grand-mère et de venir s'installer au cœur de Montréal, avenue des Pins. Avec l'argent de la vente, additionné à la vingtaine de milliers de dollars que « le Vieux Dragon gris » avait aussi laissé en héritage, ils avaient pu acheter un condominium de trois chambres à coucher non loin de l'Université McGill. L'appartement était situé au douzième étage et offrait une belle vue sur le centre de Montréal. Pour Paul, cet appartement était la réalisation d'un rêve, le rêve d'un enfant de six ans arrivant à la Gare centrale et découvrant la grande ville pour la première fois de sa vie.

Pensant bien faire, Paul avait demandé à sa mère d'arrêter de travailler. Il avait un bon salaire, l'appartement était payé et il restait suffisamment d'argent à la Caisse pour parer à toute éventualité.

Thérèse avait longtemps hésité avant d'accepter. Cependant, les trente-cinq ans passés à trimer dur en Abitibi et à l'usine de la Canada Packers avaient pris leur écot sur cette femme plutôt fragile. Usée par le travail et ne voulant pas déplaire à son fils, elle avait fini par dire oui.

Malheureusement, dans ce quartier chic de Montréal, comme dans la plupart des quartiers chic de toutes les grandes villes du monde, les gens se parlaient peu et se voisinaient encore moins. Le quartier de l'avenue des Pins n'avait rien de comparable à celui de Saint-Henri. Alors que dans ce dernier on se parlait et se voisinait, dans le premier on se faisait un devoir de s'éviter. La pauvre Thérèse s'ennuya rapidement dans cet environnement peu amène, mais n'osa rien dire à son fils. Son ennui, elle le confia plutôt à l'alcool. Elle, qui avait eu à souffrir des absences fréquentes et des sévices d'un mari alcoolique, semblait ne pas se rappeler que l'abus d'alcool peut conduire aux pires excès. Paul savait que sa mère buvait en cachette et, si jusque-là il n'avait rien dit, c'est qu'elle se tenait correctement. Cependant, aujourd'hui, elle avait dû dépasser les bornes. Il allait devoir agir.

Lorsque l'ascenseur s'arrêta à son palier, Paul ne savait

pas encore comment il allait aborder cette question avec elle. Il parcourut lentement le petit bout de corridor le menant jusque chez lui et ouvrit la porte de l'appartement. Il la vit aussitôt affalée en peignoir sur le sofa du salon. Elle était pratiquement ivre morte. Dans la cuisine, le désordre régnait. Des débris de vaisselle brisée jonchaient le sol devant l'évier, les chaises étaient renversées, la table déplacée et des morceaux de poulet noircis étaient encore collés dans une poêle posée sur le comptoir. Elle avait dû faire brûler son repas et avoir un accès de rage comme cela lui arrivait maintenant. Plus malheureux que fâché, il se força à rester calme. Au lieu de l'accabler de reproches, il l'aida à se lever, l'emmena à sa chambre et l'étendit sur son lit. Elle le regarda alors avec des yeux vides, marmonna quelques mots qu'il n'arriva pas à saisir et s'endormit.

Il resta un long moment à ses côtés, la regardant avec tendresse, mais aussi avec un peu d'appréhension. Il adorait sa mère et était prêt à tout lui pardonner. Et Dieu sait si depuis quelque temps elle en avait, des choses, à se faire pardonner. Elle était devenue jalouse, d'une jalousie maladive. Elle s'informait sur ses compagnes de travail, l'interrogeait longuement dès qu'il avait quelques minutes de retard et fouillait dans ses affaires pour y trouver une preuve de ce qu'elle s'imaginait être « ses infidélités ».

Pourtant, depuis son aventure avec Madeleine, il n'était jamais ressorti avec une autre jeune fille. Il aurait eu le choix à la Sun Life, qui employait beaucoup de femmes. Au début de sa carrière, plusieurs d'entre elles avaient essayé de l'amadouer en lui faisant les yeux doux. Monsieur Paul avait un physique agréable et semblait promis à un brillant avenir dans la compagnie. Gentiment, mais fermement, il avait toujours décliné leurs avances. À la fin, elles s'étaient passé le mot :

« Monsieur Paul est probablement un homosexuel. »

Quand il avait eu vent de cette rumeur, il avait été blessé et vexé. Il n'avait rien contre les homosexuels, mais ne voulait pas être associé à eux. Après avoir réfléchi, il avait confié sous le sceau du secret à une de ses adjointes qu'il y avait une femme dans sa vie, une femme qu'il ne pouvait pas épouser pour des raisons précises, mais qu'il aimait à la folie. Il s'était bien gardé de préciser qu'il s'agissait de sa mère. Une semaine plus tard, toute la Sun Life savait que monsieur Paul du service comptable avait une maîtresse, une femme mariée, avec laquelle il vivait une histoire d'amour passionnée.

À partir de ce jour, on l'avait laissé tranquille et cela l'arrangea bien, car sa mère lui prenait tout son temps libre.

Lorsqu'ils étaient ensemble, elle ne buvait pas. Cependant, dès qu'elle était seule, elle ne pouvait résister. L'alcool était devenu son seul compagnon durant ces longues journées de solitude pendant lesquelles elle attendait le retour de son fils. De plus, le fait que son ex-amant prêtre ne lui ait jamais donné de nouvelles depuis son départ pour le Yukon n'arrangeait pas les choses.

Son caractère avait aussi évolué. Elle qui, lorsqu'ils habitaient Saint-Henri, avait toujours agi avec douceur, tendresse et patience était devenue plus autoritaire, plus grincheuse, plus exigeante. Elle n'avait pas encore atteint le même degré de hargne et de méchanceté que le « Vieux Dragon gris », mais Paul s'inquiétait de voir qu'elle en prenait le chemin.

Pensant que sa mère souffrait de solitude, il s'efforçait d'aller la rejoindre dès sa sortie du travail. Mais cela ne changeait pas son comportement. Paul n'avait pas compris que sa mère était rongée par l'insécurité. L'appartement et le compte bancaire étaient au nom de son fils, elle n'avait plus de revenus et elle n'avait pas encore droit à la pension des vieux. Que deviendrait-elle si, un jour, Paul se mariait et que sa femme ne veuille pas d'elle? Allait-il la placer dans une maison de retraite pour plaire à sa femme? Ces questions la hantaient et, plutôt que de prendre le risque qu'il ait un jour à choisir, elle s'arrangeait pour faire le vide autour de lui.

Après avoir couché sa mère, Paul avala un repas des plus légers, prit un livre et s'installa auprès d'elle. Il voulait être à ses côtés quand elle ouvrirait les yeux. Pour ce qui était de lui parler de son alcoolisme, il le ferait plus tard.

* * *

Petit à petit, l'image du fils dévoué lisant au chevet de sa mère se brouilla et finit par se dissiper complètement. Paul Lacroix émergea lentement de sa torpeur et se retrouva dans la chambre de Florence au chevet d'un lit, mais d'un lit vide, celui que sa fille n'occuperait plus jamais. Immobile, il repensa à ce qu'il venait de revivre. Plus de trente ans s'étaient écoulés depuis le soir où il avait vu sa mère complètement ivre pour la première fois. Plus de trente-cinq depuis la soirée avec Madeleine. Aujourd'hui, il pouvait mesurer les graves conséquences que ces deux événements avaient eues sur sa vie. En y songeant, sa gorge se serra et un long frisson lui descendit le long de l'échine.

Il mit du temps avant de se décider à refermer l'album photos et à s'extirper de la berceuse. Après avoir remis de l'ordre dans la chambre de Florence, il retourna dans la sienne et se coucha.

* * *

Au petit matin, il eut la désagréable surprise d'être encore une fois victime de son terrible cauchemar. Il eut un moment de découragement et fut submergé par l'envie de tout détruire autour de lui. Au prix d'un gros effort de volonté, il réussit à se calmer en se disant que dans quelques heures le psychologue qu'il avait rencontré à Sainte-Adèle pourrait l'aider; du moins, il l'espérait.

Ayant décidé de ne pas prendre de somnifères, il paressa donc dans son lit jusqu'à sept heures, puis prépara son petit-déjeuner, se doucha, regarda distraitement la télévision et, dès que la pendule sonna les neuf coups, il se dirigea vers le téléphone.

En saisissant le combiné, il fut pris de doutes. Le

psychologue le prendrait-il pour un rigolo ou, pire, pour un fou? Après quelques secondes d'hésitation, il balaya ses interrogations et composa le numéro de la faculté de psychologie de l'Université de Montréal.

La réceptionniste qui lui répondit avait une voix et des manières charmantes. Il se sentit tout de suite en confiance et expliqua qu'il cherchait à entrer en contact avec un professeur dont il ignorait l'identité, mais qui était un spécialiste du surnaturel.

« Vous voulez sans doute parler du docteur Robert Legrand, répondit-elle. Il est le seul qui s'y intéresse.

— C'est lui! s'exclama Paul en entendant le nom prononcé par la réceptionniste. Il est là?

— Pas encore.

— Il sera là aujourd'hui?

— Attendez que je vérifie son horaire... Oui, il a un cours qui commence à onze heures. Normalement, il arrive un peu avant. Si vous me laissez vos coordonnées, je vais lui demander de vous rappeler.

— Dites-lui que c'est très important, s'il vous plaît.

— Il va vous rappeler, j'en suis certaine. C'est un homme d'une grande amabilité. On n'en fait plus beaucoup comme lui de nos jours... Dommage d'ailleurs. »

Paul donna son nom et son numéro de téléphone à la réceptionniste tout en pensant qu'elle devait avoir le béguin pour le professeur Legrand.

Après avoir reposé le combiné, il s'installa de nouveau devant la télé. Cependant, il ne retint rien de ce qui se passait à l'écran, ses yeux étant trop occupés à regarder la pendule dont les aiguilles semblaient se déplacer avec une lenteur inhabituelle.

Un peu avant dix heures quarante-cinq, le téléphone sonna. Paul bondit sur ses pieds et saisit le combiné.

« Allô! lança-t-il, anxieux.

— Monsieur Lacroix? lui répondit un homme dont la voix, tout au contraire de la sienne, était douce et calme.

— Oui, c'est moi.

— Je suis le docteur Legrand. Vous m'avez appelé?

— Oui. Merci de retourner mon appel.

— C'est normal. Que puis-je faire pour vous?

— Je ne sais pas si vous allez vous souvenir de moi, mais nous nous sommes rencontrés à Sainte-Adèle chez Louis Paradis. C'était pour le carnaval. J'étais avec ma fille Florence.

— J'y suis maintenant. Quand la réceptionniste m'a dit qu'un monsieur Lacroix avait appelé et voulait me parler, votre nom m'a paru familier, mais je n'ai pas pu faire le rapprochement. Comment allez-vous?

— Pas très bien, mal même.

— Qu'est-ce qui vous arrive?

— Ma fille Florence est décédée. Elle est morte assassinée il y a une vingtaine de jours.

— Quoi! c'est affreux. Je suis désolé et vous offre toutes mes condoléances.

— Merci.

— Où est-ce arrivé?

— Dans son appartement. Elle a été égorgée.

— Mon Dieu, dans quel monde vivons-nous! On a arrêté l'assassin?

— Non, mais la police a un suspect, son ex-petit ami.

— J'espère pour vous que le coupable sera arrêté et condamné dans les plus brefs délais. Ce ne sera qu'à ce prix que vous réussirez à assumer le décès de votre fille. Je peux faire quelque chose pour vous?

— Oui, j'ai besoin de votre aide. Pour être plus précis, j'ai besoin de l'aide du spécialiste en paranormal.

— Je ne suis pas réellement un spécialiste et, à la vérité, dans ce domaine, il n'y en a pas. Je m'intéresse simplement à ce sujet.

— Vous êtes mon seul espoir, docteur.

— Je vais faire mon possible. Expliquez-moi ce qui vous arrive. »

Sans se faire prier davantage, Paul entreprit de raconter son histoire au psychologue en lui fournissant un maximum de détails. Le docteur l'écouta pendant trois ou quatre minutes avant de l'interrompre:

« Monsieur Lacroix, votre histoire est très intéressante et j'aimerais pouvoir continuer cette conversation. Cependant, le temps me manque. J'ai un cours qui commence dans quelques minutes. Par contre, si vous êtes libre ce midi, vous pourriez me rejoindre dans un petit restaurant près de l'université. Ainsi, nous aurions tout le temps voulu pour discuter. Qu'en dites-vous? »

Paul accepta avec empressement. Après s'être fait donner l'adresse et l'heure du rendez-vous, il reposa le combiné et poussa un « ouf » de soulagement. Non seulement il avait parlé au psychologue, mais celui-ci semblait intéressé par son histoire. Peut-être allait-il enfin obtenir des réponses à ses interrogations. Il se sentit plus détendu, suffisamment, en tout cas, pour faire un peu de ménage dans son appartement qui en avait bien besoin.

* * *

Paul allait sortir de chez lui pour se rendre à son rendez-vous avec le docteur Legrand lorsque le téléphone sonna de nouveau.

« J'espère que ce n'est pas lui qui m'appelle pour annuler le déjeuner », murmura-t-il, inquiet, avant de saisir le combiné.

« Allô!

— Monsieur Lacroix? Ici le lieutenant Grimard.

— Bonjour, lieutenant. Vous avez du nouveau concernant l'enquête?

— Peut-être en aurais-je si certaines personnes ne se mêlaient pas de nos affaires. »

La réponse du lieutenant et le ton employé n'ayant rien de rassurant, il attendit la suite avec appréhension.

« Il faut que je vous voie le plus rapidement possible, reprit le policier. Vous êtes libre?

— Euh... non, pas maintenant, mais plus tard dans la journée. Vers seize heures, ça vous conviendrait?

— Vous ne pouvez pas plus tôt?

— Non, j'ai...

— O.K., l'interrompit le policier, je vous attends pour seize heures. »

Et le policier raccrocha.

Le soulagement que Paul avait ressenti après avoir parlé avec le docteur Legrand venait de s'envoler. Le ton et la brusquerie du lieutenant Grimard semblaient indiquer qu'il n'était pas de bonne humeur et que lui, Paul Lacroix, en portait la responsabilité. Mais ce n'était pas le temps de se tracasser avec ça. L'université était loin et l'heure de son rendez-vous approchait.

* * *

Le docteur Legrand avait écouté Paul avec une attention et un intérêt qui s'étaient manifestés par de multiples questions et de nombreuses demandes de précision. Mis en confiance, Paul avait décrit avec beaucoup de minutie les événements qui s'étaient produits dans son appartement depuis le jour où Florence était partie pour vivre avec Alberto. Il avait fait de son mieux pour répondre à toutes les questions du docteur et lui fournir un maximum de détails.

Lorsque Paul s'arrêta de parler, le docteur Legrand garda le silence, le regard lointain. Paul se demanda si le professeur le croyait. En tout cas, il avait tout dit; enfin, presque tout, car il n'avait pas osé parler de ses expériences avec Claire et Madeleine. Il s'était donc contenté de décrire ces visions en évitant les détails qui auraient pu être embarrassants pour lui. Pour la première, il avait simplement dit que sa grand-mère ne voulait pas qu'il joue avec les petites filles et qu'elle était entrée dans une colère noire quand elle avait découvert Claire sur la galerie. Pour la seconde, il avait expliqué qu'au moment de faire l'amour, il avait ressenti les prémisses de sa terrible migraine et s'était sauvé de peur de tomber inconscient dans cette maison étrangère. Il y a des choses qu'on préfère garder pour soi, surtout lorsqu'elles touchent au sexe.

Au moins une minute s'écoula avant que le psychologue

ne prenne la parole, ce qui mit les nerfs de Paul à rude épreuve. Finalement, il dit, d'une voix rassurante :

« Monsieur Lacroix, votre histoire est encore plus intéressante que je ne pouvais l'imaginer.

— Vous me croyez? demanda Paul d'un ton où l'on pouvait détecter espoir et incrédulité.

— Bien sûr. Pourquoi ne vous croirais-je pas?

— Tout ce qui m'arrive est tellement étrange que j'ai parfois l'impression de devenir fou.

— Monsieur Lacroix, si on qualifiait de fous tous ceux qui sont les témoins de phénomènes étranges, il faudrait construire des centaines d'hôpitaux psychiatriques à travers le monde. Sans compter que, si certains acceptent de parler de leurs expériences, presque tous ceux qui en ont eu se taisent par peur du ridicule. Nous vivons dans un monde que nous prétendons connaître et pourtant nous faisons de nouvelles découvertes tous les jours. Or, que savons-nous de l'autre monde, celui que nous habitons après notre mort? Rien. Alors, je me suis donné comme règle de conduite d'essayer de comprendre avant de juger, et c'est ce que je vais faire avec vous.

— Je vous en suis reconnaissant. J'ai tant besoin de savoir.

— Je vais faire de mon mieux.

— Puis-je vous poser une question?

— Bien sûr. »

Paul Lacroix regarda de gauche à droite comme pour s'assurer que les gens occupant les tables environnantes n'écoutaient pas, puis il se pencha vers le professeur pour demander d'une voix presque confidentielle :

« Vous n'allez pas rire de moi?

— Pourquoi rirais-je de vous?

— Parce que ce que je vais vous demander peut sembler ridicule. Voilà. Pensez-vous... enfin j'ai eu une idée l'autre nuit... Je me suis dit que c'était peut-être ma fille Florence qui me rendait visite et essayait de me parler. Est-ce possible?

— Votre question n'est pas idiote et votre idée n'est pas

folle; au contraire même. Vous savez, monsieur Lacroix, dans le surnaturel, il n'y a jamais de certitude. Cependant, j'ai l'impression que c'est bien votre fille qui tente d'entrer en communication avec vous.

— Vous le pensez vraiment?

— Oui. »

Les yeux de Paul s'illuminèrent, un vrai sourire apparut sur ses lèvres, et une déferlante rouge lui envahit le visage.

« Je n'en reviens pas! lança-t-il d'une voix un peu trop forte avant d'ajouter beaucoup plus bas : Ça... ça semble si incroyable. Vous avez une idée de ce qu'elle veut me communiquer?

— Je me trompe peut-être, néanmoins, je pense savoir. On trouve une documentation assez importante sur des phénomènes similaires aux vôtres. J'ai moi-même analysé quelques cas de personnes qui se sont fait assassiner et qui sont revenues hanter l'endroit où elles ont trouvé la mort et, parfois même, celui où elles ont vécu. Ce sont des âmes qui errent sans fin dans l'au-delà et qui ne trouveront le repos que le jour où leur meurtrier sera arrêté et jugé. C'est leur seul but. Je crois que c'est le cas de votre fille qui cherche à faire arrêter son meurtrier par votre entremise.

— C'est bien ce que je me suis dit au début, mais je trouvais cette idée si absurde que je l'ai rejetée. Désolé de vous demander ça encore une fois, mais, vous le pensez vraiment?

— Tout ce que je peux vous dire, c'est que la possibilité existe. Les indices sont là.

— Vous parlez de tous ces phénomènes insolites?

— Oui. Par exemple, la lumière allumée dans la chambre de votre fille, c'est pour vous signaler qu'elle est là, présente dans la pièce.

— Vous voulez dire qu'elle est physiquement là?

— Non, mais son esprit est là. D'ailleurs, si vous étiez plus réceptif, vous le sentiriez.

— Si vous faites allusion au froid et à l'odeur, je les ai ressentis.

— Non, ce n'est pas à ça que je faisais allusion même si

ces deux phénomènes sont fréquents dans ce genre de situation.

— Alors, à quoi faisiez-vous allusion?

— À certaines personnes qui ont ce qu'on appelle un sixième sens. Elles peuvent en quelque sorte voir, entendre et même communiquer avec l'esprit des morts. Malheureusement, soit on les prend pour des fous, soit elles n'osent pas en parler. Mais, croyez-moi, ces personnes existent.

— Vous en avez rencontré?

— Oui, un certain nombre.

— Pensez-vous que j'arriverai un jour à sentir la présence de ma fille?

— Je ne pense pas, mais je peux me tromper.

— Alors, comment fera-t-elle pour communiquer avec moi?

— Il me semble qu'elle a déjà commencé.

— Ah oui! comment?

— Par l'album photos. C'est la partie la plus intéressante de votre histoire. Je crois qu'elle a choisi ce moyen pour s'infiltrer dans votre esprit et, peu à peu, en prendre le contrôle. En vous faisant remonter le temps, en faisant resurgir de votre mémoire des événements importants de votre vie, elle voit et apprend le fonctionnement de votre cerveau. Une fois qu'elle aura bien compris votre processus mental, elle pourra intégrer dans votre esprit des images qu'elle veut vous faire découvrir, de nouvelles images que vous ne connaissez pas, mais qu'elle juge important que vous voyiez.

— Des images de... de son meurtre?

— Peut-être.

— Mon Dieu! S'il fallait que ce soit vrai, je me demande si je pourrais le supporter. C'est fréquent ce genre de choses?

— Assez pour que ce phénomène ait fait l'objet d'études spéciales.

— Hum! Si ce que vous dites est vrai, il serait donc important que je sois présent chaque nuit dans la chambre de Florence, tout au moins tant qu'il y aura ces phéno-mènes.

— C'est ce que je pense. J'ai cru comprendre que vous souhaitiez connaître la vérité et, si possible, procurer le repos éternel à votre fille?

— Oh oui!

— Alors, il faut continuer.

— Je vais le faire. Et ce cauchemar qui m'effraie telle-ment, a-t-il une explication? Est-il lié à toutes ces manifestations étranges? »

Le docteur haussa les épaules et fit une moue inter-rogative en ouvrant les bras. Dans ses yeux, Paul crut distin-guer comme un élan de pitié à son égard. Ce fut bref mais suffisant pour lui faire comprendre qu'il avait mis la main sur quelqu'un qui allait l'aider jusqu'au bout. Cela le réconforta.

« On peut certes penser que tout est lié, répondit Legrand après un moment, mais pour dire vrai, je n'en sais rien. Je suis incapable d'interpréter les rêves. Par contre, j'ai un ami qui habite Paris et qui est spécialisé dans ce domaine. Je l'ai rencontré à Cannes lors d'un salon sur les arts divinatoires. On dit qu'il est le meilleur. Si vous me le permettez, je vais lui écrire et lui en parler.

— Bien sûr que je vous le permets. Si je connaissais le sens de mon cauchemar, peut-être cela m'aiderait-il à mieux le supporter.

— Ce pourrait être l'inverse aussi.

— Ne me faites pas peur à l'avance. Je suis déjà assez sur les nerfs comme ça.

— Pour l'instant, concentrez-vous sur l'album photos et rapportez-moi fidèlement tous les souvenirs que votre fille fera remonter à votre esprit. Dites-moi tout, ce n'est qu'à ce prix que je pourrai vous aider.

— Je le ferai, soyez sans inquiétude. »

Mais tout en prononçant ces paroles, Paul se sentit un peu coupable. Il n'avait pas dit toute la vérité concernant ses expériences avec Claire et Madeleine. Devait-il le faire maintenant? Il hésita, puis décida que non. Il serait toujours temps, plus tard, de lui en reparler. Pour l'instant, il avait encore quelques questions à lui poser.

« Ce sixième sens dont vous parliez, docteur, pourrais-je le développer?

— Comme je vous le disais un peu plus tôt, probablement pas. Je crois que ce sens est inné en toute personne, mais que seuls quelques-uns d'entre nous peuvent y accéder. Peut-être dans un avenir plus ou moins éloigné apprendra-t-on à s'en servir. Mais pour l'instant, c'est impossible.

— Si nous avions ce sixième sens, pourrions-nous parler avec tous les disparus?

— Avec ceux qui le veulent.

— Donc, je pourrais parler avec Florence si je l'avais?

— Oui, mais ne vous faites pas trop d'illusions.

— Vous voulez dire que Florence et moi ne pourrons jamais nous parler, avoir une conversation?

— Probablement que non, mais si vous lui parlez lorsqu'elle est présente, peut-être pourra-t-elle vous entendre. Essayez, vous n'avez rien à perdre.

— Mais elle ne pourra pas me répondre.

— Si, mais pas comme je le fais avec vous en ce moment. Elle va vous répondre de façon différente. Elle a déjà commencé d'ailleurs. Souvenez-vous de ce que vous m'avez dit sur la télé. Non seulement elle était allumée mais, lorsque vous êtes revenu à vous l'autre nuit, vous avez entendu le mot « papa ».

— Oui.

— Eh bien, à mon avis, elle utilisait la télé pour vous parler. Comme vous n'êtes pas réceptif, elle a besoin d'un médium pour se faire entendre et elle a choisi la télévision. Soyez attentif lorsque vous ressortirez de vos torpeurs, elle pourrait essayer de nouveau.

— Il y a quelque chose que je ne comprends pas, docteur. Si Florence ne peut me parler qu'à travers la télé, comment a-t-elle pu me dire « Réveille-toi » alors que je dormais dans ma chambre?

— Ce n'est pas pareil. Elle ne vous parlait pas, c'était

plutôt votre subconscient qui le faisait sous l'influence de votre fille.

— Donc, ce n'était pas vraiment la voix de Florence que j'ai entendue.

— Non, c'était la vôtre.

— Docteur, j'ai l'impression de vivre un rêve, d'avoir été transporté dans un monde irréel où les choses sont différentes du monde normal. J'ai peur que ma raison ne puisse résister si cela continue trop longtemps.

— Mais non, vous verrez, tout va bien se passer. Je vais vous aider. »

Paul poussa un soupir de soulagement. En lui fournissant toutes ces explications, le docteur Legrand lui avait mis du baume au cœur et redonné de l'espoir, l'espoir de pouvoir aider sa fille à trouver le repos éternel. Il continua à discuter avec lui jusqu'à quatorze heures trente, puis le quitta pour aller faire quelques courses avant son rendez-vous avec le lieutenant Grimard.

* * *

Lorsque Paul Lacroix pénétra dans le bureau du policier, il sut tout de suite que quelque chose n'allait pas. Grimard avait son air des mauvais jours ce qui, compte tenu de sa corpulence et de son physique ingrat, n'avait rien de rassurant. Il fit asseoir son invité et se replongea dans le dossier qu'il tenait à la main.

Après ce qui parut à Paul une éternité, le policier leva les yeux vers lui et laissa tomber d'un ton bourru :

« Content de vous, monsieur Lacroix?

— Euh! Pourquoi de... devrais-je être content?

— Ne jouez pas les innocents, je vous prie.

— Je vous assure que...

— Allons, ne me dites pas que vous ignorez tout des problèmes que vous me causez?

— Euh! oui.

— Alors, laissez-moi vous expliquer. Vous avez bousillé tous nos plans pour mettre la main sur Alberto Rinaldo. »

Paul ouvrit de grands yeux, déconcerté par ce qu'il venait d'entendre. Comment avait-il pu faire ça? Soudain, il crut avoir compris.

« Faites-vous référence à ce qui s'est passé hier soir au San Daniele? se risqua-t-il à demander, un peu penaud.

— Bien sûr! rétorqua le policier d'une voix toujours aussi bourrue. Et j'inclus aussi votre maudite tournée de samedi soir pour essayer de localiser Alberto.

— Vous êtes au courant?

— Toute la ville est au courant. Mais, bonté divine, monsieur Lacroix, voulez-vous bien me dire ce qui vous a pris de faire une chose pareille?

— Je voulais simplement vous aider.

— En faisant quoi?

— En le provoquant pour l'amener à me frapper de façon à ce que je puisse porter plainte pour coups et blessures et que vous l'arrêtiez. »

Le lieutenant Grimard fixa son interlocuteur et hocha la tête avec une moue d'incompréhension.

— C'était idiot comme idée. D'ailleurs, à moins que vos blessures n'aient été graves, votre affaire aurait été jugée au civil, non au criminel. Nous n'aurions même pas pu l'arrêter.

— Désolé, j'ai juste voulu vous aider.

— Ce genre d'aide, je peux m'en passer. Nous voulions le mettre sous pression, le faire suivre pour l'énerver, l'empêcher de travailler. Désormais, nous n'avons plus aucune chance de l'arrêter.

— Vous pouvez encore le coincer pour trafic de drogue, non?

— Aucune chance. Maintenant que vous avez éveillé les soupçons de la mafia, ils vont le mettre au vert tant qu'il sera le suspect principal du meurtre de votre fille.

— Pourquoi? Il n'est quand même pas un caïd.

— Non, mais il en sait long sur eux. Supposons que nous réussissions à arrêter Alberto et à lui faire avouer qu'il a tué votre fille, que va-t-il se passer, selon vous?

— Aucune idée.

— Alberto joue les petits durs, les gros bras, mais au fond, c'est un lâche, le prototype parfait du délateur, de celui qui est prêt à se mettre à table pour négocier une remise de peine.

— Vous croyez?

— J'en suis certain. Pour le meurtre particulièrement crapuleux de votre fille, il est sûr d'en prendre à perpette, c'est-à-dire vingt-cinq ans sans possibilité de remise de peine. Pour quelqu'un comme lui, c'est hors de question. Surtout qu'au pénitencier, les faux durs dans son genre ne font pas long feu. Or, si moi je sais qu'il peut se mettre à table, ses patrons le savent aussi. Ils ne permettront pas que cela arrive. Monsieur Lacroix, vous nous avez bloqué l'accès à Alberto pour un bout de temps. Voilà ce que vous avez fait. »

Le policier avait prononcé ce « monsieur Lacroix » en serrant les dents et, avec dans les yeux, une inquiétante lueur noire. Il était en colère, et cela se voyait. Paul se sentit ridicule et éprouva un vif sentiment de culpabilité. Que ferait Grimard maintenant? Allait-il mettre cette enquête sur une voie de garage ou y porter moins d'attention? C'était un risque et Paul ne voulait surtout pas que cela arrive. Après avoir réfléchi rapidement, il se dit qu'il pouvait peut-être amadouer le policier en lui confiant tout ce qu'il avait vécu depuis quelques jours, y compris sa visite au docteur Legrand.

« Je peux peut-être vous aider d'une autre façon, se risqua-t-il à dire d'une voix presque implorante.

— Non, merci, vous en avez déjà assez fait comme ça, lui répondit Grimard en levant les bras.

— Je vous en prie, inspecteur, écoutez-moi d'abord et, ensuite, vous déciderez si vous voulez mon aide ou non. »

Grimard regarda son vis-à-vis. Paul Lacroix semblait regretter ce qu'il avait fait. Le policier décida d'accepter. Après tout, il n'avait rien à perdre.

« Je vous écoute, mais faites vite, j'ai beaucoup de travail. »

Paul lui raconta toute son histoire, les réveils nocturnes,

les phénomènes étranges, le cauchemar, ses doutes et ses interrogations, sa rencontre avec le docteur Legrand. Il termina en lui exposant la théorie et les explications du psychologue. Le policier, qui avait paru sceptique et peu attentif au début du récit, sembla manifester un intérêt soudain en entendant mentionner le nom du docteur Legrand. À partir de cet instant, il écouta avec beaucoup plus d'attention et demanda à Paul lorsqu'il eut terminé:

« C'est bien le professeur en psychologie de l'Université de Montréal que vous avez consulté?

— Oui. Vous le connaissez?

— Nous avons eu recours à ses services à quelques reprises au cours des dernières années pour des cas un peu spéciaux.

— Vous voulez dire étranges?

— Oui. La dernière fois, c'était il y a six mois pour un double meurtre commis dans la communauté haïtienne, une affaire de vaudou. Il nous a beaucoup aidés.

— Donc, à vos yeux, ce n'est pas un charlatan?

— Loin de là. »

Paul eut le temps de pousser un soupir de soulagement avant que le policier n'enchaîne:

« Si j'ai bien compris, le docteur vous a cru?

— Oui. Il a même promis de m'aider. D'après lui, Florence est derrière tout ça et elle agit afin que je puisse faire arrêter et condamner son meurtrier en vous le désignant.

— Comme il y a de fortes chances que ce soit Alberto, cela ne nous servira pas à grand-chose, à moins qu'elle ne vous donne des preuves de sa culpabilité, et que ces preuves soient exploitables. Aucun jury ne voudra condamner Alberto sur la seule foi de vos visions. Non seulement il serait acquitté, mais nous serions la risée de la presse et de la justice.

— Peut-être nous fournira-t-elle cette preuve qui nous manque?

— Ouais... Écoutez, monsieur Lacroix. Je suis sceptique, mais vous avez votre chance. Par contre, tenez-moi au courant de ce qui vous arrive et surtout, j'insiste bien là-dessus, ne vous mêlez plus de notre enquête sauf pour ce qui est de vos visions et de vos contacts avec votre fille, sinon, je vous arrête pour entrave à la justice. Compris?

— Lieutenant, ne vous inquiétez pas, j'ai eu ma leçon.

— Je l'espère. Entre-temps, je vais parler avec Legrand.

— Merci.

— Maintenant, si vous voulez bien me laisser, j'ai du travail. Je dois essayer de recoller les morceaux d'une enquête qu'un intrus est venu bousiller. »

Paul se contenta d'acquiescer de la tête et quitta, un peu penaud, le bureau du lieutenant Grimard.

* * *

Tout en marchant pour retourner chez lui, Paul se dit que finalement cette journée ne s'était pas si mal passée. Le docteur Legrand avait cru à son histoire et promis de l'aider, ce qui était réconfortant. Il avait aussi beaucoup appris sur les phénomènes étranges qu'il vivait depuis quelques jours. Mais il était surtout heureux de savoir que Florence était à l'origine de ces manifestations et qu'elle continuerait probablement à le visiter chaque nuit. Bien sûr, il ne pourrait ni la voir ni communiquer avec elle, mais au moins, après ce que le docteur lui avait dit, il saurait qu'elle était là, présente dans la chambre en sa compagnie. Et qui sait? S'il se rendait suffisamment disponible et ouvert, peut-être arriverait-il à lui parler?

Il se promit d'essayer.

CINQUIÈME JOURNÉE

Mardi 30 novembre 1999 à 1 h 15

Couché vers vingt-deux heures pour essayer de dormir un peu avant son rendez-vous nocturne avec Florence, Paul Lacroix avait été long à trouver le sommeil. L'anxiété qui le rongeait l'empêchait de s'endormir. Il n'avait qu'une seule hâte : se retrouver dans la chambre de sa fille et espérer en apprendre un peu plus sur son meurtre. Tous ces phénomènes étranges qu'il craignait jusque-là ne l'effrayaient plus. Ils étaient l'œuvre de Florence et ne visaient qu'à faire arrêter et condamner son meurtrier.

Finalement, il s'était endormi bien après minuit et avait été tiré de son sommeil, une heure plus tard, par le même « Réveille-toi! » que celui qu'il avait entendu la nuit précédente. Mais il ne ressentit aucune peur. Il savait maintenant qui avait prononcé ces mots. En fait, il fut presque soulagé de les entendre. Cela signifiait que Florence était là, l'attendait et allait de nouveau essayer de lui parler.

En pénétrant dans la chambre de sa fille, ses yeux firent le tour de la pièce. Sans surprise, il vit que les manifestations étranges auxquelles il était désormais familier étaient bien présentes. Mais il ne leur prêta qu'une attention distraite. Ce qui l'intéressait, c'était l'album photos, le véhicule par lequel Florence lui ferait découvrir les circonstances de son meurtre et le conduirait vers son assassin.

L'album était bien là, posé sur le lit et ouvert sur une double page. En prenant soin de ne pas diriger son regard vers les photos, il saisit l'album et s'assit dans la berceuse. Une fois bien installé, il respira profondément et posa lentement ses yeux vers la photo de gauche. Elle représentait sa mère debout devant le stade olympique, une construction pharaonique édifiée par un architecte vaniteux et orgueilleux au service d'un maire mégalomane. Cependant, pour les Montréalais qui venaient de vivre la grande aventure des Jeux olympiques, ce monument faisait leur fierté et Paul avait voulu le montrer à sa mère. « *Pauvres Montréalais*, eut-il le temps de penser avant que le brouillard habituel n'apparaisse, *ils ne savaient pas encore que, vingt-cinq ans plus tard, ils en seraient toujours à couvrir les coûts de cette folie architecturale.* »

Cette fois, ce fut bref. Le brouillard descendit, se stabilisa quelques instants, puis, tout aussitôt, se leva. Paul se retrouva fin août 1976 au coin des rues Pie-IX et Sherbrooke, un appareil photo à la main prêt à immortaliser l'image de sa mère devant ce fameux stade olympique qu'ils venaient de visiter.

En la contemplant dans l'objectif il sentit son cœur se serrer. Il prenait conscience pour la première fois de la dégradation physique qu'elle avait subie depuis leur déménagement dans le centre de Montréal. Elle avait soixante ans, mais en paraissait quinze de plus. Ses cheveux gris étaient mal peignés et peu soignés, son visage raviné était enlaidi par des traits que l'alcool avait commencé à gonfler et ses membres étaient frêles. Elle traînait un air de condamné et ses yeux semblaient fixer le vide, ce vide qui, se plaignait-elle sans arrêt, remplissait sa vie. Mais ce qui frappa surtout Paul, c'était son aspect général. Elle avait l'air d'une petite vieille au dos courbé et à la peau flétrie.

Ce jour-là, il faisait beau, le soleil brillait, l'air sentait le gazon tout juste tondu et une brise légère venait adoucir les effets d'une chaleur presque torride. Les groupes de touristes qui passaient près d'eux pour aller visiter les installations olympiques s'interpellaient joyeusement dans toutes sortes de langues. Ils semblaient s'amuser et avaient l'air heureux. Tout le contraire de sa mère qui tristement courbait la tête comme une fleur fanée. Il se sentit malheureux pour elle, car il l'aimait profondément. Depuis son adolescence, il lui avait tout sacrifié et continuait à le faire même s'il n'en était presque plus payé de retour. Au fil des années, elle était devenue tyrannique, l'accablant de reproches à la moindre occasion et lui faisant de terribles crises de jalousie dès qu'il parlait de sortir. Elle alternait les moments d'euphorie pendant lesquels elle le cajolait, dessinait des plans d'avenir et lui préparait des petits plats, avec des moments de dépression où elle se recroquevillait sur elle-même, pleurant à la moindre occasion et ne parlant que pour se plaindre de l'inutilité de sa vie. Pendant ces périodes noires, Paul craignait qu'elle en vienne à se suicider.

Il était d'autant plus inquiet que, depuis quelques mois, sa mère ne mettait pratiquement plus le nez dehors et buvait devant lui sans plus se cacher. Elle passait ses journées à regarder la télévision en robe de chambre tout en éclusant un litre de vin. Ne buvant jusque-là que de la vodka, elle s'était mise à boire du bordeaux le jour où elle avait entendu à la télé un médecin affirmer que le vin rouge bordelais était bon pour le cœur. Comme elle avait des problèmes cardiaques, elle utilisait ce prétexte afin de pouvoir se saouler ouvertement.

Un dimanche, Paul avait essayé de la raisonner, de lui faire comprendre qu'elle en buvait trop, qu'elle consommait cinq à six fois la dose recommandée. Elle était alors entrée dans une rage folle, la pire que Paul ait eu à subir. Elle l'avait d'abord traité de tous les noms avant de le culpabiliser en clamant que si sa vie était devenue un enfer, c'était de sa faute. Pendant un moment, il avait cru qu'elle allait le frapper. Effrayé, il n'avait plus jamais osé aborder ce sujet.

Le jour de la photo, il lui avait fallu des trésors d'imagination et de persévérance pour la décider à sortir de l'appartement. Une fois sur place, elle n'avait manifesté que peu d'intérêt pour ce qu'elle voyait. Elle semblait distraite, indifférente aux explications de son fils. Paul en était très chagriné. Il croyait pouvoir lui changer les idées en l'emmenant à cet endroit, la distraire, l'intéresser à quelque chose d'autre que la télévision et le vin. Mais cela n'avait pas marché. C'est pourquoi, en la découvrant aussi abîmée et décatie dans son objectif, il eut très mal. Il vivait à ses côtés, mais il ne l'avait jamais vraiment regardée comme aujourd'hui. L'habitude probablement. Il se jura alors de la faire sourire, de faire passer dans ses yeux une étincelle de joie, même si ce n'était que pour quelques instants.

Réfléchissant à ce qu'il pourrait faire, il eut une idée. Sa mère adorait les fleurs et les plantes. Il se souvenait qu'aux beaux jours, en Abitibi, son jardin était l'endroit où elle passait la majeure partie de son temps. C'était son petit coin de paradis, un refuge qui lui permettait d'oublier pendant quelques heures cet enfer qu'était sa vie avec son alcoolique de mari. Il se décida donc à l'emmener au Jardin botanique situé tout près du complexe olympique. Il dut s'employer fort pour la convaincre de le suivre, mais une fois sur place, elle se transforma. Elle se mit à parler, à lui décrire fleurs, plantes, arbustes avec un enthousiasme juvénile. Elle passa beaucoup de temps devant les parterres de roses qu'elle adorait, humant leurs parfums et s'extasiant devant leurs coloris. Elle semblait heureuse et Paul en éprouva une grande joie. Pendant près de trois heures, ils déambulèrent dans les allées de ce magnifique jardin jusqu'à ce qu'elle se sente fatiguée et lui demande de rentrer.

Juste avant de quitter les lieux, ils passèrent devant un snack-bar où une douzaine de tables placées sous le couvert des arbres semblaient offrir un peu de fraîcheur aux visiteurs voulant se reposer. D'autorité, Paul l'y conduisit, la fit asseoir et alla acheter deux jus d'orange. En revenant, il fut estomaqué de la trouver en larmes. Il eut beau essayer de la consoler, de savoir ce qu'elle avait, de lui parler gentiment, rien n'y fit. Elle continua à sangloter de plus belle.

Ne sachant plus que faire pour la calmer et embarrassé d'être le point de mire de tous les autres clients, il attendit en silence qu'elle veuille bien s'arrêter d'elle-même tout en espérant que cela se produise rapidement. Il fut exaucé, mais pas de la façon dont il l'aurait souhaité. Sa mère profita de ce qu'il était silencieux pour littéralement exploser. Elle se leva et se mit à lui lancer des insultes en hurlant. Elle le traita de sans-cœur, d'égoïste, d'enfant gâté et pourri, de bourreau, de coureur de jupons, de personnage lubrique et de bien d'autres noms de cet acabit. Puis, comme si son vocabulaire d'insultes s'était tari, elle se tut, le fusilla du regard pendant un bref instant, tourna les talons et se dirigea à grands pas vers la sortie.

Statufié, Paul mit quelques secondes avant de se lever à son tour et de courir après elle. Lorsqu'il fut parvenu à ses côtés, elle fit comme s'il n'était pas là et il ne put que l'accompagner en silence. Ce n'est qu'une fois rendu sur le quai du métro qu'elle sembla se calmer et revenir à de meilleurs sentiments. Elle le regarda et se mit à parler avec lui de leur visite au Jardin botanique, allant même jusqu'à lui proposer de revenir pour y pique-niquer. C'était comme si ce qui venait de se passer n'était jamais arrivé.

Assis dans le wagon qui les emportait vers la station Peel, Paul se demanda si sa mère n'était pas dérangée, si sa raison qui avait eu à souffrir et à supporter de multiples malheurs au cours de son existence n'était pas en train de s'effriter. Si c'était le cas, l'avenir s'annonçait très sombre pour elle comme pour lui.

* * *

L'image de Paul assis sur sa banquette de métro et regardant sa mère d'un œil inquiet s'estompa peu à peu et fut remplacée après quelques secondes de vide par une autre image, une image plus dramatique, celle de Paul éploré, le visage défait, fixant sa mère couchée dans son cercueil.

Ce qu'il avait craint par-dessus tout, particulièrement depuis leur visite au Jardin botanique un an plus tôt, s'était produit. Sa mère, dans un accès de folie, avait mis fin à ses jours en avalant le contenu d'un flacon de tranquillisants que son cardiologue lui avait prescrits.

Bien que ce décès l'eût profondément ébranlé, Paul n'en avait pas été surpris outre mesure. Les idées suicidaires de sa mère s'étaient accentuées depuis les douze derniers mois. Ses périodes de dépression duraient plus longtemps et ses crises de folie se faisaient plus fréquentes. Il était rare qu'il rentre le soir et la trouve dans un état normal. Sa mère était méconnaissable.

Si ses périodes de dépression l'inquiétaient, ses crises de folie l'effrayaient. Lorsqu'elles se produisaient, Thérèse l'agressait verbalement avec une violence dont il ne l'aurait pas crue capable. Elle allait même jusqu'à le menacer des pires sévices s'il ne changeait pas de comportement à son égard. Au début, il avait bien essayé de savoir ce qu'elle lui reprochait, mais elle ne lui avait jamais donné d'explications. Il s'était donc résigné à laisser passer ces orages et, lors de ses crises, il se contentait de l'écouter, de lui répondre gentiment d'une voix douce et, surtout, de ne pas la contrarier.

Ce fut durant les vacances d'été que le drame se produisit. Sa mère ayant repoussé toutes ses propositions de voyage, ils étaient restés à la maison. Ses sautes d'humeur et ses accès de colère avaient atteint des niveaux qui lui glaçaient le sang. Elle s'emportait pour la moindre broutille, cassant la vaisselle, déchirant ses vêtements, lançant tout ce qui lui tombait sous la main, criant, vociférant des insultes aux voisins qui osaient se plaindre du bruit, et hurlant des insanités aux passants.

La plupart du temps, ces crises de folie furieuse se terminaient par une période de silence de quelques minutes pendant lesquelles sa mère restait prostrée, repliée sur elle-même, puis ce silence était à son tour rompu par de longs éclats de rire, un rire démentiel qui le pénétrait jusqu'aux entrailles et lui donnait envie de pleurer; surtout qu'en observant ses yeux exorbités, il n'y détectait que haine et douleur.

Quelques jours avant la fin de ses vacances, il avait fini par admettre que cette situation ne pouvait durer. Le drame les effleurait quotidiennement et les plaintes des voisins se faisaient de plus en plus nombreuses. Il se devait d'agir. C'est alors qu'il avait pensé à leur médecin de famille, un vieux praticien qui exerçait son métier à l'ancienne, c'est-à-dire avec patience et compréhension. Il s'était occupé de sa mère jusqu'à ce qu'elle décide, deux ans plus tôt, de ne plus avoir recours à ses services. Pourquoi? Paul ne l'avait jamais su.

Il lui rendit visite un mardi après-midi. Le vieux docteur écouta Paul avec attention et lui prit un rendez-vous avec un psychiatre pour la journée du lendemain.

Il y alla seul et le verdict de ce dernier fut direct et brutal. Sa mère semblait souffrir d'une sorte de démence particulièrement agressive qui ne pouvait aller qu'en empirant. Cependant, pour en être sûr, il lui fallait la voir, l'examiner, lui faire passer des tests. Si ce diagnostic était confirmé, elle devrait probablement être internée pour le restant de ses jours. Selon lui, elle était dangereuse et allait le devenir encore davantage. Ce diagnostic bouleversa Paul et, pendant un moment, il pensa à garder sa mère même malade avec lui, quitte à en subir les conséquences. Mais il se raisonna bien vite et accepta de l'emmener le lundi suivant à la clinique. Il avait quatre jours pour essayer de la convaincre. Cependant, rien que de penser aux réactions qu'elle aurait très certainement, cela lui donnait des sueurs froides.

Le jeudi et le vendredi, il ne put rien lui dire. Son esprit s'était envolé ailleurs, dans un univers où le malheur devait être présent, car des larmes inondaient fréquemment ses joues décharnées. Elle passa ces deux jours vautrée sur le canapé du salon, à moitié nue, mangeant peu, buvant beaucoup, fixant la télé sans la voir et se contentant de le regarder d'un œil morne lorsqu'il essayait de lui parler.

Le samedi matin, ce fut comme si un miracle s'était produit. À son réveil, sa mère était déjà levée et s'affairait à préparer le petit-déjeuner, ce qu'elle n'avait pas fait depuis longtemps.

« Bonjour, Paul, as-tu bien dormi? » lui lança-t-elle quand il la rejoignit dans la cuisine.

La surprise le cloua sur place. À croire que les deux jours précédents n'avaient été qu'un mauvais rêve. Sa mère était-elle guérie? Il refusa de se leurrer. Il savait fort bien que ce n'était pas le cas. Pendant un instant, il jongla avec l'idée de lui parler tout de suite du psychiatre et du rendez-vous qu'il avait pris pour elle. Mais il n'en eut pas le courage. Il y avait tellement longtemps qu'il ne l'avait pas vue d'aussi bonne humeur qu'il préféra retarder cette échéance. Il voulait profiter de ces quelques heures où il avait l'impression d'avoir retrouvé la douce et tendre maman de son enfance.

La journée se passa dans une agréable sérénité et c'est seulement vers neuf heures du soir, alors qu'ils prenaient le frais sur leur balcon comme plusieurs de leurs voisins, qu'il se décida à lui parler.

Ses pires craintes se trouvèrent confirmées. Il n'eut pas le temps de lui fournir beaucoup d'explications. Dès qu'il prononça le mot psychiatre, ce fut comme s'il avait déclenché le feu atomique. Elle se leva en renversant sa chaise, les traits crispés par la colère, le visage rouge, les yeux hargneux et les mains tremblantes. Sans se préoccuper de leurs voisins, elle se mit à hurler qu'elle n'était pas folle, qu'elle voyait clair dans son jeu, qu'il cherchait à se débarrasser d'elle pour la remplacer par une de ces putains lubriques qu'il fréquentait en cachette, que tous leurs voisins étaient ses complices et qu'ils la harcelaient pour l'aider à la chasser de l'appartement, que jamais elle ne verrait un psychiatre ou irait dans un hôpital pour malades mentaux, et qu'elle se défendrait par tous les moyens possibles.

Bien que familier des accès de colère de sa mère, Paul ne l'avait jamais vue dans cet état. Son ton, la virulence de ses propos, la rancœur qu'elle exprimait le stupéfièrent, tout comme ses voisins qui, sur leur balcon, assistaient bouche bée à ce déchaînement de rage.

Paul n'avait jamais été aussi embarrassé de sa vie. C'est pourquoi, profitant d'un moment où elle reprenait son souffle, il essaya de la raisonner. Lui saisissant la main, il murmura:

« Maman, tu... »

Mais il n'eut pas le temps d'en dire davantage.

« Ne me touche pas! cria-t-elle en retirant sa main. Je ne veux plus que tu me touches. C'est fini. Jamais plus je ne te laisserai me battre comme tu as l'habitude de le faire quand tu es saoul. D'ailleurs, je vais prévenir la police et lui raconter que tu me gardes prisonnière et me martyrises. J'en ai assez enduré depuis notre mariage. »

Il venait enfin de comprendre. Dans le cerveau malade de sa mère, il était devenu son ex-mari. Elle n'arrivait plus, sauf en de rares occasions, à le distinguer comme son fils. Thérèse Lacroix revivait ces douloureuses années passées en compagnie de cet homme rustre, alcoolique, infidèle, violent et sans pitié. Encore une fois, il eut très mal pour elle.

Pendant qu'il réfléchissait aux conséquences de sa découverte, sa mère se précipita à l'intérieur de l'appartement et, d'un pas décidé, se dirigea vers le téléphone. C'est au moment où il la vit saisir le combiné qu'il comprit qu'elle allait vraiment appeler la police. Il ne pouvait pas la laisser faire. Déjà les policiers étaient venus à trois reprises à cause des plaintes des voisins. À chaque fois, il avait réussi à arranger les choses. Cependant, l'officier qui était venu deux semaines plus tôt lui avait bien spécifié que, s'ils avaient à se déplacer une autre fois à cause de sa mère, il n'y aurait pas d'indulgence. Elle se retrouverait au poste.

Le mal de tête lancinant qui l'avait ennuyé toute la journée avait maintenant pris des proportions migraineuses. En écoutant sa mère débiter son chapelet d'insanités, en voyant les voisins qui les regardaient ébahis, il avait commencé à ressentir cette douleur aiguë qui lui comprimait d'abord les tempes pour se propager ensuite partout dans sa tête. Il savait qu'une crise majeure, celle qui lui faisait perdre conscience, était sur le point de se déclencher. Il aurait dû prendre deux comprimés de Fiorinal avec codéine et se coucher aussitôt dans le noir. Mais pour l'instant, ce n'était pas possible. Il devait empêcher sa mère d'appeler la police.

Au prix d'un violent effort qui déclencha chez lui une longue nausée, il se précipita à son tour dans l'appartement, rejoignit sa mère et lui saisit le bras au moment où elle commençait à appuyer sur les touches. Mais Thérèse n'était pas d'humeur à lui obéir. Elle se retourna, se débattit pour libérer son bras, le mordit à la main, lui cracha au visage et lui donna des coups de pied en criant et en hurlant. Une vraie furie. Sa rage et sa hargne avaient décuplé ses forces.

Affaibli par sa migraine, Paul n'arriva pas à la maîtriser. Il vit le bras de sa mère, celui qui tenait le combiné qu'il avait dû lâcher quand elle l'avait mordu, se lever puis redescendre en direction de sa tête. Il essaya bien de l'éviter, mais ses réactions étaient trop ralenties par sa migraine. À peine eut-il le temps de tourner la tête qu'il ressentit un terrible choc à la base du crâne et sombra dans l'inconscience.

* * *

Lorsqu'il se réveilla, il était couché dans son lit, tout habillé. Il mit quelques secondes à organiser ses idées et à se rappeler ce qui s'était passé. D'un bond, il se leva mais, à peine debout, il fut pris de vertige et dut se rasseoir sur son lit pour ne pas tomber. Il ferma les yeux et, de sa main libre, se tâta la partie du crâne qui lui faisait mal. Ses doigts découvrirent une bosse grosse comme un œuf de pigeon; sans doute les effets du combiné avec lequel sa mère l'avait assommé.

Quand il fut en état d'ouvrir les yeux, il regarda sa montre. Sept heures du matin. Cela signifiait qu'il était resté évanoui pendant une dizaine d'heures. Sa mère avait dû le frapper avec beaucoup de force pour qu'il reste inconscient aussi longtemps.

C'est alors que toutes sortes de questions envahirent son esprit. Qu'avait fait sa mère? Était-ce elle qui l'avait transporté dans son lit? Où se trouvait-elle maintenant? Était-elle encore en proie à une crise?

Impatient d'obtenir des réponses, il se leva avec prudence et réussit à marcher sans être trop étourdi. Après avoir constaté que le salon et la cuisine étaient vides, il se dirigea vers la chambre de sa mère. La porte était entrebâillée. Il passa la tête par l'ouverture et la vit couchée dans son lit. Elle paraissait dormir. Il s'avança sur la pointe des pieds pour ne pas la réveiller et s'approcha du lit. C'est à cet instant précis que son cœur s'arrêta de battre pendant une fraction de seconde. Le flacon de tranquillisants qu'il était allé chercher à la pharmacie six jours plus tôt était bien à sa place sur la table, mais il était vide.

Interdit, craignant le pire, il fixa sa mère. Elle était d'une pâleur cadavérique et semblait ne plus respirer. Il s'efforça de dominer sa peur et prit son pouls. Rien. Il saisit une glace, il la mit devant sa bouche. Aucune buée. Il dut se rendre à l'évidence. Sa mère était morte et il avait toutes les raisons de croire qu'elle s'était suicidée. Dans l'état où elle se trouvait, qui sait ce qui avait pu lui passer par la tête. En le voyant tomber inanimé, elle avait peut-être pensé l'avoir tué et, devant les conséquences de son geste, avait choisi de se donner la mort. Il imagina qu'après l'avoir couché dans son lit, elle s'était dirigée vers sa chambre, avait ingurgité le contenu du flacon de tranquillisants et s'était couchée pour s'endormir à tout jamais. Était-ce arrivé ainsi? Peut-être, mais si c'était le cas, sa mère avait dû faire un effort terrible pour l'emmener jusqu'à son lit. Enfin, ce n'était pas impossible. Quand il avait essayé de la maîtriser, il avait pu se rendre compte que son pauvre corps, tout flétri qu'il fût, renfermait encore beaucoup de force.

Paul se recueillit un instant, fit une courte prière et, en se gardant bien de toucher à quoi que ce soit, il sortit de la chambre et appela la police.

L'enquête fut menée rondement. Le médecin légiste confirma que le décès était dû à l'absorption d'une grande quantité de tranquillisants. Les voisins témoignèrent que Thérèse Lacroix était souvent la victime de violentes crises de folie dont la dernière datait de la veille. Paul leur décrivit ce qui était arrivé le soir précédent et leur fit part du scénario qu'il avait imaginé. Les enquêteurs, après avoir éliminé toutes les autres possibilités, confirmèrent la thèse du suicide, et le permis d'inhumer fut délivré.

Dans le cimetière de la Côte-des-Neiges, face aux employés du salon funéraire qui descendaient le cercueil de sa mère dans son tombeau, Paul prit conscience du vide auquel il devrait désormais s'habituer. Cela lui fit peur. Au cours des dernières années, la vie avec sa mère n'avait pas été une partie de plaisir; cependant, elle était là, présente à ses côtés. À partir d'aujourd'hui, il serait seul, totalement seul. À cette pensée, il frissonna d'angoisse.

* * *

En émergeant de la torpeur dans laquelle l'avait plongé la photo de sa mère devant le stade olympique, Paul eut l'impression d'entendre la même voix caverneuse et lointaine que celle de la veille. Provenait-elle de la télé comme le docteur le pensait ou lui avait-elle été insufflée à l'intérieur de son cerveau? Il était incapable de le dire. Mais il s'en fichait. L'important, c'était ce qu'elle disait. La voix avait articulé avec difficulté :

« Tu... ez, tu... ez »

Ce ne pouvait être que Florence. Il lança l'album sur le lit et s'écria :

« Florence, je sais que tu es là, que c'est toi qui me parles. Le docteur Legrand, le psychologue que nous avions rencontré à Sainte-Adèle, me l'a dit. Hier tu as prononcé le mot « papa », aujourd'hui le mot « tuez ». Je sais que tu cherches à me dire quelque chose, mais quoi? Pour l'instant, je n'arrive pas à deviner. Essaye de nouveau, mais si cela est impossible, ne t'inquiète pas, je reviendrai la nuit prochaine. Peut-être, alors, arriverai-je à saisir ce que tu veux. Si tu as entendu ce que je viens de dire, fais-moi un signe. »

Mais, tout comme la veille, rien ne se produisit. Il resta immobile un long moment, guettant une indication quelconque qui pourrait lui prouver que sa fille l'avait entendu. Après quelques minutes, il comprit que ce ne serait pas encore cette nuit qu'il aurait des réponses à ses questions. Cependant, sa déception fut de courte durée. Il se dit qu'il n'avait pas perdu son temps puisqu'il avait avancé dans l'histoire de sa vie et que sa fille avait prononcé un autre mot. À son réveil, il contacterait le psychologue et peut-être celui-ci pourrait-il lui donner des explications additionnelles.

Ayant remis l'album photos à sa place et éteint la télé et le plafonnier, il rejoignit sa chambre et se coucha.

* * *

Après s'être fait raconter les événements de la nuit, le docteur Legrand était resté silencieux assez longtemps avant de demander :

« Votre fille était-elle rancunière?

— Oui, c'était un de ses défauts. Pourquoi cette question? Vous avez une idée?

— Peut-être, mais attention, je peux me tromper. D'abord, je dois vous préciser que, dans la très grande majorité des cas où des esprits – je récuse le terme fantôme que je n'aime pas – communiquent avec des vivants, leur langage est simplifié au maximum. Comme il leur est très difficile d'établir le contact et de le garder, ils n'utilisent souvent que des mots utiles. Une façon de parler ressemblant à celle utilisée par les Indiens d'Amérique au début de la présence de l'homme blanc. Il me semble que c'est ainsi que Florence vous parle.

— D'accord, mais que veut-elle me dire?

— Encore une fois je tiens à préciser que ce ne sont que des suppositions. Il peut y avoir deux significations à ce qu'elle essaye de vous dire. La première, c'est que votre fille va vous demander de la venger en...

— Oui, mais ça on le savait déjà, non?

— Laissez-moi terminer. Hier, votre fille a prononcé le mot « papa ». Si aujourd'hui elle a dit « tuez », impératif à la deuxième personne du pluriel, cela fait : « Papa, tuez... »

Donc, c'est un ordre, l'ordre de... tuer quelqu'un. Qui vous demanderait-elle de tuer si ce n'est son meurtrier? »

Lacroix ouvrit de grands yeux et mit quelques secondes avant de pouvoir dire d'une voix tendue :

« Je n'arrive pas à y croire. Comment peut-elle me demander de faire une chose pareille? Je ne suis pas un meurtrier et elle le sait. Cela est impossible, il doit y avoir une autre explication.

— Je vous ai averti, c'est une supposition, rien de plus. Je me trompe peut-être complètement. Donc, ne vous excitez pas pour rien. Attendez la suite.

— Parce que vous pensez qu'il y aura une suite?

— C'est fort probable. »

Paul resta un moment sans parler. Si le docteur disait vrai, les choses risquaient de prendre une tournure dramatique. « *Non*, pensa-t-il, *ce n'est pas possible, il doit faire erreur.* »

« Et la deuxième supposition? reprit-il finalement.

— J'avoue que je m'avance encore beaucoup, mais il se pourrait qu'elle veuille vous donner le nom de son meurtrier.

— Je ne vous suis plus.

— C'est vrai que ce n'est pas évident. Laissez-moi vous expliquer. Si, contrairement à ce que vous croyez, votre fille a dit « tué(e) », cela donne : « Papa, tué(e)... » Que pensez-vous qu'elle pourrait ajouter à ça?

— ... Je ne vois pas.

— À mon avis, une seule chose : « par », ce qui donnerait : « Papa, tuée par... »

— Alberto! »

Paul Lacroix avait crié ce nom dans le téléphone.

« Alberto, Alberto, attendez. Pour l'instant il n'y a pas de preuves contre lui, Grimard me l'a confirmé. Alors soyez patient. Si j'ai raison, elle vous le désignera elle-même.

— Hum... hum. »

Il y eut un autre instant de silence pendant lequel le psychologue essaya de se mettre à la place de Paul Lacroix. Que pouvait-il penser en ce moment? Croyait-il à ce qu'il venait d'entendre? La réponse lui fut aussitôt fournie.

« Docteur, supposons que vous ayez raison, et que c'est la première hypothèse qui soit la bonne, il va falloir qu'elle me le désigne si elle veut que...

— Ou qu'elle vous le montre. Vous m'avez dit tout à l'heure que les visions vous apparaissaient de plus en plus vite, que tout se faisait presque sans transition. C'est bon signe. Cela signifie que Florence prend de plus en plus possession de votre esprit. Quand elle le maîtrisera parfaitement, elle sera capable d'y injecter ses propres images, celles qu'elle a dans sa mémoire. Jusqu'à maintenant, elle n'a fait ressortir que vos souvenirs. Bientôt, ce sera les siens que vous verrez. Continuez, soyez fidèle à ses rendez-vous nocturnes.

— J'en ai bien l'intention, croyez-moi. »

Les deux hommes discutèrent encore un peu et se mirent d'accord pour se voir le lendemain matin.

Lorsque Paul raccrocha, il mit quelque temps avant de bouger. Pendant sa conversation avec le docteur Legrand, surtout après avoir appris ce que pouvaient être les messages de Florence, il s'était efforcé de garder son calme. Cependant, il n'en était pas moins passablement troublé par la possibilité que sa fille lui demande de la venger en tuant son meurtrier. C'était vrai que Florence était rancunière et qu'elle ne pardonnait pas facilement, mais de là à lui demander de tuer celui qui l'avait assassinée, il y avait une énorme marge.

Mais si jamais ce message était un ordre de tuer, que ferait-il? Tuer un homme de sang-froid ne devait pas être une chose facile, surtout si on ne possédait pas un instinct de meurtrier, et il était loin d'avoir un tel instinct.

Dans les jours qui avaient suivi la mort de Florence, il avait songé à tuer Alberto si la police n'arrivait pas à prouver sa culpabilité. Cependant, il n'avait jamais eu l'intention de passer aux actes. Mais si Florence lui ordonnait effectivement de le supprimer, obéirait-il? Et s'il n'obéissait pas, quelle serait la réaction de sa fille? Cette dernière question l'obsédait.

Durant sa conversation avec le docteur Legrand, il avait

eu envie de l'interroger à ce sujet, mais quand ce dernier lui avait dit de ne pas s'énerver, il avait changé d'avis. À présent, il le regrettait et, pendant un moment, il jongla avec l'idée de le rappeler. Cependant, la crainte de paraître ridicule l'en empêcha.

« *Bah!* pensa-t-il finalement, beaucoup plus pour dissimuler son angoisse que par conviction, *le docteur n'était sûr de rien. Peut-être se trompe-t-il du tout au tout? Je verrai bien la nuit prochaine.* »

* * *

Mais le docteur Legrand n'était pas de ceux qui se trompent. Jamais il n'avait été aussi sûr de son fait. Sous des dehors charmants, compréhensifs et affables, cet homme d'une perspicacité hors du commun cachait une ambition démesurée. La belle réputation qu'il avait acquise localement était loin de lui suffire, et son intérêt pour les différentes affaires qu'on lui soumettait était proportionnel aux retombées médiatiques qu'il espérait en retirer. L'affaire Florence Lacroix était de celles dont on pouvait espérer beaucoup de publicité. Ce meurtre crapuleux avait fait les manchettes, et les chroniqueurs judiciaires suivaient encore de près le déroulement de l'enquête. Le docteur Legrand avait bien vu tout le potentiel que ce cas recelait et il avait l'intention d'en tirer un maximum de publicité. Une telle affaire allait lui permettre de publier un article dans des revues spécialisées et servir de base à un essai qu'il préparait sur les phénomènes insolites et leur relation avec l'au-delà. Mais il devait bien manœuvrer pour que cette affaire ne représente pas un danger pour lui.

Son désir de ne pas rater une telle occasion lui venait surtout des regrets qu'il éprouvait d'en avoir laissé passer une par sa faute six ans plus tôt.

À cette époque, un couple de Sherbrooke avait acheté une église protestante dont le pasteur était décédé quelques mois plus tôt. La paroisse ne comptait presque plus de fidèles et, dans la région, l'église avait la réputation d'être le siège de phénomènes des plus étranges. Comme aucun autre pasteur ne s'était montré intéressé à reprendre cette paroisse en déshérence, l'évêque anglican avait dû se résigner à vendre l'édifice religieux.

Le couple qui avait acquis l'église voulait la transformer en auberge de charme. Cette partie des Cantons de l'Est était dotée de paysages magnifiques, de plusieurs centres de ski ainsi que de nombreux plans d'eau. Selon eux, une belle auberge dans un tel environnement offrait toutes les qualités requises pour un succès assuré.

Ils avaient confié les travaux de rénovation à un entrepreneur local. Cependant, dès le départ, les choses étaient allées de travers. Des échafaudages s'étaient effondrés, causant la chute de deux ouvriers dont un avait été blessé sérieusement; un autre ouvrier avait perdu trois doigts en sciant un madrier de charpente; un quatrième avait glissé sur une flaque d'eau et s'était fracturé le tibia; des outils et du matériel avaient disparu, amenant l'entrepreneur à accuser ses employés de le voler; un feu d'origine inconnue avait détruit de nouvelles structures installées à l'intérieur de l'église; et, pour couronner le tout, une colonie de guêpes, qui avait élu domicile dans les combles, s'était mise en colère, forçant les ouvriers à fuir et à arrêter les travaux jusqu'à la désinsectisation des lieux. Les travaux ayant pris du retard, l'entrepreneur, dont le contrat contenait une date d'échéance avec pénalités financières, avait demandé à ses hommes de travailler le soir moyennant de généreuses compensations monétaires.

Malheureusement pour lui, la première soirée de travail avait aussi été la dernière. Vers vingt-deux heures, des ouvriers descendus dans la cave avaient vu une étrange lueur émanant d'un coin où se trouvaient empilées des bûches de bois. En s'approchant, ils avaient eu l'impression d'entendre des pleurs, des cris de douleur, des grattements, des bruits sourds et des appels au secours. L'un d'eux s'était alors rappelé que les vieux de la région disaient que les paroissiens ne fréquentaient plus l'église parce qu'elle était hantée. Ils n'avaient pas cherché à en savoir davantage. Ils avaient quitté les lieux et refusé d'y retourner travailler. La nouvelle s'était vite répandue et l'entrepreneur avait dû renoncer au contrat faute de pouvoir trouver des hommes prêts à retourner dans l'église.

Découragés, les acquéreurs avaient songé à tout abandonner lorsqu'un ami leur avait suggéré de contacter un certain professeur Legrand, enseignant à l'Université de Montréal. L'ayant rejoint, le couple lui avait exposé les faits et le professeur s'était alors souvenu d'un cas semblable arrivé aux États-Unis, plus spécialement en Caroline du Sud. L'enquête faite à cette occasion avait révélé qu'un pasteur avait tué sa femme et l'avait enterrée sous l'autel. L'esprit de l'épouse était venu hanter les lieux et le pasteur avec tellement d'acharnement et de violence que, n'en pouvant plus, il avait fini par se dénoncer lui-même.

Persuadé d'avoir affaire au même type de phénomène, Legrand avait recommandé au couple de faire fouiller la cave de l'église en présence d'un huissier. Il avait eu raison. On avait découvert sous la pile de rondins une sorte de caveau dans lequel se trouvait un cadavre.

Après enquête, la police avait fini par apprendre qu'à son arrivée dans la paroisse une quarantaine d'années plus tôt, le pasteur était accompagné de sa sœur qui lui servait de bonne à tout faire. Très vite, la rumeur avait couru qu'ils avaient de sérieuses prises de bec et qu'ils se livraient même à des séances de crêpage de chignon pas mal orageuses. Trois ans après leur arrivée, la sœur avait subitement disparu. Selon les dires du pasteur, elle était partie dans l'Ouest canadien retrouver un de ses amis. Personne, dans la paroisse, n'avait mis en doute la parole de l'homme de Dieu, et la vie avait suivi son cours.

En fait, comme on venait de le découvrir, le pasteur avait assassiné sa sœur en lui défonçant le crâne et lui avait aménagé ce tombeau dans la cave.

Même si cette affaire avait valu à Legrand la considération de la police, elle n'avait servi en rien son ambition. Il avait mal joué ses cartes. Pourquoi n'était-il pas entré seul dans l'église pour fouiller la cave? S'il l'avait fait, c'est lui qui aurait trouvé le cadavre. Tous les journaux auraient parlé de son exploit, et sa renommée se serait étendue bien au-delà des frontières canadiennes.

Cependant, s'il avait raté son coup cette fois-là, il comptait bien se reprendre avec l'affaire Lacroix. S'il manœuvrait bien, ce cas pourrait lui valoir honneur, considération et, surtout, ce dont il avait le plus besoin actuellement, beaucoup d'argent.

* * *

Au moment même où Paul Lacroix et le professeur Legrand conversaient au téléphone, le lieutenant Grimard recevait un appel qui le fit bondir de joie. Il écouta son interlocuteur avec attention, lui posa quelques questions pour s'assurer qu'il n'y avait aucun risque d'erreur et raccrocha. Après avoir réfléchi sur la meilleure façon d'opérer, il appela un juge pour obtenir un mandat d'amener, réunit ses principaux enquêteurs et leur expliqua ce qu'il attendait d'eux. Une fois ceux-ci partis, il se précipita à l'étage de la haute direction.

« Chef, nous le tenons! lança-t-il en pénétrant dans le bureau occupé par le capitaine Buchalet.

— Bravo! Je suis content. Mais, dis-moi, qui tenons-nous? lui répondit le gros homme amusé de voir son bras droit, normalement taciturne, afficher un air réjoui.

— Alberto Rinaldo, voyons, le meurtrier de la petite Lacroix.

— Parce que, selon toi, j'aurais dû deviner que tu parlais de lui?

— Non, bien sûr. Excuse-moi, je suis un peu énervé.

— Ça, je l'avais deviné... Allez, je ne t'en veux pas. Explique-moi plutôt comment on tient le bel Alberto.

— J'ai un témoin qui l'a vu pénétrer dans l'appartement de la fille à l'heure du crime.

— Un témoin fiable?

— Oui, monsieur. »

Le capitaine émit un long sifflement et acquiesça de la tête en signe d'appréciation.

« Je comprends maintenant pourquoi tu es si excité. Et comment vous l'avez déniché, ce témoin oculaire?

— J'aimerais bien te dire que nous l'avons trouvé nous-mêmes, mais ce n'est pas le cas. C'est le gardien de l'immeuble qui m'a appelé ce matin tout content de m'annoncer qu'il avait dégoté une dame ayant vu Alberto pénétrer et ressortir de l'appartement à l'heure du meurtre.

— Raconte.

— L'appartement situé en face de celui de Florence Lacroix est occupé par des Chinois immigrés au Canada depuis deux ans. Il y a le mari, l'épouse, leurs deux filles et la vieille grand-mère qui, elle, n'est arrivée que récemment. Le couple travaille au Holiday Inn du quartier chinois, lui comme serveur au restaurant, elle comme femme de ménage. Les deux petites vont dans une école transitoire pour leur permettre d'apprendre le français tout en suivant une scolarité normale. Avant d'aller plus loin, il faut que tu saches que cette famille vivait dans une petite ville du nord de la Chine où la police du régime communiste faisait la loi. C'est important pour comprendre la suite.

— Oui, oui, je sais, il faut tout m'expliquer, j'ai la comprenette difficile.

— Ne te moque pas de moi.

— Allez, continue.

— Le soir du crime, la vieille grand-mère était seule chez elle, les parents s'étant rendus avec leurs filles à l'école pour une réunion avec les enseignants. Elle passait dans le vestibule lorsqu'elle a entendu les portes de l'ascenseur s'ouvrir. Elle a jeté un œil par le judas et a vu, avec surprise, Alberto s'arrêter devant la porte de l'appartement en face, regarder autour de lui tout en ouvrant avec sa clé et refermer sans faire de bruit. Elle était surprise, car elle savait que leur voisine avait fait expulser ce jeune homme par le gardien. S'attendant à du grabuge, elle est restée l'œil collé au judas. Après deux ou trois minutes, comme il ne se passait rien, elle allait abandonner lorsque la porte s'est entrouverte. Elle a alors aperçu Alberto jeter un coup d'œil furtif dans le couloir et, n'apercevant personne, sortir de l'appartement en vitesse, refermer à clé et quitter leur étage en prenant l'escalier.

— Comment en est-elle sûre?

— Pour l'escalier?

— Oui.

— Elle a entendu le bruit fait par la porte en se refermant. Elle grince, paraît-il. Elle a ajouté un détail très important : il tenait à la main un objet d'une trentaine de centimètres de long enveloppé dans un sac en plastique.

— Si elle dit vrai, c'est un sérieux coup d'accélérateur pour l'enquête.

— Le gardien est convaincu qu'elle dit vrai.

— Espérons-le. Mais ce que je ne comprends pas, c'est pourquoi elle ne vous a rien dit quand vous avez interrogé les résidants de l'immeuble? »

Grimard rougit juste assez pour indiquer à Buchalet qui le connaissait bien qu'il n'était pas très fier de lui. Il attendit donc la réponse de son bras droit avec un certain amusement. Elle vint après que celui-ci eut dégluti.

« Ça m'embarrasse de te le dire, Jacques, mais nous ne l'avons pas interrogée.

— Pourquoi?

— Le gardien nous avait fourni la liste de tous ceux qui habitent à cet endroit. Cependant, le nom de la vieille grand-mère n'y figurait pas. Comme elle est arrivée bien après les autres, il n'a pas pensé l'inscrire sur la liste des locataires.

— C'est contraire à la loi.

— Un oubli, ça arrive. Donc, quand les inspecteurs ont frappé à la porte de leur appartement, personne n'a ouvert. La vieille était là, mais comme elle a une peur bleue de la police, elle n'a pas répondu. Nos hommes ont pensé que tout le monde était sorti et sont allés interroger le couple au Holiday Inn.

— Le couple n'a pas parlé de la vieille?

— Je ne sais pas, mais comme ces gens ont eu beaucoup

d'ennuis avec la police communiste, ils ont peut-être préféré ne rien dire. Ils ont fui un pays où tout le monde espionnait tout le monde. Ils ne veulent pas revivre un tel climat de peur. S'ils ont choisi le Canada, c'est pour pouvoir y vivre libres et tranquilles. Il faut les comprendre.

— Bien sûr, mais qu'est-ce qui les a fait changer d'avis?

— Hier, après son travail, monsieur Song est allé payer son loyer chez le gardien. C'était la première fois qu'ils se voyaient depuis le meurtre de la petite Lacroix et ils en ont discuté. Le gardien s'est alors souvenu que la vieille grand-mère ne sortait jamais et qu'elle devait bien être dans l'appartement le soir du crime. Il a alors posé la question à Song, mais de façon à ce que ce dernier croie qu'il connaissait déjà la réponse. Il s'est senti obligé de dire oui. Mongrain lui a ensuite demandé si elle avait entendu ou vu quelque chose. Notre brave Chinois s'est alors troublé et le gardien a deviné que la vieille dame possédait des informations au sujet du meurtre. Il l'a alors cuisiné et, finalement, Song a raconté ce que sa mère avait vu. Bingo.

— Tu devrais peut-être songer à engager le gardien dans ton équipe. Sur ce coup-là, il a fait mieux que tes hommes.

— Il faut dire qu'aucun d'entre eux ne savait que la grand-mère existait.

— Vrai. Elle est prête à venir témoigner?

— Toujours selon le gardien, il n'a pas été facile de la décider. Elle a accepté lorsque son fils l'a bluffée en lui disant que son refus de coopérer pourrait amener la police à s'opposer à l'obtention de leur citoyenneté canadienne.

— On n'a pas ce pouvoir-là.

— Nous le savons, mais elle ne le sait pas.

— Si jamais on va en procès et qu'elle témoigne, il ne faudrait pas que ce petit bluff vienne aux oreilles de l'avocat d'Alberto, sinon il va démolir son témoignage.

— Ça ne sera pas facile pour lui, elle ne parle que le mandarin. Tu sais comment cela se passe en cour quand les avocats doivent passer par des interprètes. Je ne suis pas inquiet pour ça.

— Donc, si elle a bien vu Alberto entrer chez la victime à l'heure du crime, l'alibi de cette petite crapule vient de voler en éclats.

— Tu l'as dit. J'ai donné ordre à mes hommes de mettre la main sur les trois lascars qui ont confirmé son alibi et de nous les amener ici pour un petit set carré. Ils vont passer un mauvais quart d'heure.

— Rien de physique. Tu sais que je suis contre de telles méthodes.

— Sois sans crainte, nous n'aurons pas besoin d'en arriver là.

— Et Alberto?

— J'ai obtenu un mandat d'amener et trois inspecteurs sont en route pour l'arrêter. Comme on surveille ses faits et gestes, nous savons qu'il est chez lui et qu'il n'en bouge pas.

— Sans doute que ses patrons l'ont mis en quarantaine. As-tu aussi envoyé chercher la vieille Chinoise?

— Oui. Elle devrait être ici dans moins d'une demi-heure avec son fils. Dès que tout ce petit monde sera arrivé, je vais faire parader Alberto avec une dizaine d'autres hommes et, si elle l'identifie sans hésitation, il ne nous restera plus qu'à détruire son alibi. Si on y arrive, il est cuit. Pas d'alibi, un témoin oculaire qui l'a vu pénétrer sur les lieux du crime à l'heure estimée de la mort de la victime, même s'il n'avoue pas, il est bon pour le procès.

— Ce serait quand même mieux s'il avouait.

— En nous mettant toi et moi comme nous en avons parlé, on devrait y arriver. »

Le lieutenant Grimard resta silencieux pendant un bref instant et ajouta :

« Je suis content pour le père de la victime. Le pauvre homme vit un terrible drame. Sa fille assassinée dans d'affreuses circonstances, un meurtrier que l'on connaît tous mais qu'on ne peut arrêter par manque de preuves, des phénomènes étranges qui le réveillent en pleine nuit, le...

— C'est quoi ces histoires de phénomènes étranges? » l'interrompit le capitaine en fronçant les sourcils.

Grimard fit part à son patron des conversations qu'il avait eues avec Paul Lacroix et le docteur Legrand. Le capitaine eut une moue sceptique et demanda avec un sourire en coin:

« Il ne serait pas victime d'hallucinations, ton monsieur Lacroix par hasard? Le choc qu'il a subi a pu lui détraquer le ciboulot.

— Le docteur Legrand semble prendre les déclarations de Lacroix très au sérieux.

— Tu sais, le docteur Legrand et ses théories sur le surnaturel, je n'y crois pas beaucoup.

— Il nous a pourtant bien aidés à trois reprises. Sans lui, on n'aurait peut-être jamais solutionné ces affaires.

— D'accord, mais elles n'avaient rien de surnaturel. Ces meurtres étaient rituels. C'est différent.

— Et l'affaire du pasteur dans les Cantons de l'Est?

— Là, j'avoue que c'est plus mystérieux. Cependant, comme à l'époque, les enquêteurs locaux se sont surtout intéressés à reconstituer la vie du pasteur et non à la façon dont Legrand avait solutionné l'affaire, j'ai des doutes.

— Tu ne crois pas au surnaturel, n'est-ce pas? »

La réponse de Buchalet fut brève et prononcée sur un ton ne laissant aucun doute sur ses sentiments.

« Non.

— Si jamais ces phénomènes étranges nous aident à faire condamner Alberto, tu y croiras? se risqua quand même à demander Grimard.

— Si jamais cela arrive, on en reparlera.

— Tu pourrais avoir des surprises.

— Je ne demande pas mieux. Au fait, as-tu eu confirmation que le gardien de l'immeuble était bien au match de hockey?

— Non, pas encore, mais avec ce que l'on vient d'apprendre concernant Alberto, je crois que je vais faire arrêter les recherches.

— Moi, si j'étais toi, je continuerais.

— Pourquoi?

— Une impression qui me trotte dans la tête. Il n'a pas

d'alibi, c'est lui qui, à chaque fois, trouve les preuves pour accuser Alberto. Il était toujours rendu chez la petite Lacroix, elle était belle et il n'a pas de femme; je ne sais pas, mais moi tout cela me semble louche.

— Bon, si tu penses que cela peut être utile, nous allons continuer à chercher... Je t'attends tout à l'heure pour interroger Alberto.

— O.K., tu me préviens quand tout le monde sera là. Je tiens à être présent aussi pour l'identification.

— À tout à l'heure. »

Le lieutenant Grimard ressortit du bureau de son patron à la même vitesse qu'il y était entré, ce qui amena un autre sourire sur les lèvres du capitaine Buchalet émerveillé par l'enthousiasme que son bras droit mettait à exercer son métier.

* * *

Au San Daniele, le coup de feu du midi était terminé. La majorité des clients avaient déjà quitté les lieux et seuls une dizaine d'entre eux se trouvaient encore sur place à flâner en sirotant un café ou en éclusant un dernier verre de vin. Les serveurs et les serveuses attendaient avec plus ou moins de patience que la salle se vide complètement avant de la nettoyer et de la préparer pour le repas du soir. Ce n'était qu'une fois ce travail terminé qu'ils pourraient partir et prendre quelques heures de repos.

Dans le « sous-marin », par contre, personne ne songeait à se reposer. Autour de la grande table où étaient disposés deux énormes plats remplis d'antipasti, quatre hommes discutaient de ce qui pouvait devenir un problème majeur pour eux : l'arrestation, le matin même, d'Alberto Rinaldo dans le cadre de l'enquête sur le meurtre de son ancienne maîtresse. Autour du chef Marcello Simone se trouvaient Felicio Baldini, le consigliere de la famille, Paulo Di Moro, le bras droit et exécuteur des hautes œuvres, et Francesco Rotti, le responsable des activités liées à la drogue et patron d'Alberto.

« Alors, Felicio, demanda le chef, quelles sont les dernières nouvelles?

— Juste avant de venir ici, j'ai parlé avec notre informateur du quartier général de la police. Ça sent le roussi. Alberto a peu de chances de s'en tirer. Primo, la police a retrouvé quelqu'un qui l'a vu pénétrer dans l'appartement de la fille à l'heure du crime; secundo, cette personne l'a formellement identifié parmi une dizaine d'autres hommes; tertio, les trois petits imbéciles qui lui avaient fourni un alibi se sont rétractés lorsque Grimard les a confrontés aux déclarations de ce témoin oculaire et ont avoué qu'il ne les avait rejoints que vers vingt et une heure trente; quatro, et c'est peut-être le pire, quand il a su qu'il n'avait plus d'alibi et qu'on l'avait vu sur la scène du meurtre au moment où la fille était assassinée, Alberto a sorti une histoire abracadabrante qu'aucun jury ne voudra croire.

— Qu'a-t-il bien pu inventer encore?

— Toujours selon notre informateur, il a expliqué que, le soir du meurtre, il s'est rendu chez la petite Lacroix pour s'excuser et la convaincre de reprendre leur vie commune. Il serait arrivé vers huit heures trente, aurait pénétré dans l'appartement grâce au jeu de clés qu'il avait conservé et se serait dirigé vers la cuisine, estimant que c'est dans cette pièce qu'il avait le plus de chances de trouver son ex-maîtresse. C'est bien là qu'il l'aurait trouvée, mais, toujours selon lui, elle était déjà morte, la gorge tranchée, baignant dans une flaque de sang qui couvrait une partie du plancher.

— Qu'est-ce qui lui a fait dire qu'elle était morte?

— Je ne sais pas, notre informateur n'a rien dit à ce sujet. Par contre, Alberto a déclaré que le meurtre venait probablement juste de se produire, car le sang n'était pas coagulé, des gouttelettes s'échappant même encore de la blessure.

— Et il n'a vu personne d'autre dans l'appartement?

— C'est la première question que Grimard lui a posée. Il a répondu que non, mais qu'il n'avait pas cherché. En voyant le cadavre, il a tout de suite pensé que si quelqu'un le trouvait dans l'appartement ou que si la police apprenait qu'il était sur les lieux au moment du meurtre, on lui collerait l'affaire sur le dos. Il n'a alors songé qu'à fuir et à se construire un alibi... Oh, j'oubliais un détail très important. Selon le témoin oculaire, quand il est sorti de l'appartement, il tenait à la main un sac de plastique enroulé dans lequel il y avait un objet long pouvant faire penser à un couteau.

— Et?

— C'en était un. Selon Alberto, il a simplement repris le couteau de chasse que son père lui avait donné et qu'il avait laissé dans l'appartement. Voilà l'histoire qu'il a débitée aux enquêteurs. »

Le silence se fit dans le « sous-marin », chacun réfléchissant à ce que le consigliere venait de raconter. Finalement, le chef reprit la parole:

« Qu'en pensez-vous, messieurs? demanda-t-il en se retournant vers les deux autres hommes qui n'avaient pas beaucoup parlé depuis le début.

— Personne ne va croire une histoire pareille, répondit Di Moro. Cet enfoiré a tué la fille, ça ne fait aucun doute. Il m'a entubé jusqu'au trognon l'autre jour lorsque je l'ai interrogé.

— Tu le penses vraiment coupable?

— Il est agressif, violent et sans cervelle. La fille l'a humilié en le faisant éjecter manu militari de son appartement et il a voulu se venger.

— Et toi, Francesco, quel est ton avis?

— Aucun doute, il l'a tuée. Alberto ment comme il respire. Je le sais, il travaille pour moi. Tout le contraire de son père qui était un homme d'honneur. »

Le chef se leva et alla se verser un café. Il le but lentement, le dos tourné à ses trois lieutenants. Ceux-ci attendirent en silence qu'il revienne et reprenne la parole. Ils savaient que leur chef avait une décision difficile à prendre. N'avait-il pas promis au père d'Alberto, mort en le protégeant, de s'occuper de son fils? Le dos toujours tourné, il lança soudain:

« Consigliere, combien de temps avons-nous avant qu'il ne soit trop tard?

— Pas beaucoup. Connaissant Grimard et Buchalet, je crois qu'Alberto ne résistera pas plus de quarante-huit heures. Il va finir par avouer et accepter de négocier des informations sur la famille en échange d'un allégement de peine. Francesco a raison, il n'a pas d'honneur. C'est un faux cul qui vendrait sa mère pour sauver sa tête.

— Il faut tout faire pour l'empêcher de parler, enchaîna Paulo Di Moro.

— D'accord, mais s'il n'est pas coupable, s'il dit la vérité?

— Chef, même s'il y avait cinquante pour cent des chances pour qu'Alberto dise vrai, tu te devrais d'agir. Tu n'as pas le droit de mettre en danger la bonne marche de nos activités. Depuis ton arrivée, nous avons réussi à reprendre ce territoire en main. Ne cours pas le risque de mettre en péril cette belle réussite. »

Simone ne répondit pas, mais il savait que Di Moro avait raison. Depuis qu'il avait promis de s'occuper d'Alberto, celui-ci n'avait été qu'une source d'ennuis et de problèmes. S'il fallait qu'à cause de ce crétin tout le beau travail qu'il avait accompli avec ses acolytes soit mis à mal, le syndicat new-yorkais ne le lui pardonnerait pas. Lorsqu'il reprit la parole, ce fut pour demander:

« Et toi, Felicio, qu'en penses-tu?

— La même chose que Paulo et Francesco.

— Bon. Paulo, avons-nous un homme à Parthenais actuellement?

— Non, mais si tu me donnes vingt-quatre heures, il y en aura un.

— Un bon?

— Le meilleur.

— D'accord, je veux que ton homme couche là-bas demain soir.

— Aucun problème, chef.

Très bien. Ce sera tout pour aujourd'hui. Réunion demain à vingt heures ici même. Consigliere, tu suis l'affaire de près et s'il y a des développements, tu prends contact avec moi par le canal habituel. »

Lorsque Paul Lacroix revint chez lui après avoir passé la journée à North Hatley, il trouva un message sur son répondeur téléphonique. C'était Robert Mongrain qui lui demandait de le rappeler le plus rapidement possible.

Sans même prendre la peine d'enlever son anorak, il composa le numéro du gardien et attendit avec anxiété qu'il réponde. Le téléphone sonna à plusieurs reprises et Paul allait raccrocher quand la voix de l'ancien boxeur se fit entendre.

« Allô!

— Paul Lacroix à l'appareil. Vous m'avez demandé de vous appeler.

— Oui, j'ai une bonne nouvelle pour vous. La police a trouvé un témoin qui a vu Alberto pénétrer dans l'appartement de votre fille à l'heure présumée du meurtre.

— Fantastique! Comment l'avez-vous appris? »

Sans se faire prier davantage, Mongrain lui raconta ce qui s'était passé en ne manquant pas de souligner le rôle qu'il avait joué dans cette découverte. Paul le remercia chaleureusement et, dès qu'il eut raccroché, il essaya de rejoindre le lieutenant Grimard pour en apprendre davantage. Malheureusement, il ne put lui parler. On lui répondit qu'il n'était pas disponible pour l'instant. Il se résigna à laisser ses coordonnées et à attendre que Grimard veuille bien le rappeler.

Il dut patienter jusqu'à dix-huit heures trente avant que le policier ne retourne son appel, ce qui mit ses nerfs à rude épreuve.

« Ah, c'est vous, lieutenant », lança-t-il d'une voix empressée.

— Désolé de ne pas vous avoir appelé plus tôt, mais j'ai eu une journée bien remplie. Il y a du nouveau concernant le meurtre de votre fille.

— Vous n'avez pas à vous excuser. Je crois être au courant puisque monsieur Mongrain m'a prévenu que vous aviez désormais un témoin oculaire.

— N'est-ce pas une bonne nouvelle? Avec les développements survenus aujourd'hui, nous devrions pouvoir boucler l'enquête très rapidement. Nous avons le motif, nous avons un témoin oculaire digne de foi et, très important, Alberto n'a plus d'alibi, ses trois témoins ayant reconnu avoir menti pour l'aider.

— A-t-il avoué?

— Pas encore, mais ça ne saurait tarder. D'ici quarante-huit heures, ce sera chose faite. Quoi qu'il en soit, avec ce que nous avons, il ne s'en sortira pas. D'ailleurs, il nous a inventé une histoire à dormir debout pour justifier sa présence dans l'appartement à l'heure du crime. »

Sans même attendre que Paul le lui demande, le policier fit un bref résumé des explications d'Alberto.

« Un tissu de mensonges! s'exclama Paul quand son interlocuteur s'arrêta de parler.

— C'est aussi notre avis. Surtout que, deux jours avant le meurtre, il a déclaré à l'un de ceux qui lui avaient fourni un alibi qu'il se vengerait de votre fille. Le jeune nous a fait cette déclaration spontanément après avoir appris que nous pouvions l'accuser de faux témoignage et d'obstruction à la justice.

— Que comptez-vous faire maintenant?

— Interroger Alberto jusqu'à ce qu'il avoue.

— Et s'il n'avoue pas?

— Je vous ai dit de ne pas vous inquiéter pour ça. Faites-nous confiance, pour une fois. D'accord?

— Pardonnez-moi, lieutenant, mais je voudrais tellement que ce petit salaud soit puni pour son crime.

— Il le sera, je vous en donne ma parole. Maintenant, il faut que je vous laisse, car ma journée de travail est loin d'être terminée. Dès que j'ai du nouveau, je vous contacte. »

Après avoir raccroché, Paul Lacroix se cala dans son fauteuil et se demanda pourquoi il n'éprouvait pas une satisfaction plus intense. Il aurait pourtant dû se sentir soulagé. Alberto semblait se diriger tout droit vers une condamnation pour meurtre au premier degré avec possibilité d'une peine de prison à vie. C'était bien ce qu'il souhaitait depuis le début, non? Alors, pourquoi n'explosait-il pas de joie? Il n'était pas malheureux de ce qui arrivait à Alberto, c'était tout le contraire même. Cependant, ayant désormais l'assurance qu'il croupirait en prison, il éprouvait une drôle de sensation, un sentiment étrange, mélange d'impatience et d'anxiété. Il pensait à Florence et aux explications que le docteur Legrand lui avait fournies. Qu'allait-elle lui dire cette nuit? Lui demanderait-elle de la venger sans s'occuper de la justice? Si c'était le cas, que ferait-il?

Longtemps il resta dans son fauteuil à tourner le problème dans sa tête. Finalement, il se convainquit que la seule chose à faire était d'attendre la nuit et de voir ce que Florence allait lui dire.

SIXIÈME JOURNÉE

Mercredi 1er décembre 1999 à 2 h 10

Dans la nuit de mardi à mercredi, Paul Lacroix fut encore une fois réveillé par la voix caverneuse. Sans s'énerver, il se leva et se dirigea rapidement vers la chambre de Florence où il y avait déjà de la lumière.

En entrant dans la pièce il retrouva les manifestations habituelles: température glaciale, odeur de terre humide, télé allumée, sensation d'une présence et album photos déposé sur le lit. Un étrange frisson le parcourut. Florence était présente et allait, encore une fois, faire remonter des souvenirs du fond de sa mémoire. Combien et lesquels? Il avait hâte de le découvrir.

Tout en s'abstenant de regarder les photos avant d'être assis, il saisit l'album et resta immobile un bref instant, le temps de respirer profondément et de faire le vide dans son esprit. Puis, lorsqu'il se sentit prêt, il se dirigea vers la berceuse, s'y installa confortablement, ouvrit l'album et regarda les photos.

Il y en avait trois. La première, une grande photo, occupait toute une page et le représentait avec son ex-épouse le jour de son mariage. Les deux autres, sur la page opposée, montraient, l'une, un bébé dans son berceau – il s'agissait de Florence à six mois – et l'autre, la même Florence, mais à sept ans, prenant son bain et arborant ce petit sourire enjôleur qui lui était si caractéristique.

À peine eut-il le temps de jeter un œil sur ces photos qu'il se sentit aspiré vers cet état d'inconscience qui précédait ses visions. Tout alla très vite, il y eut un semblant de brouillard qui disparut immédiatement, et il se retrouva vingt et un ans plus tôt dans une petite chapelle jouxtant la nef de la cathédrale de Montréal. Une douzaine d'invités se tenaient derrière le couple dont le prêtre s'apprêtait à bénir l'union. En observant la scène, Paul Lacroix se souvint : c'était son mariage avec Claudine Pagé.

Tout avait commencé quelques mois plus tôt après la mort de sa mère. Depuis ce jour fatidique, Paul s'était senti passablement désemparé. Pour la première fois de sa vie, il se retrouvait seul. Il n'y avait plus personne pour partager son existence. Ce fils dévoué, qui avait partagé la vie de sa mère pendant près de quarante ans, éprouvait un vide énorme qui lui semblait impossible à combler. Au fil des jours et des semaines, la solitude lui pesait de plus en plus. Même si, au cours des dernières années, Thérèse avait été un lourd fardeau et malgré qu'il eût parfois souhaité en son for intérieur la voir disparaître, au moins elle était là. Il pouvait lui parler, lui raconter ses journées, essayer de la faire rire, se confier à elle. Souvent, elle ne réagissait pas, se contentant de le fixer d'un air absent. Néanmoins, il parlait à quelqu'un de vivant, quelqu'un qui bougeait, qui respirait. Maintenant, il était seul et, s'il lui arrivait de parler à haute voix, c'était avec lui-même qu'il conversait. Parfois, en s'en apercevant, il lui arrivait de se demander s'il ne dérivait pas lentement vers la folie.

Mais, si la solitude lui pesait, il ne faisait rien pour la meubler. Pendant le jour, au bureau, ça allait. Son travail le tenait trop occupé pour qu'il ait le temps de gamberger. Cependant, le soir, après s'être préparé un maigre repas mangé sur le coin de la table en lisant son journal, il s'asseyait au salon et se contentait de regarder distraitement la télévision. Il ne sortait jamais, ne lisait presque plus et n'avait aucun passe-temps. En fait, il s'ennuyait.

Un soir, ayant travaillé plus tard que d'habitude, il avait fait une entorse à sa routine quotidienne en décidant d'aller manger au restaurant. Il était fatigué et n'avait aucune envie de cuisiner.

De la station de métro jusqu'à chez lui, Paul passait devant une bonne dizaine de restaurants. À son arrivée avenue des Pins, il en avait fréquenté quelques-uns avec sa mère. Cependant, depuis plusieurs années, ils n'y étaient jamais retournés, Thérèse ne le souhaitant pas.

Ce soir-là, pourquoi avait-il choisi de s'arrêter Chez Maurice plutôt que dans un autre, il aurait été bien incapable de le dire. Peut-être à cause de l'aspect convivial et chaleureux du décor. Quoi qu'il en soit, il avait poussé la porte de ce restaurant plutôt huppé et s'était avancé vers la salle à manger où se trouvaient déjà une quinzaine de clients. L'une des serveuses, une bien jolie blonde pas très grande mais aux formes des plus honorables, était venue l'accueillir pour le conduire à une table tranquille et bien éclairée. Après avoir consulté le menu, il avait commandé une côte de veau et s'était plongé dans la lecture de *La Presse*, lecture qu'il avait interrompue juste le temps de remercier d'un bref sourire la jolie petite serveuse qui lui apportait son plat. Pour la première fois depuis longtemps, il avait mangé avec appétit. Entré dans ce restaurant par hasard, il avait été si agréablement surpris par l'excellence de la nourriture, la qualité du service, la tranquillité et le confort du lieu qu'il avait décidé d'y revenir le lendemain. Pourquoi se contenter de plats surgelés alors qu'il pouvait manger beaucoup mieux et plus agréablement dans cet endroit sympathique?

Il y revint non seulement le lendemain, mais aussi le surlendemain et les jours suivants. Après une semaine, le patron et tout le personnel le reconnaissaient, l'accueillaient avec chaleur et lui gardaient ce qui était devenu « sa » table. Il faisait désormais partie des habitués. Tout en appréciant ces petites attentions, Paul, toujours aussi réservé, échangeait quelques mots polis avec le personnel, mais il n'entamait jamais de vraies conversations.

Cette discrétion assez inhabituelle de la part d'un client souleva la curiosité de la jolie serveuse. Normalement, tous les hommes mariés ou non la reluquaient et lui faisaient du charme. Même ceux qui étaient accompagnés lui faisaient des œillades à la dérobée. Jusqu'à maintenant, jamais un homme n'était resté indifférent à sa beauté. Or, si ce monsieur discret et bien élevé lui souriait poliment et échangeait parfois quelques mots avec elle, il n'avait pas dans les yeux cette lueur d'envie qu'elle distinguait chez les autres clients. C'était comme s'il ne la trouvait pas à son goût, comme si cette féminité débordante qu'elle dégageait par tous les pores de sa peau ne l'intéressait pas. De plus, même s'il souriait, ses yeux restaient tristes. Elle était persuadée qu'il dissimulait un gros secret, et elle eut envie de le découvrir. Elle s'informa aux alentours dans l'espoir d'en apprendre un peu plus sur ce monsieur intrigant pour lequel elle commençait à avoir un petit béguin. Mais ce fut peine perdue. Personne ne le connaissait. Cela l'énerva et elle décida d'en avoir le cœur net. Sa fierté de femme était un peu blessée de découvrir qu'un homme puisse faire aussi peu de cas des attributs que la nature lui avait généreusement accordés.

Au bout d'une dizaine de jours, elle en eut assez. Elle profita d'un moment où elle était moins occupée pour essayer d'engager la conversation avec lui. Étonnamment, il sembla y prendre plaisir et ils discutèrent de tout et de rien jusqu'à ce qu'elle soit obligée de retourner à son service. Lorsqu'elle le quitta, elle était contente. Elle avait réussi à attirer son attention. Elle se promit de récidiver les jours suivants.

Peu à peu, Paul en vint à espérer ces bouts de conversation volés sur le temps de travail de la belle Claudine qui était beaucoup plus impressionnée qu'elle ne voulait se l'avouer par « monsieur Paul ». Elle était surtout frappée par le fait qu'un homme occupant un poste important dans les finances reste simple et n'essaie pas d'en imposer. Par contre, elle était un peu irritée par le fait que, malgré tous ses efforts pour se faire proposer une sortie, elle n'arrivait pas à ses fins.

Les jours passèrent sans que l'invitation tant attendue arrive. Elle devint si obsédée par cette indifférence qu'elle se jura de le faire céder, dût-elle y passer le restant de ses jours.

N'ayant toujours pas réussi à obtenir son rendez-vous après un mois, elle décida de passer à l'action. Un soir, elle lui demanda, sans trop se faire d'illusions, de l'accompagner à une partie d'huîtres organisée par les Chevaliers de Colomb. Sans le savoir, elle avait frappé juste. Paul adorait les huîtres et il accepta. Cette soirée, où ils s'amusèrent beaucoup, marqua le début d'une relation qui s'étoffa au cours des semaines suivantes et qui se termina, après quelques mois de fréquentation, au pied de l'autel.

Mais la route pour y arriver avait été parfois cahoteuse et avait donné lieu à d'amusantes péripéties. À la différence de Claudine qui avait des visées bien précises, Paul considérait leur relation comme quelque chose de purement amical. Il se montrait galant et attentionné sans jamais se permettre un mot ou un geste de travers. Le soir, après leurs sorties, il la reconduisait à sa porte, lui donnait une poignée de main et s'éclipsait.

Les deux ou trois premières fois, Claudine en avait été flattée. Paul la traitait comme une dame. Cependant, après une cinquième sortie sans que son cavalier se montre le moindrement entreprenant, elle avait jugé que cette inaction ne pouvait plus durer. Elle avait envie de lui et elle allait l'emmener dans son lit à leur prochaine rencontre, se jurait-elle. Jamais un homme ne lui avait résisté et il ne serait pas le premier.

Si Paul s'était renseigné sur Claudine, il aurait probablement appris que cette jeune femme, bien sous tous les rapports, était une nymphomane ne vivant que pour la satisfaction de ses besoins sexuels. À vingt-sept ans, ses expériences dans ce domaine et le nombre de ses amants ne se comptaient plus. Dotée d'un physique à faire succomber le plus vertueux des hommes, elle avait toujours réussi à séduire ceux qu'elle voulait, sauf Paul Lacroix. N'ayant jamais connu pareille mésaventure, elle était frustrée et blessée dans son orgueil.

C'est après leur sixième sortie, une soirée au cinéma suivie d'un *smoked meat* chez Ben, qu'elle était passée à l'attaque. Lorsque le taxi s'arrêta devant sa porte, elle paya la course, saisit Paul par le bras et le fit sortir de la voiture.

« Je vous invite à prendre un café », lui dit-elle en

141

l'entraînant à sa suite. Surpris, mais docile, il la suivit à l'intérieur de l'appartement. Une fois au salon, elle le fit asseoir sur le sofa, mit une musique d'ambiance, lui servit un café et, après s'être excusée pour aller mettre un vêtement plus décontracté, elle s'absenta pour revenir quelques minutes plus tard revêtue d'un déshabillé de soie mettant en valeur son corps aux formes parfaites. Lorsque Paul la vit, ses yeux s'écarquillèrent et sa mâchoire sembla se décrocher.

Elle vint s'asseoir près de lui et ne perdit pas de temps. Elle minauda, le frôla à chaque mouvement, laissa sa tête reposer sur son épaule, se pencha vers lui de façon à ce qu'il puisse apercevoir une partie de ses seins, laissa son négligé glisser sur ses jambes et s'entrouvrir jusqu'aux cuisses. Elle se permit même de lui caresser la nuque.

À son grand désarroi, Paul ne réagit pas de la façon qu'elle espérait. En fait, il ne réagit même pas du tout, n'esquissant aucun geste pouvant donner à penser qu'elle avait stimulé sa libido. Elle persista encore pendant quelques instants puis, voyant que rien ne se produisait, elle se leva, se plaça face à lui et lança d'une voix remplie d'exaspération :

« Vous êtes homosexuel ou quoi?

— Mais pas du tout. Vous m'insultez. Pourquoi dites-vous ça? rétorqua-t-il, choqué.

— J'essaie de vous séduire depuis dix minutes et vous restez froid comme un iceberg. Je ne vous plais pas?

— Si...

— Eh bien! Si vous n'êtes pas homo et que je vous plais, qu'attendez-vous pour me prendre dans vos bras et m'embrasser?

— Euh! Je...

— Écoutez, Paul, la patience a des limites. Dans nos sorties précédentes, vous m'avez montré que vous me respectiez, que vous me considériez comme une dame et cela m'a flattée. Je vous en suis reconnaissante. Mais ne croyez-vous pas qu'après six sorties, il est temps de passer aux choses pratiques? Nous ne sommes plus des enfants à ce que je sache. Vous êtes un homme, poli, charmant, séduisant, et j'ai envie de faire l'amour avec vous. Voilà, est-ce assez clair? »

Il la regarda, éberlué. Même s'il n'avait aucune expérience dans ce genre de situation, il avait bien compris ce que Claudine avait en tête, mais il ne s'attendait pas à ce qu'elle le dise aussi crûment. Il se sentit ridicule. Elle devait le prendre pour un demeuré et cela l'inquiéta, car il appréciait cette jeune femme. Elle lui plaisait et il se sentait bien en sa compagnie. Il aimait sa verve, sa jovialité et sa faconde. Elle était cultivée et, tout comme lui, s'intéressait au cinéma et au théâtre. Il ne voulait surtout pas risquer de la perdre.

Contrairement à ce que Claudine pouvait penser, ce n'était pas le manque de désir qui le paralysait, mais un souvenir ancien, le souvenir de cette soirée avec Madeleine. Il avait eu une telle réaction de dégoût en découvrant la petite fente de cette jeune femme, qu'il se demandait s'il n'allait pas avoir la même en découvrant celle de Claudine. Que penserait-elle si cela se produisait? Elle ne voudrait sûrement plus jamais sortir avec un homme qui était dégoûté par son sexe. Ne sachant pas comment il allait réagir, il était hésitant.

Si Paul avait su que Claudine pratiquait l'épilation et, qu'en femme d'expérience, elle s'était lavée et parfumée avant de venir le rejoindre, il aurait sans doute été plus actif. Mais tout ça, il l'ignorait.

Face à Claudine qui le fixait, il réalisa que le moment de la décision était arrivé. Ou bien il plongeait, ou bien il partait sans espoir de retour. Il choisit donc d'accepter son offre, mais avant, il crut bon de lui expliquer pourquoi il avait eu un comportement aussi étrange.

« Claudine, il faut que je vous fasse un aveu. C'est gênant à dire, mais je n'ai jamais fait l'amour avec une femme. Un jour, si vous le souhaitez, je vous expliquerai pourquoi et vous comprendrez. C'est cette inexpérience totale qui me rend hésitant et sur la défensive. Je ne sais pas quoi faire... Vous allez devoir être mon professeur. »

Il n'avait dit qu'une partie de la vérité, mais il avait dit ce qu'il fallait. Après un moment de stupeur, Claudine réalisa qu'elle allait être la première femme à faire l'amour avec cet homme. Elle en ressentit une grande fierté et, sans se faire prier, prit les choses en main.

Paul se laissa guider. Il fut d'abord étonné puis ravi de constater que le sexe de Claudine était semblable à celui de Claire. La petite fente était dépourvue de poils, brillante, humide mais non gluante, et elle dégageait une odeur plutôt agréable.

La nuit fut longue et mouvementée. Claudine prit beaucoup de plaisir à enseigner à son compagnon les rudiments de l'amour, surtout que la nature avait doté Paul d'un outil respectable. La satisfaction de coucher avec un puceau, les bonnes dispositions démontrées par son élève et le plaisir que son sexe lui procurait l'amenèrent à plusieurs orgasmes au cours de la nuit. Elle se dit qu'elle avait trouvé l'amant idéal, un homme plein de qualités et qui ne risquait pas de la tromper avec la première venue.

Ce fut le début d'une relation dont l'intensité s'accrut si bien que, bientôt, ils ne se quittèrent plus.

Cela aurait pu continuer ainsi très longtemps si, à son bureau, les rumeurs à l'effet qu'il était homosexuel n'avaient pas recommencé. À la mort de sa mère, ses collègues de travail avaient vite compris qu'elle était la fameuse femme de sa vie, celle dont il avait parlé et pour laquelle il se serait sacrifié. Autant ses collaboratrices et les autres femmes de son bureau l'avaient admiré pour sa fidélité à un amour impossible, autant elles le dénigraient maintenant qu'elles savaient que cet amour avait été pour sa mère.

Ces allégations le blessaient profondément et il se dit qu'il devait y mettre un terme. Comment? Pourquoi pas en se mariant. Ne fréquentait-il pas la personne idéale? Claudine était jolie, s'avérait une compagne agréable, lui procurait des nuits remplies de plaisirs nouveaux et semblait éprouver de l'amour pour lui.

Un soir, en la retrouvant, il lui demanda simplement de

l'épouser. Stupéfaite, mais flattée, elle demanda à réfléchir. Une semaine plus tard, et ce malgré les avis contraires de ses amis, elle accepta. Ayant déjà fêté la Sainte-Catherine à trois reprises, elle crut qu'elle ne pouvait pas laisser passer cette occasion. Paul gagnait très bien sa vie, semblait lui vouer une véritable adoration et possédait, selon elle, toutes les qualités requises pour faire un mari idéal.

Les préparatifs furent brefs et la cérémonie des plus simples. Paul n'avait pas de famille et Claudine ne voulait plus rien savoir de la sienne. Après le mariage, la douzaine d'invités se réunirent chez Paul pour un cocktail d'honneur et, vers treize heures, les nouveaux époux prirent la route pour Niagara Falls où ils comptaient passer leur lune de miel.

* * *

Les trois premiers mois de leur mariage furent idylliques et passionnés. Paul, qui n'avait jamais accepté que sa mère ait dû trimer à la Canada Packers pour qu'il puisse faire des études, s'était juré que, si jamais il se mariait, sa femme, elle, n'aurait pas à travailler. C'est pourquoi, au retour de leur voyage de noces, il demanda à sa femme de démissionner. Craignant de s'ennuyer, elle avait d'abord hésité, puis avait fini par accepter. Elle ne le regrettait pas. Entre la rénovation et la décoration de l'appartement, les visites à ses amies, les courses et la préparation de bons petits plats pour son mari, elle n'avait pas le temps de chômer.

Paul était un homme heureux. Après son travail, il se dépêchait de rentrer à la maison pour retrouver sa femme et s'adonner à une partie de jambes en l'air. Claudine était une experte dans les jeux de l'amour et son imagination n'avait aucune limite dans ce domaine. Tous les jours, elle lui enseignait de nouveaux jeux qui le menaient au septième ciel. Il était un mari comblé.

Un soir, en rentrant chez lui, elle lui réserva une surprise encore plus grande. Il avait à peine mis les pieds dans l'appartement qu'elle lui dit d'un ton péremptoire :

« J'ai décidé que je voulais avoir un enfant.

— Quoi?

— J'ai dit que je voulais avoir un enfant.

— C'est bien ce que j'avais cru comprendre. »

Il était stupéfait. Non pas que l'idée d'avoir un fils ou une fille lui fût inacceptable, simplement, il n'y avait jamais pensé. Il s'était marié avec Claudine pour vivre en compagnie d'une femme qu'il appréciait et lui faisait vivre des expériences et des plaisirs qu'il n'avait jamais imaginés. En aucun moment la perspective de fonder une famille ne lui était venue à l'esprit.

« Et tu as décidé ça d'un seul coup? demanda-t-il après un bref moment de silence.

— J'ai vu mon astrologue cet après-midi et c'est elle qui m'a dit que la présence d'un enfant renforcerait notre union.

— Parce que tu as un astrologue?

— En fait, c'est une astrologue. Je ne t'en avais jamais parlé?

— Non.

— Ça t'ennuie?

— Pas du tout, c'est simplement que je suis surpris qu'elle te dise que nous ayons besoin d'un enfant.

— Tu ne veux pas avoir d'enfant?

— En vérité, je n'y ai jamais songé. Mais cela ne me déplairait pas. Cependant, ce n'est pas parce qu'on en veut un que la nature accède à nos désirs.

— D'après mon astrologue, la conjonction de nos thèmes astraux est idéale pour les deux prochaines semaines. Si on fait le nécessaire, je devrais tomber enceinte.

— Tu crois vraiment à ces histoires de thèmes astraux et d'horoscopes?

— Oui, absolument.

— Et ça marche?

— Il y a huit mois, elle m'avait prédit que je rencontrerais le prince charmant et me marierais avant la fin de l'année. Je t'ai rencontré et nous nous sommes mariés. N'est-ce pas la meilleure des preuves?

— Là, j'avoue que, pour une preuve, c'en est une bonne. Espérons qu'elle dise aussi vrai pour l'enfant.

— Ça va marcher, tu verras. Nous allons avoir un enfant et il sera le plus beau et le plus intelligent de la terre. Allez, au travail. Pour que je tombe enceinte, il faut que tu fasses ton devoir d'époux. »

Paul la regarda et sourit.

« Cela ne me plaît pas beaucoup, mais puisqu'il le faut, allons-y. »

En s'esclaffant, ils se dirigèrent vers la chambre et se mirent au travail.

* * *

À la cadence à laquelle le couple faisait l'amour, la prédiction de l'astrologue ne tarda pas à se réaliser. Un soir, Claudine put annoncer à son mari qu'il serait bientôt papa. Ce jour-là, il ressentit une vive émotion et, au fil des semaines suivantes, il en vint à accorder une place de plus en plus grande dans ses pensées à ce petit être en gestation dont il était le père.

À peu près à la même époque, Paul commença à réaliser que sa femme avait des goûts plutôt onéreux. S'ils étaient restés seuls tous les deux, il ne s'en serait pas trop inquiété. Cependant, la prochaine arrivée dans leur vie de ce petit enfant le fit réfléchir. Il voulait pouvoir lui donner tout ce dont il avait été privé dans sa jeunesse. Pas question que son fils ou sa fille manque de quoi que ce soit.

Ce fut la principale raison qui lui fit accepter le poste de vice-président aux finances qu'une des plus importantes sociétés de transport du Canada lui offrait. En disant oui, il doublait son salaire, accumulait une confortable retraite et son nouvel employeur lui payait une très grosse assurance-vie. Ainsi, si jamais il lui arrivait un accident, l'avenir de sa petite famille serait garanti.

S'il avait pu prévoir la suite des événements, sans doute aurait-il refusé cette offre et demandé plutôt à sa femme de retourner au travail. Mais personne ne connaît l'avenir et

Paul, croyant bien faire, changea d'employeur. Il découvrit alors que si son nouveau poste commandait un salaire important, il comportait, par contre, de grosses responsabilités. La société qu'il rejoignait était en phase d'expansion, ouvrant des bureaux partout au Canada ainsi que dans plusieurs pays étrangers. De par ses fonctions, il était appelé à effectuer de nombreux et fréquents voyages à l'extérieur du Québec. Même lorsqu'il restait à Montréal, il lui arrivait souvent de ne rentrer à la maison que tard le soir et, parfois même, de ne pas rentrer du tout, couchant sur le canapé de son bureau.

Les premiers temps, Claudine ne protesta pas trop. Cependant, les absences de son mari devenant de plus en plus fréquentes, elle commença à en avoir assez. Habituée à faire l'amour tous les jours, elle se voyait privée de ce qui était pour elle une véritable drogue. D'autant plus que même les jours où Paul n'était pas en voyage, il rentrait à la maison fatigué et n'avait pas toujours envie de s'adonner à ce genre d'activité.

Un jour, alors qu'il était en voyage aux États-Unis, elle rencontra un de ses anciens amants dans une soirée chez des amis et ne put résister à l'envie de coucher avec lui. Ils passèrent la nuit ensemble et elle éprouva tellement de plaisir qu'elle recommença le lendemain et les nuits suivantes jusqu'au retour de Paul. Elle récidiva lors d'un voyage qu'il fit à Vancouver quelques jours plus tard ainsi que pendant un séjour qu'il effectua en France.

Après un mois, elle s'enhardit et commença à le rejoindre les soirs où son mari travaillait. Et lorsque ce monsieur n'était pas disponible, elle en appelait un autre. Elle avait besoin de sexe.

Paul n'avait pas été sans constater que sa femme avait changé mais, trop occupé par son travail, il n'y porta pas une attention particulière. Les choses auraient pu continuer longtemps si le physique de Claudine ne s'était pas peu à peu dégradé. Son ventre enfla, elle prit quelques kilos et, comme elle n'était pas très grande, elle ressembla bientôt à un petit tonneau. Elle en vint à regretter amèrement cette grossesse qui, petit à petit, éloignait tous ses amants et la privait de sexe. Elle alla même jusqu'à se rendre chez son médecin pour lui demander de l'avorter. Celui-ci, à force d'arguments, réussit à lui faire comprendre qu'il était trop tard et qu'elle n'avait pas d'autre choix que d'avoir cet enfant. C'est à partir de cette journée qu'elle commença à détester ce petit être qui grouillait dans son ventre.

Elle changea du tout au tout, devint renfermée, bougonne, agressive, ne supportant aucune contradiction et se plaignant à tout propos. Ce changement de comportement traumatisa Paul. Il voyait avec effroi le spectre de sa mère revenir le hanter dans la personne de sa femme. Embarrassé par une pudeur excessive, il hésitait à en parler, mais la situation s'aggravant, il se confia un jour à ses plus proches amis. Ceux-ci s'efforcèrent de le rassurer. Ce comportement, lui dirent-ils, était fréquent chez les femmes à la veille d'accoucher. Un de ses collègues lui raconta même avoir vécu une situation de ce genre quelques années plus tôt, mais tout était rentré dans l'ordre dès le lendemain de l'accouchement. Ces explications le rassurèrent, surtout qu'étant le plus souvent à l'extérieur de Montréal, il n'avait pas trop à supporter les sautes d'humeur de sa femme qui ne vivait plus qu'en fonction des prédictions de son astrologue et de sa cartomancienne. Malgré tout, c'est avec impatience qu'il attendit le jour de son accouchement.

Malheureusement, cela se passa alors qu'il se trouvait à Seattle pour négocier l'achat de dix nouveaux avions Boeing 737. Ce fut la concierge de son immeuble, une Portugaise, qui le prévint. Elle l'informa que son mari avait conduit Claudine à l'Hôtel-Dieu et attendait à ses côtés qu'elle accouche. Elle lui promit de le rappeler dès qu'elle aurait des nouvelles.

Quatre heures passèrent avant qu'elle ne le fasse, quatre heures qui lui parurent une éternité. Lorsqu'une secrétaire revint pour le prévenir qu'on le demandait au téléphone, il se précipita hors de la salle de conférences, oubliant même de s'excuser auprès des autres participants à la négociation.

« Monsieur Paul, lui lança Maria Manuela Figo lorsqu'il prit le combiné, j'ai une excellente nouvelle à vous annoncer. Vous êtes le papa d'une jolie petite fille de six livres qui est en parfaite santé. Félicitations.

— Merci, Maria Manuela. Et Claudine, comment va-t-elle?

— D'après le docteur, l'accouchement a été difficile. On a dû lui faire une césarienne. Elle est encore en salle de réanimation. Elle devrait s'en remettre sans trop de problèmes, mais ce sera long.

— Vous êtes sûre que tout va bien? Vous me dites la vérité, j'espère?

— Je vous ai répété ce que le médecin a dit à Luis.

— Pourra-t-elle s'occuper du bébé?

— Ne vous inquiétez pas pour ça. Si vous le souhaitez, je me ferai un plaisir de m'en occuper jusqu'à ce que votre dame soit remise. J'ai élevé sept enfants et je sais comment m'y prendre.

— Mais vous avez votre travail.

— Maintenant que mon mari est à la retraite, il me donne un bon coup de main. J'ai beaucoup de temps libre. J'en ai parlé avec lui quand il m'a appelé et il est d'accord.

— C'est gentil de votre part.

— Nous le faisons avec plaisir. N'est-ce pas vous qui avez fait entrer deux de nos fils à la Sun Life? Alors c'est normal que nous vous aidions à notre tour.

— J'en parlerai avec ma femme lors de mon retour à Montréal. Pour l'instant, je dois retourner à ma réunion. Si quelque chose de nouveau se produit, n'hésitez pas à m'appeler.

— Je le ferai, ne vous inquiétez pas. »

Après avoir reposé le combiné, Paul resta songeur. Au cours des derniers mois, il avait rêvé d'avoir un fils. Mais, curieusement, l'idée qu'il était maintenant le papa d'une petite fille ne lui déplut pas. Si, en grandissant, cette petite fille devenait aussi belle que sa mère, il serait fier et heureux. Cependant, son bonheur serait encore plus grand si Claudine redevenait celle qu'il avait épousée, une Claudine joyeuse, aimante, sensible et pleine de vie. Paul aimait sa femme. Les premiers mois de leur mariage avaient été une merveilleuse période. Il avait partagé sa vie avec une épouse tendre et amoureuse, et il ne souhaitait qu'une chose, que ces mois magiques redeviennent une réalité le plus tôt possible.

Lorsqu'il regagna la salle de conférences quelques instants plus tard, il arborait un léger sourire, le sourire d'un homme qui, jusqu'à l'année précédente, n'avait jamais pensé qu'un jour il pourrait être papa.

* * *

Le lendemain soir, quand il se présenta à l'Hôtel-Dieu, il ressentit une vive déception. Claudine était plongée dans un profond sommeil, résultat des calmants qu'on lui avait administrés pour soulager ses souffrances. Il resta près d'elle pendant une trentaine de minutes, se contentant de la regarder dormir. Il la trouva pâle, les lèvres exsangues et les yeux cernés. En la voyant aussi mal en point, il sentit son cœur se serrer. Il comprenait maintenant mieux qu'il ne l'avait jamais compris ce que sa femme représentait pour lui. Elle était devenue une partie de lui-même. S'il fallait qu'il la perde, il aurait beaucoup de difficultés à s'en remettre. Il avait aimé sa mère, lui avait sacrifié beaucoup de choses, mais ce qu'il ressentait pour Claudine était encore plus intense.

Finalement, il embrassa sa femme sur le front et sortit de la chambre pour rejoindre l'îlot de surveillance où l'attendait une infirmière qui le conduisit à la pouponnière. Une fois là, elle le fit attendre devant une grande fenêtre pendant qu'elle pénétrait à l'intérieur de la salle et allait chercher sa fille pour la lui montrer à travers la vitre. En l'apercevant pour la première fois, il sentit tout son corps parcouru d'un gros frisson et des larmes de joie lui montèrent aux yeux. L'infirmière tenait dans ses bras un petit être qui était issu de sa chair et de son sang. Il était heureux, mais sa joie aurait été encore plus grande si Claudine avait pu être à ses côtés.

À son retour chez lui, il s'arrêta à la loge de la concierge pour lui indiquer qu'il n'avait pas pu parler à sa femme. Cependant, le docteur lui avait indiqué que sa convalescence durerait de quatre à six semaines. Entre-temps, elle aurait besoin de quelqu'un pour s'occuper du bébé. Si son offre tenait toujours, il l'acceptait.

Sa deuxième visite, le lendemain soir, fut encore plus décevante que la première. Claudine était bien réveillée, mais, si elle se laissa embrasser quand il entra dans la chambre, elle resta distraite et peu intéressée par sa présence pendant toute l'heure qu'il passa près d'elle. Même s'il mit cette indifférence sur le compte des calmants qu'elle prenait, il repartit inquiet.

Le lendemain matin, il fut réveillé par la sonnerie du téléphone un peu avant sept heures du matin. Son adjoint l'appelait de Seattle pour l'informer qu'une réunion avec les avocats de l'avionneur s'était prolongée tard dans la nuit et qu'ils remettaient en question plusieurs des clauses sur lesquelles ils avaient déjà donné leur accord. Il fallait donc que Paul revienne dès aujourd'hui pour reprendre les négociations, sinon il en coûterait plusieurs millions de dollars de plus à sa compagnie. Il n'eut pas d'autre choix que d'accepter. Il réserva un siège sur le vol Montréal/Vancouver décollant à dix heures trente, essaya sans succès de rejoindre sa femme à l'Hôtel-Dieu, descendit chez la concierge pour lui demander de veiller sur Claudine et le bébé et se rendit à l'aéroport où il réussit enfin à avoir son épouse au téléphone. Elle ne manifesta aucune émotion lorsqu'il lui expliqua qu'il devait s'absenter. Elle parut tellement indifférente à son absence qu'il pensa pendant un moment à annuler son voyage. Mais il ne pouvait faire une telle chose et c'est le cœur rempli d'appréhension qu'il monta dans son avion.

Ce fut pendant son séjour à Seattle qu'il apprit par Maria Manuela que Claudine se désintéressait totalement du bébé, qu'elle refusait même de le voir et qu'elle avait décidé d'aller passer sa convalescence chez une de ses amies qui tenait une auberge dans une station balnéaire de la Virginie. Malgré ses tentatives, Paul ne réussit pas à convaincre sa femme de changer d'avis et, lorsqu'il voulut trop insister, elle menaça de ne plus prendre ses appels.

Quand, enfin, il put revenir à Montréal cinq jours plus tard, sa femme était partie le matin même en laissant sa petite fille aux bons soins de la gardienne.

* * *

À son retour de Virginie, près de deux mois plus tard, Claudine avait retrouvé la forme. Bronzée, reposée, elle avait non seulement repris son poids normal, mais elle avait retrouvé aussi sa bonne humeur, son plaisir de vivre et un peu de sa vigueur sexuelle. Cependant, si elle semblait heureuse de retrouver son mari, il n'en allait pas de même de sa fille. À peine si elle la regardait, refusant la plupart du temps de s'en occuper et la confiant toute la journée à Maria Manuela qui ne demandait pas mieux. Si Paul se réjouissait du retour en forme de sa femme, il se désolait par contre de constater qu'elle rejetait leur magnifique petite Florence. Mais, plutôt optimiste, il se disait qu'à la longue elle finirait bien par l'aimer.

Malheureusement, Paul connaissait mal les femmes et il paya cher cette candeur. Comme il devait se rendre fréquemment à Toronto, son employeur lui avait loué un studio où il logeait à chacun de ses séjours dans la Ville Reine. C'est dans ce petit pied-à-terre, situé tout en haut d'une tour construite sur les rives du lac Ontario, qu'un jour Maria Manuela lui apprit que sa femme le trompait. Pendant toute cette journée fatidique, il avait essayé sans succès de la rejoindre au téléphone. À vingt-deux heures, soucieux et énervé, il avait appelé la gardienne pour lui faire part de son inquiétude. La brave dame crut bon de lui apprendre la vérité et celle-ci était difficile à entendre. Depuis son retour de Virginie trois mois plus tôt, Claudine recevait souvent des hommes chez elle dans l'après-midi et disparaissait pour la journée, parfois même pour la nuit, dès qu'il partait en voyage.

« Pardonnez ma franchise, monsieur Lacroix, mais votre femme est une hypocrite, lui expliqua-t-elle. Quand vous êtes là, elle joue à l'épouse aimante, mais dès que vous avez le dos tourné, elle se jette dans les bras du premier venu. Le pire est que, depuis trois semaines, elle semble avoir une liaison sérieuse avec un Américain qui passe la prendre tous les après-midi. J'ai peur que cela ne se termine mal pour vous et la petite.

— Dans quel sens?

— Qu'elle ne veuille vous quitter.

— Mon Dieu! Mais pourquoi ne pas m'avoir prévenu avant?

— Je ne voulais pas vous faire de peine. Je sais que vous aimez beaucoup votre femme. Vous savez, ce n'est pas facile à dire, ce genre de choses. Mais là, je trouve qu'elle dépasse les bornes. Vous ne méritez pas de vous faire traiter ainsi. Je n'ai pas de conseil à vous donner, mais il faut que vous mettiez les choses au point avec elle. »

Pour Paul, le choc fut terrible et, s'il eut la force de ne pas se jeter dans le vide du haut de son appartement, il le dut à l'existence de sa petite Florence à laquelle il vouait déjà une véritable idolâtrie.

Il ne dormit pas beaucoup cette nuit-là, réfléchissant à ce qu'il venait d'apprendre. Son seul espoir était que Maria Manuela se soit trompée. Il devait vérifier par lui-même. Au petit matin, il appela son bureau de Toronto pour signaler qu'il ne se sentait pas bien, qu'il resterait au lit toute la journée, qu'il ne souhaitait pas être dérangé et que, de toute façon, il avait avec lui plusieurs dossiers sur lesquels il pourrait travailler s'il se sentait mieux. Puis, sautant dans son auto, il se dirigea vers Montréal où il arriva un peu avant midi. Il stationna non loin de chez lui et attendit.

Maria Manuela lui avait expliqué que, normalement, l'Américain venait chercher Claudine vers treize heures. Aussi fut-il surpris lorsque, vers midi trente, une auto immatriculée en Californie s'arrêta un peu plus loin et que Claudine en descendit pour pénétrer dans leur immeuble. Sa femme revenait-elle d'une nuit passée avec son amant? Si oui, pourquoi celui-ci ne repartait-il pas après avoir déposé sa maîtresse? La réponse lui fut fournie vingt minutes plus tard lorsque son épouse ressortit de l'immeuble avec deux valises que l'homme s'empressa de mettre dans le coffre où se trouvaient déjà d'autres valises. Une fois assis dans l'auto, les deux amants s'embrassèrent avant de démarrer.

Paul était abasourdi. Sa femme le trompait, il venait d'en avoir la preuve. Mais se pouvait-il qu'elle le quitte pour de bon? Désemparé, tremblant de tous ses membres, il comprit que Maria Manuela avait probablement vu juste. C'est alors que sa migraine surgit, non pas la normale, mais celle qui le frappait lorsqu'il était en proie à de violentes émotions. Il eut peur de s'évanouir, mais le besoin de savoir fut plus fort. Il serra les dents et démarra à son tour pour suivre l'Américain.

Ayant mis un peu de temps à réagir, il eut de la difficulté à le rattraper et crut à plusieurs reprises l'avoir perdu. La poursuite prit fin rapidement lorsque l'Américain pénétra dans le stationnement de La Diligence, un *steak house* du boulevard Décarie. Le couple y pénétra et Paul, après s'être arrêté un peu plus loin, attendit dans sa voiture dont il ne sortit que pour aller chercher un sandwich et un jus d'orange à un snack de l'autre côté de la rue. Mais, incommodé par sa migraine, il ne put manger et se contenta de boire son jus.

Deux heures plus tard, Claudine et l'Américain ressortirent du restaurant en riant aux éclats. Ils se dirigèrent vers leur auto, mais avant d'y monter, ils s'embrassèrent goulûment, les mains de l'homme se promenant de l'entrejambe aux seins de Claudine. Ce fut comme si Paul recevait un coup de poignard en plein cœur. Sa migraine empira et, encore une fois, il se fit violence pour ne pas sombrer dans l'inconscience. En s'efforçant d'oublier sa douleur, il réussit à démarrer et à suivre l'Américain qui repartait.

Le couple prit l'autoroute en direction de Toronto. Tout en se tenant à bonne distance, Paul ne les perdit pas de vue. Finalement, un peu avant dix-huit heures, ils atteignirent

Kingston où ils s'arrêtèrent dans un gros motel situé sur le bord du fleuve Saint-Laurent. Une bonne partie du stationnement était déjà occupée et Paul n'eut aucune difficulté à dissimuler son auto au milieu des autres. De nouveau, il attendit.

Une heure plus tard, Claudine et l'Américain réapparurent et se dirigèrent en marchant vers une pizzeria située de l'autre côté de la route. Paul n'eut pas à bouger. De son auto, il pouvait voir la porte d'entrée du restaurant.

Il commençait à faire nuit lorsqu'ils ressortirent. Cependant, au lieu de rentrer au motel, ils se dirigèrent vers la marina où ils se baladèrent main dans la main, s'arrêtant souvent pour s'embrasser et se caresser. Paul, qui n'avait pas osé les suivre, les vit revenir vers vingt-trois heures. Il attendit encore une bonne demi-heure avant de sortir de son auto. S'étant assuré que personne ne pouvait le voir, il se dirigea vers l'arrière du motel et s'approcha de l'unité occupée par Claudine et son amant. Ce qu'il vit par la fenêtre dont les doubles rideaux étaient mal fermés lui laboura le cœur. Son épouse, celle qui lui avait juré fidélité, chevauchait son amant en poussant de petits cris, les yeux mi-clos, la tête renversée et les traits déformés par le plaisir pendant que l'Américain lui pétrissait les seins.

Paul se mordit le poing pour ne pas crier. Tout était terminé pour lui. Non seulement sa femme le trompait, mais elle se jouait de lui. La passion et la fougue avec laquelle elle chevauchait son amant lui prouvaient que si, depuis son retour de Virginie, elle faisait encore l'amour avec lui, c'était plus par besoin que par tendresse, une tendresse qu'elle réservait maintenant à cet Américain avec qui elle s'enfuyait. Claudine, sa femme adorée, le quittait. Tout le démontrait, les valises, son comportement, sa façon de faire l'amour avec son amant, son manque total d'intérêt pour sa fille. Il était désormais un homme abandonné. Il allait se retrouver seul avec Florence.

Une douleur fulgurante lui transperça le cerveau et il sentit une terrible tenaille lui encercler la tête et la comprimer. Il sut que, cette fois, il ne pourrait résister. En titubant, il courut jusqu'à son auto et n'eut que le temps de s'y engouffrer avant de perdre conscience.

* * *

Lorsqu'il revint à lui, les premières lueurs de l'aube se reflétaient sur les eaux noires du Saint-Laurent. Fourbu mais l'esprit clair, il nota l'absence de l'auto de l'Américain dans le stationnement. Le couple était-il reparti? Si oui, pour où? Pendant un moment, il jongla avec l'idée d'aller à l'arrière du motel pour regarder par la fenêtre et voir si Claudine était toujours là, mais il changea d'avis quand il vit que plusieurs personnes s'activaient déjà sur la jetée située tout près. Ils le verraient certainement et risquaient de le prendre pour un rôdeur et d'appeler la police.

Après avoir réfléchi pendant quelques instants, il se résigna à quitter les lieux et retourna à Toronto. Arrivé vers neuf heures, il passa à son appartement, se doucha, mangea un peu et rejoignit son bureau. À cinq ou six reprises, il appela à la maison, mais, comme il s'y attendait, personne ne répondit. Encore une fois, c'est Maria Manuela, à qui il parla vers la fin de l'après-midi, qui le renseigna. Claudine était passée la veille pour prendre ses valises avant de repartir avec l'Américain. Selon elle, Claudine ne reviendrait pas. Paul se garda bien de lui dire qu'il était déjà au courant.

Il rentra à Montréal un peu après minuit et se coucha complètement vanné. Malgré sa fatigue, il mit du temps avant de trouver le sommeil. Il n'arrivait pas à croire que sa femme l'avait quitté à tout jamais et que dorénavant il allait vivre seul. Cette nuit-là, il découvrit vraiment ce qu'était la solitude. Ces sombres pensées tournèrent dans sa tête jusqu'au moment où il se décida à prendre un somnifère qui l'endormit. Le lendemain et les jours suivants, il ne quitta presque pas l'appartement au cas où elle appellerait. Cependant, le téléphone resta désespérément silencieux.

Le mercredi suivant, il se résigna à aller au poste de police pour signaler sa disparition. On lui posa toutes sortes de questions auxquelles il s'efforça de répondre tout en se gardant bien de parler de sa filature. L'enquête ne dura pas très longtemps. Des amis de Claudine expliquèrent à la police qu'elle leur avait confié vouloir quitter son mari pour aller vivre en Californie avec son nouvel amant. De plus, Maria Manuela leur apprit qu'elle avait vu madame Lacroix partir le jeudi précédent avec deux valises en compagnie de son ami américain. Tenant compte de ces témoignages, les enquêteurs en vinrent rapidement à la conclusion qu'elle était passée à l'action.

C'est ce qu'un inspecteur vint dire à Paul quelques jours plus tard avec toute la délicatesse policière, c'est-à-dire sans mettre de gants blancs. Il devait avoir vu juste puisque Claudine n'avait jamais plus donné signe de vie.

Le pauvre Paul en fut profondément affecté. Si, malgré tout, il ne sombra pas dans la dépression et le découragement, ce fut grâce à sa petite Florence qui était devenue sa seule raison de vivre. Le jour où le policier était venu lui annoncer la mauvaise nouvelle, il s'était dirigé vers la chambre de sa fille et, en la regardant dormir dans son petit lit, il s'était promis de lui consacrer désormais toute sa vie.

* * *

Contrairement à ce qui s'était passé jusque-là, il n'y eut pas de brouillard. L'image de Paul Lacroix contemplant sa petite Florence s'estompa graduellement et fut remplacée, après un bref éclair blanc, par celle de la même Florence, mais plus vieille de sept ans. La petite fille blonde aux yeux bleus était assise dans son bain. Malgré l'état d'inconscience dans lequel Paul se trouvait, son visage se crispa en voyant apparaître cette nouvelle image sur l'écran de son cerveau. Jamais il n'avait pu oublier le jour maudit où cette photo avait été prise.

La période qui avait suivi le départ de Claudine s'était avérée difficile pour Paul. Écorché vif par la trahison de sa femme, resté seul avec un bébé de quelques mois, pris par un emploi très exigeant, il avait dû s'en remettre à Maria

Manuela pour la bonne marche de son foyer. La gardienne s'était investie à fond dans son nouveau travail et passait sa journée chez Paul, servant de nounou à Florence et s'occupant de toutes les tâches domestiques. Elle arrivait le matin et repartait le soir lorsque l'enfant était au lit. Le jour où la petite fille fut en âge d'aller à l'école, c'est Maria Manuela qui l'y menait et allait la chercher. Pour Paul, sa présence était une bénédiction.

Florence aimait beaucoup sa nounou, et son comportement avec elle en témoignait. Cependant, son grand amour, c'était à son père qu'elle le réservait, ce père qui s'absentait souvent mais qui, dès son retour, ne la quittait pas d'un pouce et passait tout son temps à jouer avec elle.

Cette situation dura six ans, jusqu'au jour où Maria Manuela annonça à Paul que, dans six mois, son mari et elle retournaient vivre au Portugal. L'hiver, lui expliqua-t-elle, était devenu trop difficile pour deux vieilles personnes ayant grandi au soleil de l'Algarve. Après avoir longuement réfléchi aux conséquences que cette décision impliquait, Paul décida de démissionner pour devenir travailleur indépendant en comptabilité. Grâce à ses contacts d'affaires, il recruta une dizaine de clients et installa son bureau dans une des pièces inoccupées de son appartement. Ainsi, même en travaillant, il pouvait rester auprès de sa fille. D'ailleurs, le jour où il avait proposé à Florence de lui trouver une autre nounou, elle avait carrément refusé. À six ans et demi, elle considérait ne plus avoir besoin d'ange gardien. « Surtout que tu seras tout le temps avec moi », lui avait-elle dit avec ce sourire enjôleur auquel il ne pouvait déjà plus résister.

Les premiers mois de leur vie à deux furent remplis d'imprévus et pimentés par toutes sortes d'incidents qui les amusèrent beaucoup. Ils faisaient tout ensemble, cuisine, ménage, vaisselle, courses, lavage, repassage, avec entrain mais aussi avec une inexpérience qui les conduisait à faire de nombreuses bourdes. Au fil des jours, leur complicité se renforça et ils en vinrent à ne plus pouvoir se passer l'un de l'autre. Il était son dieu, elle était sa drogue.

Ce fut le jour où Paul décida de photographier sa fille dans son bain que les choses prirent une tournure moins innocente. Il allait repartir après avoir pris la photo lorsqu'elle lui lança :

« Papa, viens m'essuyer. »

Il se retourna. Florence était debout dans le bain et ce que l'eau savonneuse lui avait caché jusque-là lui apparut : une petite fente rose comme celle de Claire qu'il avait observée trente ans plus tôt. Ses yeux se rivèrent sur l'entrejambe de sa fille et, pendant quelques secondes, il resta sans bouger, comme hypnotisé.

« Papa, dépêche-toi, je vais avoir froid. »

Comme un zombie, il obéit. Saisissant une serviette, il se mit à essuyer le corps de Florence sans penser à ce qu'il faisait, l'esprit envahi par l'image du sexe de sa fille. Il dut se faire violence pour ne pas laisser ses mains s'attarder trop longtemps à cet endroit lorsqu'il lui épongea le haut des cuisses.

Une fois sa fille bien essuyée, il quitta la salle de bain et alla s'asseoir au salon. Il avait la gorge sèche, des gouttes de sueur coulaient le long de sa colonne vertébrale, ses mains moites tremblaient et il n'arrivait pas à chasser de son esprit cette image envoûtante qui semblait tatouée dans son cerveau. Lorsque Florence vint le trouver revêtue de sa seule chemise de nuit et qu'elle s'assit près de lui pour regarder la télévision, il eut peur de ne pouvoir se contrôler. Tout le temps qu'elle resta à ses côtés, il n'arriva pas à se concentrer sur ce qui se déroulait à l'écran. Heureusement, ce soir-là, elle était fatiguée et elle décida d'aller se coucher plus tôt que d'habitude. Une fois seul, Paul parvint à se calmer et se promit alors de ne plus jamais regarder sa fille nue.

Mais, chez les êtres faibles, les promesses s'envolent à la première brise. Pour Paul, la porte de l'enfer s'ouvrit un soir d'août où un orage mémorable, baptisé le lendemain comme l'orage du siècle par les météorologistes, s'abattit sur Montréal. La journée avait été torride et une humidité étouffante s'était répandue en soirée. L'orage se déchaîna une heure après que Paul et sa fille furent allés se coucher. Les éclairs et le tonnerre se succédaient à un rythme effarant pendant qu'une pluie torrentielle mélangée à de gros grêlons martelait les carreaux avec un bruit infernal. Les rafales de vent frappaient leur immeuble en hurlant de colère et ne s'arrêtaient que pour revenir l'assaillir avec encore plus de force. Dès le début de l'orage, le courant avait été coupé et la maison était dans le noir total.

« Papa... papa... j'ai peur. »

Paul ouvrit les yeux et, à la faveur d'un éclair, il aperçut sa fille debout près de son lit, tout son petit corps tremblant de la tête aux pieds.

« J'ai peur, papa, répéta-t-elle, je veux me coucher avec toi. »

Avant qu'il ait pu répondre, Florence grimpa sur le lit et se blottit près de lui.

« Serre-moi fort, papa, j'ai tellement peur », l'implora-t-elle d'une voix chevrotante.

Le cœur chaviré, Paul obtempéra et, lorsque le petit corps de sa fille se colla au sien, il ressentit un véritable électrochoc. Essayant d'oublier les picotements qui lui sillonnaient le bas-ventre, il s'efforça de rassurer Florence en lui parlant doucement et en passant sa main sur ses épaules et son dos. L'envie d'aller plus bas obnubilait son esprit jusqu'à le torturer. Il parvint à se retenir jusqu'au moment où sa main passa sur la hanche de sa fille. Malheureusement, c'est à cet instant qu'elle bougea et la main de Paul se retrouva au niveau de son entrejambe. Ce fut plus fort que lui. Une bouffée de chaleur lui monta à la tête et, comme si sa main était douée d'une vie propre, elle se déposa sur le sexe de sa fille sans qu'il ait la force ou le désir de l'enlever.

Florence, interdite, fut comme paralysée. Elle ne comprenait pas. Ce que son papa faisait était mal, l'enseignante en avait parlé à l'école. Un papa ne devait pas agir de cette façon. Que devait-elle faire? Lui dire d'arrêter? Il pourrait se fâcher contre elle et ne plus l'aimer. Partir, retourner dans sa chambre? Non, elle avait trop peur de l'orage. Finalement, elle choisit d'attendre quelques secondes, puis de se retourner. La main de son père la quitta enfin.

* * *

Peu à peu, l'image de Paul couché avec sa fille par un soir d'orage se fragmenta morceau par morceau et mit du temps avant de disparaître complètement. Alors qu'il revenait à lui et que le souvenir de cette dernière image restait comme marqué au fer rouge dans sa mémoire, Paul entendit plus distinctement que les fois précédentes ce qu'il croyait être la voix de Florence murmurer :

« Papa... tuez... assassin. »

Cette fois, il n'y avait pas à se tromper. C'était clair et net. Florence lui demandait de la venger de la plus terrible des façons. Même s'il savait en son for intérieur qu'elle ne lui répondrait pas, il s'écria en se redressant :

« Florence, je crois avoir compris ce que tu veux, mais je vais avoir besoin de ton aide. »

Il attendit quelques secondes, mais ne reçut aucune réponse. Assis dans la berceuse, il hocha la tête, se demandant si Florence pouvait lire ses pensées. Si oui, elle devait avoir vu qu'il se sentait incapable de tuer un homme de sang-froid. Heureusement, Alberto était en prison et tant qu'il y demeurait, il avait une excuse parfaite pour ne pas lui obéir. Mais que ferait-il s'il en sortait?

En consultant sa montre, il découvrit qu'il était quatre heures et demie. Il avait été inconscient pendant plus de deux heures. La surprise le fit frissonner. Il avait l'impression de s'être assis dans le fauteuil seulement quelques minutes plus tôt. Il était plus que temps qu'il retourne dans sa chambre et essaye de dormir un peu.

Tout en marchant dans le couloir, il repensa à ce que Florence venait de lui faire revivre, spécialement ce qu'il avait fait avec elle ce soir d'orage. Si au moins cet acte sordide et repoussant ne s'était pas reproduit, peut-être aurait-il pu l'oublier et l'enfouir au fond de sa mémoire. Mais ça n'avait pas été le cas. Chaque jour depuis cette soirée orageuse, il avait été rongé par le remords, maudissant sa faiblesse qui avait fait voler en éclats ses multiples promesses de ne pas recommencer.

Sa grand-mère l'avait prévenu. En regardant la petite fente de Claire, il avait fait grossir sa « zouzoune » et le Démon était entré dans son corps. En repensant aux terribles conséquences que cette brève vision avait eues, sa gorge se noua et des larmes laissèrent des traînées humides sur ses joues.

Revenu dans sa chambre, il se coucha et, contrairement à ce qui se passait la plupart du temps, il s'endormit aussitôt. Il se réveilla une heure plus tard, victime encore une fois de son horrible cauchemar. Il se leva pour marcher un peu, histoire de se calmer, et se recoucha une dizaine de minutes plus tard; mais il ne put se rendormir.

* * *

« J'ai l'impression que vous approchez du but, monsieur Lacroix. À mon avis, votre fille devrait bientôt vous montrer ce qui s'est passé le soir de son meurtre.

— Vous croyez vraiment? »

— Assis dans le bureau du docteur Legrand, Paul Lacroix avait décrit au psychologue les événements qu'il avait vécus au cours de la nuit, mais il s'était bien gardé de lui parler de la relation particulière qu'il avait entretenue avec sa fille. Le professeur l'avait écouté avec attention, l'interrompant de temps à autre pour poser quelques questions auxquelles il s'était efforcé de répondre le plus exactement possible.

« On ne peut être sûr de rien, reprit le professeur. Je vous ai déjà dit que la parapsychologie n'est pas une science exacte comme la chimie ou la physique où l'on travaille sur des choses tangibles et des matériaux palpables. Bien au contraire, nous travaillons sur des phénomènes psychiques dont la caractéristique est d'être inexpliqués; ils laissent donc beaucoup de place à l'interprétation. De plus, c'est une science jeune et nous manquons de recul pour avoir des certitudes provenant de suites ou de séries d'expériences. Néanmoins, je pense avoir raison.

— Qu'est-ce qui vous fait penser ça?

— Votre fille vous a fait revivre les principaux événements de votre vie, ceux qui ont marqué votre existence et qui ont eu une grosse influence sur son déroulement. Souvenez-vous, la première fois vous aviez trois ou quatre ans et vous étiez un petit garçon. La nuit dernière, vous vous êtes remémoré des choses que vous avez vécues il y a une vingtaine d'années, une quinzaine même. Vous avez déjà parcouru une bonne partie de votre vie et il serait surprenant qu'il vous soit arrivé une foule d'événements importants au cours des quinze dernières années. Ai-je raison?

— Euh... oui.

— Donc, on peut penser qu'elle vous fera bientôt revivre son départ de chez vous puisque c'est le dernier événement important de votre vie avant son assassinat. Une fois que ce sera fait, je crois qu'elle aura suffisamment pénétré les arcanes de votre cerveau pour être capable d'y projeter les images de son meurtre, c'est-à-dire vous montrer ce qui s'est réellement passé et vous dévoiler le visage de son assassin. »

Paul Lacroix hocha la tête d'un air inquiet avant de laisser tomber d'une voix basse :

« Je vais être honnête avec vous, docteur. D'un côté, j'ai hâte de connaître la vérité, mais de l'autre, j'ai très peur. Comment vais-je réagir si je vois la scène de son meurtre? Aurai-je la force de supporter une telle vision? Déjà, quand je pense à la façon dont elle est morte, j'ai l'impression de perdre l'esprit. Alors, imaginez ce que je vais ressentir si je vois son assassin s'approcher d'elle et lui trancher la gorge.

— Si votre fille vous montre la scène de son assassinat, c'est qu'elle sait que vous allez être capable de la regarder sans perdre la raison. Dans le monde où elle se trouve, elle a des pouvoirs que nous les humains ne possédons pas.

— Une fois que je saurai qui est cet assassin, vais-je devoir accomplir ce qu'elle semble attendre de moi: le tuer?

— Attendez, pour ce qui est du mot « tuez », il peut être pris au second degré, vouloir simplement dire qu'elle veut que vous contribuiez à le faire condamner à perpétuité.

— Pensez-vous vraiment?

— Réfléchissez, Grimard m'a dit qu'Alberto était quelqu'un qui vivait à cent à l'heure, qui mordait dans la vie à pleines dents. Pour ce type de criminel, la prison à perpétuité est pire que la mort. D'ailleurs, beaucoup d'entre eux se suicident en prison. Si Alberto est bien l'assassin de votre fille et que votre témoignage contribue à le faire condamner, vous l'aurez vengée et elle sera contente. »

Le regard de Paul se voila et il mit plusieurs secondes avant de laisser tomber d'une voix un peu désabusée:

« J'ai peur qu'elle ne s'attende à autre chose de ma part.

— On verra en temps et lieu. Pour l'instant, ne vous laissez pas troubler par ça. Gardez l'esprit dégagé. Il ne faut pas qu'il soit inhibé par des sujets qui peuvent bloquer votre subconscient. Assurez-vous d'être réceptif au maximum à ce qu'elle va vous montrer la nuit prochaine. Ce sera peut-être la nuit clé pour vous.

— Je vais faire mon possible.

— Et essayez de vous reposer. Vous avez la mine de quelqu'un de très fatigué.

— Oui, c'est vrai, je suis fatigué, mentalement et physiquement. J'ai hâte que tout soit terminé, surtout ce maudit cauchemar qui me réveille au petit matin. À ce propos, vous n'avez toujours pas reçu de nouvelles de votre ami le spécialiste des rêves?

— Non. Il ne revient d'Espagne que demain. Je lui ai laissé un message pour qu'il me contacte dès son retour.

— J'espère qu'il pourra nous expliquer sa signification.

— Si quelqu'un peut y arriver, c'est bien lui.

— Je me fie à vous.

— Allez, détendez-vous, je vais vous hypnotiser. Cela va vous faire du bien. Vous serez plus reposé et plus détendu en vous réveillant. Vous êtes prêt?

— Oui.

* * *

Katz est un restaurant de type *delicatessen* situé dans la galerie marchande de Place-Ville-Marie à Montréal. On y mange très bien, les prix sont raisonnables et le *smoked meat* qu'on y sert est reconnu comme l'un des plus savoureux de la ville.

Au cours des dernières années, Katz était devenu la cantine préférée du lieutenant Grimard. Il y prenait la majorité de ses repas du soir. Tout avait commencé le jour où, rentrant chez lui après deux nuits passées à dormir dans son bureau pour se concentrer sur un meurtre qu'il n'arrivait pas à élucider, il avait trouvé une lettre de sa femme l'informant qu'elle retournait vivre à Paris chez l'une de ses sœurs et qu'elle avait l'intention de demander le divorce. Elle n'en pouvait plus de vivre avec un homme qui préférait son travail à sa famille. Il avait essayé de la faire changer d'avis, mais en vain. Le divorce avait été prononcé cinq mois plus tard.

Devenu célibataire par la force des choses, il avait fini par s'organiser, sauf pour la cuisine qu'il répugnait à faire. Il s'était accommodé de sandwiches et de plats surgelés jusqu'à ce qu'un ami lui fasse découvrir ce restaurant où on pouvait manger copieusement et se régaler sans que le portefeuille en souffre trop.

C'est là que le lieutenant Grimard avait donné rendez-vous au docteur Legrand pour discuter de l'affaire Lacroix. Ils s'étaient installés dans un coin tranquille. Ils en étaient au dessert, un gâteau au fromage arrosé d'un coulis de fraises, lorsqu'ils abordèrent la rencontre que le psychologue avait eue avec Paul Lacroix plus tôt dans la journée.

« Donc, si je vous ai bien compris, Lacroix pourrait

obtenir de sa fille décédée des informations pouvant faciliter notre enquête?

— Je le pense et cela très bientôt, peut-être même la nuit prochaine. »

Le lieutenant Grimard hocha la tête et ses lèvres esquissèrent un sourire où se lisait un peu d'amusement. S'il eût fallu que ses enquêteurs, tous des personnes très terre à terre, le voient attablé avec un professeur d'université spécialiste du paranormal, en train de discuter sérieusement de la possibilité que le fantôme d'une jeune femme assassinée de façon crapuleuse puisse révéler à son père les circonstances de son meurtre en les lui faisant revivre mentalement, il aurait pu dire adieu à sa réputation d'enquêteur pragmatique. Dans un réflexe qu'il ne put s'empêcher d'avoir, son regard fit le tour de la salle à manger, puis, d'une voix un peu plus basse qu'auparavant, il confia à son vis-à-vis :

« Je manque peut-être d'imagination, mais j'ai beaucoup de difficultés à concevoir que des phénomènes aussi incroyables puissent se produire.

— Ne me dites pas que vous doutez maintenant? Je croyais que vous aviez confiance en moi, que vous étiez quelqu'un avec une ouverture d'esprit suffisante pour accepter que des choses qui ne sont pas conformes aux moules déterminés par la société soient possibles? »

Sans le vouloir, le docteur Legrand avait touché un point sensible chez le lieutenant Grimard : la peur de passer pour borné. Il s'empressa de répondre :

« Rassurez-vous, ce n'est pas un manque de confiance. Si c'était le cas, je ne vous aurais pas invité à venir me rencontrer. Mais ce que vous dites me semble si incroyable que parfois je ne peux m'empêcher d'avoir des doutes.

— C'est un peu normal que vous en ayez. Comme je le mentionnais à monsieur Lacroix, nous en avons aussi. Il n'y a pas de certitudes absolues en parapsychologie. Mais dans cette affaire, je ne pense pas me tromper.

— Espérons-le. J'ai abordé ce sujet avec mon patron et je peux vous dire qu'il n'y croit pas. Alors, si on se plante ou si tout se termine en queue de poisson, je vais en prendre pour mon grade.

— Vous ne comptez quand même pas uniquement sur les révélations que Florence Lacroix pourrait faire à son père pour boucler votre enquête?

— Bien sûr que non, mais cela pourrait nous aider.

— Vous n'avez toujours qu'un seul suspect?

Avant de répondre, le policier attendit que la serveuse, venue pour nettoyer la table d'à côté, se soit éloignée.

— Pour l'instant, oui, et il nous apparaît de plus en plus comme le coupable. Les preuves s'accumulent. Hier, nous avons réussi à lui faire avouer qu'il était entré dans l'appartement de la petite Lacroix à l'heure du meurtre. Selon ses dires, il s'y était rendu pour essayer de se réconcilier avec elle.

— Et ce n'était pas le cas si j'en juge par votre expression?

— Non. Nous avons appris la vérité cet après-midi par l'un de ceux qui lui avaient fourni un faux alibi. Nous l'avons épinglé ce matin en flagrant délit de vente de *shit* à des jeunes d'une polyvalente. Comme il avait déjà un dossier, il risquait le pénitencier. Il nous a alors proposé un marché. On le laissait repartir libre et il nous donnait une information importante sur Alberto. On a accepté et il nous a alors appris qu'avant de se rendre chez Florence Lacroix le soir du crime, Alberto était passé le voir et lui avait dit qu'il s'en allait donner une leçon à cette maudite pétasse qui l'avait humilié.

— C'était vrai?

— Oui. C'est même Alberto qui nous l'a confirmé. Bien sûr, au départ il a nié, mais nous avions enregistré la déposition du jeune sur vidéo et quand on lui a montré la cassette, il a fini par avouer s'être rendu chez son ex-maîtresse pour lui apprendre les bonnes manières.

— Et il l'a tuée?

— C'est ce que nous pensons. Cependant, il prétend toujours qu'elle était déjà morte lorsqu'il est arrivé.

— Vous le croyez?

— Non.

— Vous avez donc tout ce qu'il faut pour le faire condamner.

— Tant qu'on n'a pas entre les mains les aveux d'un accusé, on n'est jamais sûr de rien. Il y a toujours une possibilité que le jury le croie. La probabilité est mince, mais on ne sait jamais. C'est là que vous et Lacroix devenez importants. Si tout se passe comme vous le dites et que Lacroix nous donne des détails pouvant nous aider à confondre Alberto, ce sera une assurance de plus qu'il sera déclaré coupable. »

Les deux hommes se turent, le temps de faire honneur à leur dessert. C'est le professeur qui reprit la parole en disant :

« Il y a une chose importante que j'aimerais vous confier. Florence Lacroix a demandé à son père de tuer son assassin.

— Hein! Vous êtes sérieux?

— Oui, malheureusement.

— Expliquez-moi ça. »

En quelques mots, le docteur Legrand raconta au lieutenant Grimard ce que Paul Lacroix avait entendu en sortant de sa torpeur au cours des trois dernières nuits. Quand il eut terminé, le policier émit un long sifflement avant de demander, l'air soucieux :

« Vous ne croyez pas que Lacroix pourrait être dérangé?

— À mon avis, non. Qu'il le devienne éventuellement, c'est possible, mais pour l'instant je le pense aussi sain d'esprit que vous et moi.

— Pourrait-il commettre un tel geste?

— Si les circonstances sont réunies, tout homme peut devenir un meurtrier. Folie, vengeance, envie, jalousie, peur, et j'en passe, peuvent conduire à des gestes dramatiques lorsqu'elles s'emparent de quelqu'un et ne le lâchent plus.

— Ce serait le cas pour Paul Lacroix?

— Il adorait sa fille. C'était sa principale raison de vivre. Si réellement elle lui demande de la venger, et c'est bien ce qui semble se passer, je ne serais pas surpris qu'il lui obéisse, ou tout au moins qu'il essaye de le faire. C'est pourquoi j'ai choisi de vous en parler.

— Vous avez bien fait. À court terme, nous n'avons pas à nous inquiéter. Alberto est en prison et il ne risque rien. Mais si jamais son avocat réussit à le faire libérer sous cautionnement, il faudra avoir Lacroix à l'œil. Pourquoi souriez-vous?

— Je trouve drôle que la police protège un meurtrier afin qu'il puisse subir son procès et croupir en prison à perpétuité.

— C'est la loi qui le veut. Nous ne sommes plus à l'époque du Far West. Pour l'instant, le mieux que nous puissions faire est d'attendre demain matin et d'écouter ce qu'il aura vécu cette nuit.

— Il y a autre chose que je dois vous dire. J'ai hypnotisé Lacroix à trois reprises et je suis certain qu'il cache quelque chose, un gros secret. Jusqu'ici, je n'ai pas pu le faire parler, ses défenses sont trop fortes.

— Un secret qui pourrait être relié au meurtre de sa fille?

— Je n'en serais pas surpris.

— Hum... hum. Très intéressant. Pensez-vous parvenir à...

— Le faire parler?

— Oui.

— Peut-être.

— Vous seriez gentil de me tenir au courant.

— Je n'y manquerai pas.

— Parfait. Je vous offre un autre café?

— Non, merci, je dois partir, j'ai mes cours à préparer. Je vous laisse. Bonsoir.

— Bonsoir, docteur. »

Resté seul, le lieutenant Grimard commanda un autre café dans lequel il se fit verser une goutte de cognac et resta longtemps assis dans son coin à réfléchir aux éléments qu'il possédait sur cette affaire. Ce que Legrand venait de lui apprendre sur Lacroix n'était pas anodin. Cela s'ajoutait à quelque chose qui le tracassait concernant le père de la victime, un chatouillis qui s'était infiltré dans son esprit au cours de la journée, mais qu'il n'arrivait pas à identifier. Il quitta Katz vers vingt-deux heures et marcha longuement dans le froid qui sévissait depuis le matin. Lorsqu'il rentra chez lui un peu avant minuit, il n'avait toujours pas trouvé. Frustré, il se versa un scotch, attrapa le dernier roman de Michael Connelly *Le Cadavre dans la Rolls*, vida son cerveau de toute pensée et se plongea dans le livre. L'expérience lui avait appris qu'à trop vouloir forcer son esprit, on n'arrivait à rien, on risquait même de créer un blocage mental. Dans ces cas-là, il valait mieux oublier le problème, se changer les idées et reprendre sa réflexion à un autre moment. Il savait que demain ou après-demain il trouverait ce petit quelque chose qui lui échappait.

SEPTIÈME JOURNÉE

Jeudi 2 décembre 1999 à 0 h 15

Marcello Simone, parrain de la mafia montréalaise, n'arrivait pas à trouver le sommeil. La veille, il avait reçu un message codé de son consigliere, Felicio Baldini, l'avisant que leur informateur au sein de l'Escouade des homicides lui avait appris qu'Alberto aurait avoué s'être rendu chez son ancienne maîtresse le soir du meurtre, non pas pour reprendre une vie commune avec elle, mais pour lui donner une leçon de savoir-vivre. Une bien mauvaise nouvelle pour Marcello qui, en tant que grand patron, allait devoir décider rapidement de ce qu'il fallait faire avec Alberto.

Normalement, ce genre de décision ne lui causait aucun problème. Donner l'ordre de se débarrasser d'un gêneur ne le troublait pas une seule seconde. Il l'avait fait à de nombreuses reprises et le ferait sûrement encore dans l'avenir. On ne devenait pas le chef d'une satrapie mafieuse en se contentant de tendre l'autre joue.

Cependant, dans le cas d'Alberto, il y avait un os et un gros. Cette tête brûlée était peut-être son fils. Les chances qu'il le soit étaient minces, très minces même, mais elles existaient.

Tout avait commencé après la guerre lorsque les parents de Marcello avaient immigré à Montréal en provenance de la Sicile. À leur arrivée, ils s'étaient installés dans le quartier de la Petite Italie où ils partageaient un vieux duplex avec une autre famille sicilienne. Les difficultés d'adaptation dans un pays étranger, le besoin de parler de « là-bas », les petits services qu'on s'échange, il n'en fallait pas plus pour que les deux familles se rapprochent et tissent de solides liens d'amitié.

Cela fut particulièrement vrai pour Marcello et Rico, les deux aînés de chaque famille. Ils devinrent inséparables. Peu portés sur les études, préférant courir le jupon et faire les quatre cents coups, gagnant leur argent de poche dans des combines plus ou moins honnêtes, ils acquirent bientôt une réputation de durs à cuire dans le quartier. Bien que les deux compères aient été dotés par la nature d'un physique plutôt imposant, c'est Marcello qui était le cerveau et Rico les bras. Cela n'empêchait pas le premier de faire le coup de poing dès que l'occasion se présentait.

Ils seraient probablement restés de petits malfrats sans envergure si, un soir au sortir d'un bar, ils n'avaient pas aperçu deux hommes s'attaquant à un troisième en le traitant de sale Rital. Que l'on tabasse un homme ne les dérangeait pas, mais qu'on le traite de sale Rital, cela changeait tout. Les deux amis se lancèrent dans la mêlée et n'eurent aucune peine à infliger une solide raclée aux agresseurs qui ne durent leur salut qu'au passage d'une patrouille de police dans la rue voisine.

Pour les remercier de leur intervention, la victime leur offrit de boire un verre et ils retournèrent tous les trois à l'intérieur du bar. Ils n'en ressortirent qu'au petit matin, passablement éméchés. Cette rencontre scella leur destin. L'homme qu'ils avaient secouru était Paul Castellano, lieutenant de Carlo Gambino, un des caïds de la mafia new-yorkaise. Trois semaines plus tard, les deux lascars prenaient le train pour New York où, convoqués par leur nouvel ami, ils intégrèrent la bande de Gambino en tant qu'hommes de main. Toujours disponibles, ne rechignant devant aucune tâche, ils firent tranquillement leur marque et montèrent peu à peu au sein de l'organisation.

C'est au début des années 1970 qu'ils s'illustrèrent vraiment. Un groupe de truands irlandais voulut s'installer dans le Bronx. Marcello, aidé par Rico, mena la lutte contre les hommes de Pete O'Leary qui, deux mois plus tard et après avoir perdu de nombreux soldats, décida qu'il valait mieux pour sa santé de retourner à Boston où la vie était plus calme. Gambino récompensa les deux amis en leur donnant la responsabilité de gérer le racket de la protection sur son territoire.

En 1976, Gambino mourut et Paul Castellano prit sa succession. Toujours très ami avec Marcello, il lui donna le contrôle du Queens, un quartier de New York dont il devint le grand patron. La première décision du nouvel affranchi fut de faire de Rico son bras droit.

Peu de temps après sa nomination, Marcello, resté célibataire afin de se consacrer à son travail de mafieux, invita tous ses nouveaux lieutenants à une grande fête. L'alcool coula à flots et tout le monde se saoula plus ou moins, sauf Marcello qui avait arrêté de boire quelques années plus tôt à la suite d'une altercation qui avait failli lui coûter la vie. La bacchanale dura une bonne partie de la nuit et ce n'est que vers quatre heures du matin que les derniers invités s'éclipsèrent, laissant Marcello seul chez lui; enfin, pas tout à fait puisqu'une heure plus tôt, Rico, complètement ivre, était allé se coucher avec sa femme Bridget dans l'une des chambres de l'appartement.

Marcello s'apprêtait à se coucher, lorsque la plantureuse Bridget apparut dans le salon. Rico l'avait rencontrée dans un club de nuit où elle faisait un numéro de strip-tease. Subjugué par la plastique de la danseuse, il l'avait épousée deux semaines plus tard, au grand désarroi de Marcello qui craignait le pire pour son ami. Mais le mariage durait depuis cinq ans et semblait tenir. Il faut dire que Bridget était de celles qui préféraient les hommes musclés aux hommes intelligents, et, du côté des muscles, Rico était très bien pourvu. Elle vouait donc à son homme une grande admiration et se pâmait devant ses capacités sexuelles. Malheureusement, cette nuit-là, Rico était trop saoul pour être utilisable. Éméchée, les sens mis en ébullition par tous ces films pornos qu'on avait passés durant la soirée, elle décida que, pour une fois, Marcello pourrait bien remplacer son mari. Il essaya de résister, mais l'ancienne strip-teaseuse savait y faire et il succomba.

Le lendemain, le sentiment d'avoir trahi son meilleur ami le hanta et il s'en voulut. Mais les jours passèrent et sa culpabilité s'envola. Ce n'est qu'un mois plus tard, lorsque Bridget l'appela pour lui dire qu'elle était enceinte mais ne savait pas si c'était de lui ou de son mari, qu'il regretta de nouveau son moment de faiblesse. Les amants d'un soir décidèrent d'un commun accord de ne plus jamais aborder ce sujet et ils tinrent parole.

Les années passèrent et l'organisation de Castellano prospéra au point d'occuper une position dominante au sein de la mafia nord-américaine. Cependant, toute réussite attire les convoitises et, en 1986, Castellano fut assassiné par les hommes de main de John Gotti qui prit les rênes de l'organisation. Conscient de l'importance que Marcello occupait au sein de la famille Castellano, Gotti choisit de s'en faire un ami en lui offrant de devenir l'un de ses principaux lieutenants. Marcello, qui ne voulait pas s'embarquer dans une guerre sanglante avec Gotti, accepta et les deux hommes devinrent associés.

Au début des années 1990, Gotti demanda à Marcello de retourner à Montréal et de prendre en main les destinées de la mafia de l'est du Canada mise à mal par des bandes de motards et par les pègres juives et irlandaises. La tâche s'annonçait difficile, mais selon le directoire de la mafia nord-américaine, si quelqu'un pouvait reprendre le contrôle de ce territoire, c'était Marcello. La réussite signifierait peut-être sa désignation à la tête de l'organisation lorsque Gotti prendrait sa retraite. Marcello accepta et, en juillet 1991, il arriva à Montréal accompagné de son fidèle Rico dont l'épouse Bridget était décédée deux ans plus tôt d'un cancer de la gorge. Elle fumait comme une cheminée, selon Rico.

Au cours des mois suivants, les deux hommes et leurs principaux collaborateurs procédèrent à un état des lieux et, au début de 1992, ils élaborèrent leur stratégie de reconquête. Avec l'aide d'une vingtaine de « touristes italiens » venus de Sicile et du sud des États-Unis, le netto-yage commença. Tout se passa très vite. La stratégie mise en place était basée sur quatre piliers : la terreur, l'intimidation, l'élimination et les prébendes. Elle fonctionna si bien qu'à la fin de l'année, toute la pègre de l'est du Canada reconnaissait la prééminence de la mafia italienne sur ses activités. Marcello Simone distribuait les principaux rôles et ses lieutenants dirigeaient les acteurs.

Mais il y avait des poches de résistance. Certains avaient de grosses ambitions et rêvaient de s'emparer du royaume. Un soir de janvier 1994, alors que le blizzard soufflait en rafales sur Montréal, deux hommes, pistolet au poing, attaquèrent Marcello et Rico qui sortaient d'un restaurant de l'est de la ville. Malheureusement pour les deux attaquants, au moment où ils s'avançaient, le blizzard se calma un peu et Rico, que la force de l'habitude avait entraîné à toujours regarder autour de lui, les vit s'approcher. Il poussa Marcello au sol, sortit son revolver et eut le temps de tirer quelques coups avant de s'écrouler, touché au ventre, à l'estomac et aux poumons. Pour les assaillants, il était déjà trop tard. Les gardes du corps de Marcello et Rico avaient réagi et ouvert le feu à leur tour, obligeant les assaillants à s'enfuir en sautant dans une voiture qui les attendait moteur tournant au ralenti. L'attaque n'avait même pas duré dix secondes, mais avait fait des dégâts.

Si Marcello était sain et sauf, il le devait à Rico qui, couché dans la neige, agonisait. Une écume rose jaillissait de sa bouche à chaque expiration. Marcello lui souleva la tête. Le moribond le regarda, un bref sourire apparut sur ses lèvres et il réussit à murmurer :

« Occupe-toi d'Alberto. »

Puis sa main chercha celle de Marcello, la saisit et la serra très fort pendant qu'un long frisson lui parcourait le corps. L'instant d'après, il était mort.

Malheureusement pour les conjurés, un des attaquants avait été tué par Rico et son corps abandonné sur place par ses compagnons. Grâce à ce cadavre, Marcello put remonter jusqu'aux commanditaires. Sa vengeance fut terrible. Avant la fin de l'hiver, tous ceux qui avaient participé au complot disparurent sans laisser de traces. L'histoire voudrait qu'ils aient tous été enfermés vivants dans des cercueils sur lesquels on aurait ensuite coulé du béton avant de les enterrer le printemps suivant dans un champ près de Lachute.

Chaque fois que Marcello repensait à cette soirée où Rico avait trouvé la mort, il avait la gorge nouée. Cet homme, que l'on disait imperméable à toute émotion, ne s'était jamais vraiment remis de la disparition de son vieux complice. Sans lui, il savait que plus rien ne serait comme avant.

Il avait alors pris Alberto sous sa protection. Rico avait pourri ce jeune homme en lui passant tous ses caprices et en lui pardonnant trop facilement ses multiples frasques. La disparition de son père n'avait rien fait pour l'améliorer. Laissé seul, il était devenu pratiquement incontrôlable. Les membres du clan Simone savaient ce que Rico avait demandé à Marcello avant de mourir. Cependant, ils ne comprenaient pas pourquoi leur parrain faisait preuve d'autant de patience envers ce fou furieux.

De la patience, Marcello n'en aurait pas eu autant s'il avait eu la certitude qu'Alberto n'était pas son fils. Mais cette assurance, il ne l'avait pas. Depuis la naissance d'Alberto, il s'était souvent demandé à qui il ressemblait le plus, à Rico ou à lui. En fait, il ne ressemblait à aucun des deux, ni physiquement ni mentalement. Il était même tout ce que Rico et lui n'étaient pas : pédant, orgueilleux, haineux, menteur, hypocrite, sournois et irréfléchi. Marcello se disait alors que Bridget, qui avait le sang chaud et la cuisse légère, avait probablement sauté la clôture avec quelqu'un d'autre à l'époque, et il pensait connaître le coupable : Micky Larosa. Ce soldat de Rico avait un physique de jeune premier, des muscles à la Monsieur Univers, un cerveau vide et des couilles toujours pleines qu'il se vantait de vider plusieurs fois par jour avec chaque femme qu'il rencontrait. Sans doute était-ce lui qui avait sauté Bridget à l'époque, car Alberto lui ressemblait comme un jumeau. Pauvre Micky, un joggeur l'avait retrouvé un matin crucifié à un arbre de Central Park, avec une imposante couche de sparadrap sur la bouche. On lui avait laissé son veston, sa chemise, sa cravate, mais enlevé son pantalon et ses sous-vêtements. Ses organes génitaux avaient été tranchés et on les lui avait enfoncés dans la bouche avant de le bâillonner. Il était mort étouffé avant même de se vider de son sang par les trois centimètres de sexe qui lui restaient.

Aujourd'hui, Alberto était aux mains des policiers qui possédaient suffisamment de preuves pour le faire condamner pour meurtre. Connaissant l'individu, Marcello savait qu'il essayerait de négocier un allègement de peine ou une libération avec nouvelle identité en échange d'informations sur la famille Simone. Toute cette prospère organisation que Marcello avait construite depuis 1991 risquait de s'écrouler du jour au lendemain. Le parrain de la mafia montréalaise se devait d'agir pour empêcher une telle catastrophe.

Les règles de la mafia étaient claires : ceux qui risquaient de nuire à l'organisation ou qui la trahissaient devaient disparaître, quels qu'ils soient. Mais, cette fois, elles concernaient quelqu'un qui avait une petite chance d'être son fils ou le fils de son meilleur ami à qui il avait fait une promesse solennelle. Cela rendait la décision plus difficile. Mais il se devait d'en prendre une et de la prendre vite.

* * *

Paul Lacroix s'était décidé à suivre le conseil du docteur Legrand. « Écrivez ce qui vous arrive depuis que des manifestations étranges ont commencé à se produire, cela vous aidera à évacuer la pression », lui avait-il dit lors de leur rencontre à l'université. Paul avait acquiescé et, en repartant, il s'était rendu dans un magasin d'articles de bureau où il avait acheté des cahiers Clairefontaine et quelques bics. Puis, une fois revenu chez lui, il s'était installé dans la pièce lui ayant servi de bureau pendant une vingtaine d'années et il s'était mis au travail.

Écrire ce qu'il avait vécu depuis quelques jours s'était

avéré plus facile qu'il ne l'avait imaginé. Les mots semblaient jaillir de son esprit. C'était comme si des portes s'étaient ouvertes, libérant un trop-plein d'émotions et de sentiments qui bouillonnaient à l'intérieur de son âme. Ses discussions avec le docteur Legrand l'avaient aidé à comprendre ce qui se passait dans la chambre de Florence. Cependant, il lui avait caché beaucoup trop de choses pour se sentir totalement libéré. En confiant à ces pages blanches toutes les zones d'ombres et de ténèbres qu'il n'avait pas osé aborder avec le psychologue, il avait l'impression de libérer un peu sa conscience de cette terrible culpabilité qu'il ressentait. Jamais il ne pourrait se pardonner ces actes horribles commis sur sa fille, mais d'avoir le courage de l'écrire était comme un début de rédemption. Il travailla jusqu'à vingt-deux heures, ne s'interrompant que pour manger légèrement à l'heure du dîner. Quand il décida d'aller se coucher, il était épuisé, mais satisfait. Il avait réussi à mener son récit jusqu'à la veille. Demain, il pourrait le continuer en y ajoutant ce qu'il verrait la nuit prochaine si, bien entendu, sa fille était encore au rendez-vous. Il ferait de même tant que Florence lui rendrait visite.

Malgré sa nervosité et son appréhension, il s'endormit rapidement et fut encore réveillé, un peu après une heure du matin, par la même voix caverneuse. Comme toutes les nuits, la chambre de Florence était illuminée et, quand il y pénétra, il vit du coin de l'œil que l'album photos était placé sur le lit, ouvert à la dernière page. Le docteur Legrand avait eu raison de dire que le dénouement approchait.

Il se dirigea vers le fauteuil et s'y installa conforta-blement avant de saisir l'album et de regarder les photos que Florence avait choisies. Il y en avait deux. La première représentait sa fille soufflant les dix-huit bougies de son gâteau d'anniversaire. La seconde montrait encore Florence mais trois ans plus tard, quelques jours avant son départ définitif de l'appartement. La torpeur à laquelle il était habitué le frappa encore plus rapidement que la dernière fois. Ses yeux s'étaient à peine fermés, qu'il se retrouva cinq ans plus tôt juste avant qu'il ne prenne la photo d'anniversaire. Florence se tenait un peu plus loin face à lui, une Florence éblouissante de beauté, ressemblant comme deux gouttes d'eau à sa mère. Plus mince, mais plus grande que Claudine, avec des formes moins généreuses, mais plus harmonieuses, elle ressemblait à ces jeunes mannequins que les magazines de mode utilisent comme modèles et auxquelles rêvent de ressembler toutes les jeunes filles. Elle était une sacrée belle femme, comme le répétaient les rares amis de Paul qui venaient parfois les visiter.

Entre Florence et lui, il y avait une table, et sur la table, un énorme gâteau au chocolat sur lequel étaient fixées dix-huit bougies blanches surmontées d'une petite flamme rouge. Sur la table aussi, mais à gauche du gâteau, une bouteille de champagne Moët et Chandon baignait dans un seau argenté rempli de glace. Plus loin, deux coupes de cristal pleines du liquide ambré attendaient qu'on leur fasse honneur.

« Ne souffle pas tout de suite, je n'ai pas encore fini de régler l'appareil, dit Paul à sa fille déjà penchée sur les bougies les joues gonflées d'air... Bon, ça y est, tu peux y aller. »

Et Florence souffla bien fort, éteignant toutes les bougies d'un seul coup pendant que son père immortalisait la scène.

« Je les ai toutes éteintes! cria-t-elle en battant des mains.

— Oui, et si tu fais un vœu, il va se réaliser.

— ... Voilà, c'est fait.

— Très bien. Maintenant, goûtons ce gâteau et buvons du champagne. »

Paul aurait voulu qu'on fête l'anniversaire de Florence avec plus d'éclat, qu'on invite ses amies, ses camarades de classe. Mais elle avait refusé.

« C'est avec toi seul que je veux le fêter, cet anniversaire », lui avait-elle répondu d'un ton sans réplique.

Il s'était résigné, mais, voulant que ce soit un anniversaire dont elle se souvienne, il avait acheté du champagne.

Florence n'avait jamais bu d'alcool et la dernière fois que Paul en avait pris remontait au jour de son mariage. L'effet du champagne ne tarda pas à se faire sentir. Joyeux, gagnés par une agréable euphorie, ils vidèrent la bouteille. Ils avaient un peu exagéré et, vers dix heures, ils allèrent se coucher passablement éméchés. Le champagne avait obscurci leur esprit mais aiguisé leurs sens.

Au cours des onze dernières années, Paul avait souvent cédé à cette terrible pulsion qui le faisait abuser de sa fille. Jusqu'à l'adolescence, Florence s'était chaque fois montrée réticente à accepter ce que son père voulait. Cependant, l'admiration et l'amour idolâtre qu'elle avait pour lui, couplés à l'habileté de Paul pour la convaincre ou la culpabiliser lorsqu'elle commençait par refuser, faisait qu'elle finissait toujours par dire oui. Son père était son héros, le premier homme qu'elle avait connu dans sa vie et le seul qu'elle ait jamais eu. Il était celui qui avait toujours été près d'elle, celui qui, lorsqu'elle était bébé, la prenait dans ses bras chaque soir et la promenait dans l'appartement pendant des heures, celui qui s'amusait avec elle, qui lui racontait des histoires pour l'endormir, qui la comblait de cadeaux à la moindre occasion, qui l'emmenait en voyage, qui l'accompagnait pour acheter ses vêtements, qui l'attendait à la porte de l'école, qui la soignait lorsqu'elle était malade, la consolait lorsqu'elle était malheureuse, celui, enfin, qui ne faisait rien sans lui demander son avis. Il était l'homme avec qui elle vivait, celui dont elle partageait l'existence. C'était l'homme de sa vie. Elle se sentait même des obligations envers ce papa qui n'avait pas d'épouse et qui avait reporté toute son affection sur elle, un papa qui, lorsqu'il ne pouvait résister à ses terribles pulsions, savait parfaitement l'apitoyer pour vaincre ses réticences.

Les années passant, elle en était venue à considérer les libertés qu'il prenait avec elle comme normales, comme quelque chose qu'elle devait accepter. Surtout que, pour son malheur, Florence avait non seulement hérité du physique de sa mère, mais aussi de son tempérament de feu. À l'adolescence, elle avait commencé à prendre plaisir aux attouchements de son père et plus tard à les rechercher. Paul avait réussi à éveiller la libido endormie de sa fille et à la rendre esclave de ses caresses.

Bien que l'envie de faire l'amour avec Florence ait plus d'une fois possédé Paul, il avait toujours trouvé la force de résister à ce terrible désir. Mais, au cours des derniers mois, alors que devenue femme elle ressemblait de plus en plus à sa mère, il sentait sa résistance faiblir. Souvent après avoir caressé sa fille et passé de longs moments à observer son corps, il s'était demandé pendant encore combien de temps il pourrait repousser cette folle envie qui le tenaillait. Florence s'était chargée de faire disparaître cette interrogation de l'esprit de son père.

À dix-huit ans, la jeune Florence n'était plus une oie blanche. Elle avait souvent discuté de sexe avec les filles de son âge et avait lu plusieurs romans érotiques prêtés par des camarades. Cela l'avait excitée. Mais elle avait toujours refusé de passer aux travaux pratiques et de répondre oui à cette pulsion qu'elle sentait bouillir en elle.

Et ce n'était pas par manque de prétendants. Avec son physique, elle aurait pu choisir n'importe quel garçon de son école. Tous auraient été volontaires, y inclus certains de ses professeurs qui lui avaient fait quelques avances indirectes. Mais elle n'y avait jamais donné suite, car c'est à son père qu'elle voulait se donner pour la première fois. Cela lui semblait tellement logique de réserver cet honneur à « son » homme.

Le jour choisi pour lui faire ce cadeau était arrivé. Quelques mois plus tôt, elle avait décidé que ce serait le soir de son dix-huitième anniversaire. Elle avait compris depuis longtemps qu'il en mourait d'envie. Combien de fois ne l'avait-elle pas observé alors qu'il la contemplait les yeux remplis de désir? Cependant, sa vraie certitude, elle l'avait acquise le jour où, cherchant un stylo dans son bureau, elle avait trouvé un exemplaire du roman de Vladimir Nabokov, *Lolita*, dont l'usure indiquait qu'il avait été lu et relu. Elle l'avait remis à sa place et s'était précipitée dans une librairie pour en acheter un. C'était en le lisant qu'elle avait compris que, pour Paul Lacroix, elle était non seulement sa fille, mais aussi sa Lolita.

Ce soir-là, à la grande surprise de Paul, c'est elle qui vint le rejoindre dans son lit. En la sentant se glisser contre lui, il fut parcouru par une véritable décharge électrique et il ne pensa même pas à résister. Submergé par une vague de désir comme il n'en avait jamais connue, l'esprit enténébré par le champagne, il devint actif. Pour lui, la femme qui partageait son lit était tout à la fois Claudine, Florence et la petite Claire. Il n'arrivait plus à faire la distinction. Ayant perdu tout contrôle sur lui-même, il alla au bout de son désir. Cette nuit-là, le père et la fille devinrent amants.

* * *

L'image de Paul faisant l'amour à sa fille mit longtemps à s'effacer. On aurait dit que Florence voulait qu'elle s'imprime pour toujours dans la mémoire de son père. Elle aurait dû savoir que c'était inutile. Jamais il n'avait oublié cette première nuit d'amour avec elle. Si dans le passé il s'était senti profondément coupable de ne pouvoir s'empê-cher de caresser l'entrejambe de sa petite Florence, ce sentiment s'était beaucoup estompé le jour où ils étaient devenus amants. Pour lui, elle était maintenant son épouse tout comme Claudine l'avait été à une époque; la différence étant que le plaisir qu'il éprouvait avec Florence dépassait en intensité tout ce qu'il avait pu ressentir jadis avec son ex-femme. Florence, qui avait hérité du tempérament de sa mère, s'en servait avec fougue et habileté.

* * *

Tout alla bien jusqu'à ce fameux jour de mars où elle téléphona à son père pour lui dire qu'après son travail, elle avait accepté de sortir avec des collègues et ne prévoyait rentrer que vers minuit. C'était la première fois que cela lui arrivait et Paul en fut tellement surpris qu'il ne pensa même pas à lui demander d'explications. Il se contenta de répondre : « Bon, d'accord! » et reposa le combiné. Ce n'est qu'une fois revenu au salon qu'il prit vraiment conscience que sa fille allait passer sa première soirée seule à l'extérieur de l'appartement. Il sentit alors s'insinuer dans son esprit les tourments de la jalousie. Lui avait-elle menti? Allait-elle rencontrer un homme qui, éventuellement, la lui enlèverait comme on lui avait enlevé Claudine? Pendant de longues minutes, cette crainte terrible de perdre celle qui était sa seule raison de vivre, son seul amour, lui déchira le cœur et il lui en voulut de sortir sans lui.

Mais, peu à peu, il se raisonna. Florence avait vingt et un ans et elle travaillait depuis huit mois dans une entreprise dont le patron était un de ses amis personnels. Selon lui, elle faisait un excellent travail et avait été rapidement acceptée par les autres employés. Donc, se dit Paul après avoir réfléchi, il était normal qu'un vendredi soir après avoir travaillé très fort durant toute la semaine, elle veuille sortir avec ses collègues pour se détendre et s'amuser un peu.

La soirée lui parut interminable. Il essaya de lire, d'écouter de la musique, de regarder la télé, mais rien n'y fit. Il n'arrivait pas à se concentrer. Toutes ses pensées allaient vers sa fille. « *Que fait-elle?* » se demandait-il sans cesse. Chaque fois qu'il regardait sa montre, il avait l'impression que les aiguilles tournaient au ralenti.

Comme tous les soirs, il se dirigea vers sa chambre à vingt-trois heures et se coucha. Il aurait pu attendre le retour de sa fille avant de se mettre au lit, mais il voulait savoir ce qu'elle ferait en rentrant, si elle se comporterait comme tous les autres soirs. En temps normal, elle allait se déshabiller dans sa chambre, puis procédait à sa toilette dans la salle de bain avant de venir le retrouver dans son lit. Chaque fois qu'il voyait sa silhouette harmonieuse bien mise en valeur par un déshabillé vaporeux apparaître à la porte de sa chambre, il sentait des frissons lui hérisser les poils de la peau et son désir exploser. Pour lui faire plaisir, elle avait fait disparaître toute pilosité de son corps et elle utilisait une eau de toilette délicatement parfumée à la lavande dont il raffolait. Avant d'ouvrir la porte de la chambre, elle laissait la lumière du corridor allumée de sorte que Paul puisse admirer en transparence tous les charmes de ce corps qui s'avançait vers lui comme une offrande à sa terrible passion. Cet instant merveilleux où tous ses sens s'enflammaient était sa drogue. Le seul fait de savoir que dans quelques minutes il allait la tenir dans ses bras lui embrasait le cerveau, et le plaisir qu'il ressentait alors était aussi fort que celui qu'il ressentait en faisant l'amour. Cette drogue, cette délectation psychique qu'elle lui distillait si habilement, allait-il y avoir droit ce soir? Cette question l'angoissait et il avait hâte de savoir.

Un peu après minuit, il entendit sa fille pénétrer dans l'appartement, se diriger vers sa chambre et, quelques instants plus tard, entrer dans la salle de bain. Dans son lit, Paul était rongé par l'inquiétude et l'impatience. Plus les minutes passaient, plus sa nervosité augmentait. Lorsqu'elle ressortit de la salle de bain, il attendit le cœur battant au rythme des secondes qui s'écoulaient. Il commençait à croire qu'elle ne viendrait pas, quand la porte de sa chambre s'ouvrit et qu'elle apparut dans toute sa splendeur. Il pensa défaillir tellement il était heureux.

« Salut, mon petit papa chéri. Tu m'as manqué, lui susurra-t-elle en s'avançant vers lui plus ensorcelante que jamais.

— Moi aussi », eut-il le temps de répondre d'une voix étouffée par l'émotion avant qu'elle ne saute dans le lit et entreprenne de lui mordiller le lobe des oreilles.

Submergé par le bonheur de la retrouver, il se laissa emporter par ce malstrom d'émotions qu'elle savait si bien soulever chez lui. Cette nuit-là, comme pour se faire pardonner son escapade nocturne, elle lui fit l'amour comme jamais auparavant elle ne l'avait fait.

* * *

La semaine se passa normalement, mais le vendredi elle sortit de nouveau et le même scénario de folie amoureuse se reproduisit lorsqu'elle rentra. Ce fut pareil les semaines suivantes.

Les sorties hebdomadaires de sa fille continuaient à inquiéter Paul. Cependant, lorsqu'elle revenait, la passion, la fougue et l'ardeur qu'elle mettait dans ses ébats amoureux étaient telles qu'il finit par les accepter.

Mais les choses s'envenimèrent lorsqu'elle se mit à sortir aussi le mercredi soir. Paul, pas très content, se chargea de le lui faire savoir de façon assez virulente.

« Voyons, papa, lui rétorqua-t-elle de cette petite voix enjôleuse qu'elle savait si bien utiliser, je vais au restaurant avec des copines du bureau et ensuite nous allons écouter du jazz. Tu connais ma passion pour cette musique. Je sais que tu t'ennuies quand je te laisse seul, mais avoue que tu n'as pas à te plaindre lorsque je reviens, non? »

Que pouvait-il répondre, surtout qu'en prononçant ces paroles, elle s'était approchée de lui et avait plaqué son corps sur le sien en l'embrassant? En un clin d'œil, elle avait fait disparaître son ressentiment. Florence était devenue l'égérie de son père. Cet asservissement l'effrayait mais, en même temps, l'enivrait.

« *Après tout*, pensait-il lorsqu'il était seul, *peut-être en viendra-t-elle à se lasser de ces sorties.* »

Mais ce fut le contraire qui se produisit. Elle se mit à sortir aussi le samedi soir et parfois même le dimanche. Pendant toutes ces soirées où elle était absente, Paul souffrit mille tourments, certain qu'elle ne reviendrait plus. Cependant, jamais elle ne découcha et cela le rassura. Il n'y avait, semblait-il, pas d'homme derrière toutes ces absences.

Cette situation perdura jusqu'à la fin du mois de juin. Un dimanche matin, alors qu'ils paressaient au lit après une nuit particulièrement mouvementée, elle lui dit:

« Papa, je sais que je vais te faire de la peine en t'annonçant cela, mais j'ai décidé de déménager.

— Quoi? »

Paul s'était redressé, les yeux arrondis par la surprise. Le choc avait fait disparaître toute couleur de son visage.

« Tu m'as bien compris, papa. Je vais habiter ailleurs, lui répondit-elle d'une voix douce mais ferme.

— Mais... mais pourquoi? Tu n'es pas bien ici?

— Oui, je suis bien.

— Alors?

— J'ai rencontré un garçon, un Italien. Il s'appelle Alberto Rinaldo. Nous nous aimons et nous avons décidé de vivre ensemble. J'ai loué un appartement meublé rue Sainte-Famille et j'y emménage mardi avec lui.

— Mais comment peux-tu aimer ce garçon alors que je suis là? Tu ne m'aimes donc plus?

— Mais si, je t'aime, mais lui, c'est pas pareil. Toi, tu es mon papa. Alberto, c'est mon amoureux. »

Elle continua à parler de longues minutes, s'efforçant de lui expliquer qu'elle ne serait pas loin, qu'elle viendrait le voir souvent, qu'elle l'aimerait toujours. Malgré la panique qui l'engloutissait comme un véritable raz-de-marée, Paul réussit à l'écouter jusqu'au bout, mais il était littéralement anéanti. Quand, enfin, elle s'arrêta de parler, il était comme un condamné qu'on conduit à l'échafaud, désespéré. Il la supplia, la culpabilisa, la menaça, cria, pleura. Rien n'y fit. Sa décision était prise et elle comptait bien s'y conformer.

Lorsqu'il revint à la charge avec ce qui lui restait d'arguments, elle perdit patience.

« Papa, s'écria-t-elle, mon choix est fait! Pourquoi rends-tu les choses si difficiles? J'ai l'intention de vivre avec Alberto et rien de ce que tu pourras dire ou faire ne me fera changer d'avis, un point c'est tout. »

Désespéré, comprenant qu'il avait perdu la bataille, il disjoncta. Une bouffée de chaleur le submergea, un voile rouge s'abattit sur lui et sa respiration s'accéléra. Comme dans un rêve, il s'entendit dire :

« Si c'est comme ça, tu peux partir tout de suite. Allez, sors de ma chambre et laisse-moi tranquille. Je ne veux plus te voir. » Puis après un instant, il ajouta : « Jamais! Jamais! »

Florence le regarda. Le visage de son père était décomposé et dans ses yeux brillait une lueur inquiétante. Surprise et un peu effrayée, elle hocha la tête et sortit de la pièce. Elle n'avait pas sitôt franchi le seuil de la porte que Paul poussa un grand cri de rage et voulut s'élancer à sa poursuite. Mais à cet instant, une violente migraine commença à lui marteler le côté gauche de la tête et le força à se recoucher après avoir fermé les rideaux et avalé deux comprimés de Fiorinal avec codéine.

Il passa la journée au lit, ne se levant que pour vomir. Lorsque vers vingt heures il put se lever, Florence n'était pas dans l'appartement. Il mangea une pomme avec des biscottes et, fatigué par cette difficile journée, il retourna se coucher après avoir passé quelques instants dans la chambre de sa fille. Il regrettait de s'être emporté de la sorte. « *Espérons qu'elle ne m'en voudra pas trop* », pensa-t-il étendu dans son lit. Au moins, elle n'était pas partie définitivement puisque ses affaires étaient encore dans l'appartement. Vers vingt-trois heures, il l'entendit rentrer et se préparer pour la nuit. Mais, pour la première fois depuis longtemps, elle ne vint pas le retrouver. Seul dans son lit, Paul ne parvint pas à s'endormir. Il découvrit ce qu'allait être désormais ses nuits si Florence ne changeait pas d'idée et allait vivre ailleurs. Désespéré, il pleura, n'arrivant pas à accepter cette décision de sa fille. Il avait cru être malheureux lorsque sa femme l'avait quitté vingt ans plus tôt, mais ce n'était rien comparé à la peine qu'il éprouvait maintenant.

Le matin, il attendit qu'elle soit partie avant de se lever. D'une part, il ne voulait pas qu'elle le voie les yeux bouffis et le teint cireux, d'autre part, il avait décidé de la bouder, de jouer les indifférents, espérant qu'elle en vienne à se sentir coupable comme lorsqu'elle était plus jeune. Il se prépara à manger et, après s'être douché, il prit son auto et se dirigea vers le mont Tremblant où il passa la journée à marcher dans les sentiers pédestres du parc. Lorsqu'il revint un peu avant minuit, la porte de la chambre de Florence était fermée. Dominant son envie d'aller frapper, il se dirigea vers la sienne et s'y enferma. Incapable de dormir, il prit un somnifère qui le plongea dans un sommeil de plomb. Quand il se réveilla le lendemain dans la matinée, Florence était partie, emportant avec elle une bonne partie de ses affaires. De nouveau, il pleura en contemplant ce qui restait de ses vêtements, en particulier ce déshabillé en mousseline qu'il aimait tant et qu'elle avait laissé étalé sur son lit comme pour lui dire que ce n'était pas fini, qu'il n'avait qu'à l'appeler.

Blessé dans son orgueil et sa fierté, il se jura de ne pas faire les premiers pas. Selon lui, c'était à elle de s'excuser. Ne l'avait-elle pas quitté?

De peine et de misère, il réussit à tenir trois mois durant lesquels il ne se passa pas une minute sans qu'il pense à elle. Tout l'été, il resta pratiquement enfermé dans son appartement assis non loin du téléphone, espérant un appel qui ne vint pas. Cela ne le surprit qu'à moitié. Il savait que Florence avait la rancune tenace et n'était pas du genre à pardonner facilement. Il admit alors que, s'il voulait la retrouver, il allait devoir oublier son orgueil et lui téléphoner. Cette décision, il la prit au début de l'automne après une journée que la pluie et le vent avaient rendue particulièrement triste, une journée où il ne s'était jamais senti aussi seul. Quelques semaines plus tôt, sachant bien qu'un jour il lui faudrait se résigner à l'appeler, il avait obtenu son numéro de téléphone par l'intermédiaire de son patron.

Son cœur battait à tout rompre lorsqu'il saisit le combiné et composa le numéro. C'est elle qui répondit.

« Allô!

— Bonjour, Florence, c'est ton père. »

Il y eut un instant de silence pendant lequel il entendit sa respiration s'accélérer, puis, une voix d'où semblait exclue toute émotion répondit:

« Bonjour, papa.

— Com... comment vas-tu, petite?

— Très bien, et toi?

— Ça va. »

Il se tut, espérant qu'elle dise quelque chose, ce qui aurait été un signe d'intérêt. Mais elle n'en fit rien et il se sentit obligé de rompre le silence qui risquait de s'éterniser.

« Ton copain va bien? demanda-t-il d'un ton qui se voulait détaché.

— Il n'est plus avec moi. C'est fini entre nous.

— Pourquoi?

— Nous n'étions pas faits l'un pour l'autre, c'est tout. »

Il eut envie de lui dire que cela ne le surprenait pas, mais il se retint. Il aurait peut-être été obligé de lui avouer qu'il avait chargé un détective privé de faire enquête sur Alberto Rinaldo et que les résultats ne parlaient pas en faveur du jeune Italien : un bandit, avait dit le privé. Il choisit plutôt de demander :

« Il y a longtemps qu'il est parti?

— Deux semaines.

— Et tu vis maintenant seule dans ton appartement?

— Oui. »

Un espoir fou s'était emparé de lui. Peut-être Florence n'attendait-elle qu'un appel de sa part pour reprendre le chemin de l'avenue des Pins. Il demanda :

— Et... tu n'as pas songé à...

— À retourner vivre chez toi? le coupa-t-elle.

— Pas chez moi, chez nous, crut-il bon de préciser.

— Oui, j'y ai songé, mais j'ai décidé de rester ici.

— Ce n'est pas sérieux, Florence, reviens à la maison.

— Papa, ma vie est désormais ici, dans cet appartement qui est devenu mon chez-moi.

— Mais, chérie...

— Inutile d'insister, papa. »

À la façon dont elle avait martelé ces derniers mots, il comprit que la décision de sa fille était définitive. Néanmoins, il ne pouvait se résigner à abandonner aussi facilement. De nouveau, il tenta de la faire changer d'avis, mais cette fois en essayant de la culpabiliser comme il le faisait si bien lorsqu'elle était plus jeune.

« Florence, ma petite Florence, ne me laisse pas seul, je

t'en supplie. J'ai besoin de toi. Depuis ton départ je ne vis plus. J'ai peur de devenir fou. Si encore nous avions été malheureux quand nous étions ensemble, je comprendrais. Mais cela n'a jamais été le cas. Nous avons passé vingt merveilleuses années tous les deux avenue des Pins. Non?

— Oui, je le reconnais, papa, nous avons eu une belle vie. Mais j'ai découvert au cours de ces derniers mois qu'il me manquait quelque chose dans cette vie passée avec toi.

— Quoi?

— La liberté.

— La liberté? Qu'est-ce que tu me chantes là? Moi, Paul Lacroix, je t'aurais déjà empêchée de faire quelque chose? Tu sais bien que ce n'est pas vrai. J'ai toujours dit oui à tout ce que tu voulais.

— Ce n'est pas de cette sorte de liberté dont je parle.

— Alors, de quoi s'agit-il?

— J'ai été trop longtemps prisonnière de ta présence masculine, de toute cette attention que tu me portais, de ce sentiment que j'avais de devoir tout te consacrer parce que tu m'avais tout donné, de tes caresses qui m'éblouissaient, de ce plaisir enivrant que tu me procurais. Non seulement tu as été mon père, mais tu es devenu mon maître, car je croyais que toi seul pouvais me faire éprouver toutes ces sensations. Je t'avais mis sur un piédestal et je t'adorais comme un dieu, un dieu à qui je devais tout. Cependant, depuis que je fréquente des hommes de mon âge, j'ai découvert qu'ils pouvaient me faire éprouver les mêmes sensations, mais avec beaucoup plus d'ivresse, d'intensité et de plaisir.

— Ce n'est pas vrai! cria Paul.

— Si, papa, c'est vrai. »

Paul put sentir la tension qui se faisait jour dans la voix de sa fille. Il aurait mieux valu qu'il ne réplique pas, qu'il se taise tout simplement ou change de sujet de conversation. Mais ce fut plus fort que lui. Il cria presque:

« Alors, explique-moi pourquoi durant cette période tu t'es montrée plus entreprenante et plus passionnée que jamais auparavant.

— Désolée de te le dire, papa, mais j'avais pitié de toi. Après tout, je t'ai toujours aimé. Tu étais mon héros. Alors, je me culpabilisais de te tromper et je croyais pouvoir me racheter en te donnant le plus de plaisir possible.

— Donc, pendant toute cette période, tu me trompais en frétillant avec d'autres hommes et le soir tu me jouais la comédie?

— Comédie n'est pas le bon mot. Disons plutôt que je jouais un rôle de femme passionnée.

— Ainsi, tu te moquais de moi.

— Non, papa, c'est tout le contraire. En réalité, j'avais de la peine pour toi. Plusieurs fois, j'ai essayé de te dire la vérité, mais je ne trouvais pas le courage de le faire.

— Et tu l'as maintenant?

— Oui, car j'ai compris que le genre de relation que nous avions n'était pas normal. Un père et une fille ne doivent pas avoir de rapports sexuels, c'est contre nature. Mais tu as si bien endormi mon sens moral et éveillé mes plus bas instincts que je ne me contrôlais plus. Maintenant, je le regrette. »

Le ton de Paul lorsqu'il répondit se voulut sarcastique, mais il ne réussit qu'à être pathétique.

« Parce que maintenant tu éprouves des remords?

— Non, de l'écœurement pour ce que nous avons fait.

— Pourtant c'est toi qui au cours des deux dernières années as donné le ton à notre relation.

— Je le reconnais et, comme je viens de te le dire, je le regrette. Mais, s'il y a un responsable de ce que j'ai fait, c'est toi. Tu m'as littéralement envoûtée. À force de me caresser contre ma volonté quand j'étais petite, tu as fini par faire naître du désir en moi. Ces attouchements sont devenus un besoin, puis une passion. À cause de toi, je suis devenue une mordue de sexe. Papa, tu n'aurais pas dû faire ces choses avec moi quand je n'étais qu'une enfant. Si tu ne l'avais pas fait, nous n'en serions pas là. Tout est de ta faute.

— Oui, tu as raison, je n'aurais pas dû, mais...

— Mais tu ne pouvais pas te retenir, le coupa-t-elle sèchement.

— C'est vrai, je n'étais pas capable, avoua-t-il.

— Tu en étais incapable parce que tu es malade, papa. Excuse-moi de te dire cela, mais tu es un pédophile, un pédophile devenu incestueux avec le temps. »

Paul tressaillit. Pourquoi Florence sentait-elle le besoin de lui rappeler cette horrible et abjecte passion qui était la sienne depuis sa rencontre avec la petite Claire? Il avait toujours su à quoi s'en tenir, mais, rongé par la honte, son esprit ne l'avait jamais acceptée. Sa fille venait de le lui révéler de la plus directe des façons et cela lui causa un terrible choc. D'un seul coup, la douleur jaillit derrière son front et se répandit peu à peu dans toute sa tête. Il reconnut les prémices de cette douloureuse migraine qui lui faisait perdre conscience. Il savait qu'il ne lui restait que peu de temps avant que cela ne se produise. Il aurait dû mettre fin à cette conversation et aller se coucher, mais il ne le fit pas. Blessé au plus profond de son être par l'accusation de Florence, il sentit le besoin de répliquer.

« Alors, si je suis un pédophile, cria-t-il dans le combiné, toi tu es une nymphomane!

— Je sais, papa, et je n'en suis pas spécialement fière, mais c'est moins grave et plus naturel que d'être pédophile.

— C'est pourquoi tu ne veux plus de moi? »

Florence hésita. Devait-elle lui dire la vérité au risque de le blesser? Elle choisit de le faire. Il fallait qu'il sache pour qu'à l'avenir il n'y ait plus d'ambiguïté dans leur relation; si relation il devait y avoir, bien entendu.

« Je ne veux plus de toi parce que tu es mon père. »

Il y eut un instant de silence avant qu'elle ajoute d'une voix décidée:

« Aussi parce que tu es vieux, ridé et essoufflé au moindre effort. Tu crois qu'il est affriolant, pour une femme de vingt ans, de faire l'amour avec quelqu'un comme toi? »

En l'entendant, il fut submergé d'une bouffée de rage incontrôlable. Il devait lui répondre, mais il savait que le temps lui était compté. Sa migraine empirait et l'épouvantable étau commençait déjà à lui enserrer les tempes.

« Tu es bien comme ta mère! trouva-t-il encore la force de crier.

— Qu'est-ce qu'elle avait ma mère?

— C'était une femme qui ne pensait qu'au sexe, une putain prête à coucher avec le premier venu, une nympho-mane comme toi qui s'est enfuie en m'abandonnant pour un voleur de femmes plus jeune et plus beau que moi. »

La voix de Florence avait des accents tristes mais fermes lorsqu'elle répondit :

« Alors, si je suis comme elle, papa, je t'abandonne moi aussi, comme elle l'a fait. C'est tout ce que tu mérites. Adieu. »

Et Paul entendit le téléphone se refermer à l'autre bout. Il était temps car, déjà, sa vision commençait à se brouiller et des vertiges l'assaillaient. En vitesse, il reposa le combiné, regagna sa chambre, se laissa tomber sur son lit et, quel-ques secondes plus tard alors que la douleur devenait insurmontable, il perdit conscience.

* * *

Il était vingt heures lorsqu'il revint à lui. Sa tête résonnait encore des coups de boutoir que la migraine lui avait assénés. Cependant, le pire était passé et le mal irait en s'atténuant au cours de la prochaine heure pour finir par disparaître totalement, le laissant las mais l'esprit clair.

Dès son réveil, il repensa à la discussion qu'il avait eue avec sa fille quelques heures plus tôt. Il se sentait respon-sable. Il s'en voulait de s'être emporté et de lui avoir dit des choses désagréables, méchantes même. Il est vrai que Florence n'avait pas été très tendre dans ses propos, mais il avait plus d'expérience qu'elle et cela aurait dû le pousser à ne pas répliquer à ses attaques. S'il avait gardé son calme, s'il lui avait parlé avec douceur et gentillesse, s'il n'avait pas essayé d'argumenter avec elle et si, au lieu de l'attaquer, il l'avait simplement invitée au restaurant, sans doute que leur conversation n'aurait pas dégénéré de cette façon. Peut-être même aurait-il dû se contenter de l'écouter, de sans se fâcher et de se rendre chez elle pour s'expliquer tranquillement. Il avait été bête de la traiter de toutes sortes de noms d'oiseaux, surtout d'utiliser le mot putain. S'ils avaient été face à face, il n'aurait pas agi ainsi, il en était certain. Il resta plusieurs minutes assis sur le bord de son lit à se demander si ce n'était pas sa migraine qui l'avait poussé à se montrer aussi méchant. En sentant qu'il allait être victime d'une grosse crise, il avait débité des paroles sans réfléchir aux conséquences qu'elles pourraient avoir. Maintenant, les ponts semblaient bien coupés entre eux et, s'il n'essayait pas de les restaurer très rapidement, les dommages pourraient s'avérer irrémédiables. La rancune de Florence se durcirait au fil des jours, des semaines et des mois.

« Et si j'allais la voir dès ce soir, pensa-t-il, *j'arriverais peut-être à arranger les choses? »*

Il se doutait bien que ce ne serait pas facile. Cependant, avec de la patience et de la douceur, il pourrait peut-être y parvenir. De toute façon, il n'avait rien à perdre en essayant, car s'il ne tentait rien, il était sûr de ne plus jamais la revoir. S'il se rendait chez elle, s'excusait, pleurait juste ce qu'il fallait comme il savait si bien le faire, il parviendrait peut-être à l'amadouer. Il ne fallait surtout pas qu'il parle de la ramener chez lui. Il réfléchit quelques instants et se décida. Il irait la voir après avoir mangé une bouchée.

Une fois son frugal repas terminé, il se leva et se dirigea vers le placard pour y prendre un lainage et un anorak. Le thermomètre indiquant moins deux degrés et, la migraine l'ayant laissé fébrile, il ne voulait pas prendre froid.

En ouvrant la porte du placard il se vit dans la glace qui en occupait tout l'arrière et ce qu'il observa fit naître un pâle sourire sur ses lèvres. Florence avait raison. Il était vieux, à moitié chauve, ridé, bedonnant et il avait de belles grosses poches sous les yeux. Comment, avec un tel physique, pouvait-il espérer rivaliser avec des jeunes gens dans la force de l'âge? Cela n'était pas possible, il s'en rendait bien compte maintenant. Il devait même se compter chanceux de l'avoir gardée pour lui aussi longtemps. Au lieu de l'insulter, il aurait dû la remercier. C'est ce qu'il allait faire en arrivant chez elle. Il lui dirait qu'il la comprenait, et que son seul souhait était d'avoir des relations normales fondées sur le respect, la tendresse et l'attachement qu'un père et sa fille devaient avoir l'un pour l'autre.

Confiant d'arriver à convaincre Florence de sa bonne foi, il sortit dans le froid chargé d'humidité de cette soirée d'automne et se dirigea vers la rue Sainte-Famille.

Un quart d'heure plus tard, debout devant l'immeuble habité par sa fille, il sortit les deux clés qu'elle avait posées à côté de son déshabillé le jour où elle avait déménagé. Elle avait même griffonné sur un bout de papier collé à l'une d'elles le numéro de son appartement. En les regardant, il regretta de ne pas les avoir utilisées plus tôt. C'est probablement ce que sa fille avait espéré en les lui laissant. Mais, trop fier, trop orgueilleux, il n'avait pas voulu donner suite à cette invitation et il était resté cloîtré chez lui à attendre qu'elle fasse les premiers pas. Malheureusement, elle ne les avait jamais faits. Ce qu'il avait pu être bête!

Une fois dans l'immeuble, il monta jusqu'au quatorzième étage. Arrivé devant la porte de l'appartement de Florence, il hésita. Devait-il sonner et attendre qu'elle vienne lui ouvrir, ou bien valait-il mieux qu'il entre en utilisant ses clés? Il opta pour la deuxième solution en se disant que, s'il sonnait, elle regarderait à coup sûr par le judas et, en le découvrant derrière la porte, refuserait peut-être de lui ouvrir.

Lorsqu'il pénétra à l'intérieur de l'appartement, tout était sombre et silencieux. Seule une veilleuse éclairait le petit vestibule. « Florence », cria-t-il, mais il n'obtint pas de réponse. *« Elle doit être absente »*, pensa-t-il. Il cria de nouveau, cette fois beaucoup plus fort, mais seul le silence lui répondit. Pendant un instant il songea à repartir, taraudé par l'impression de violer l'intimité de sa fille. Cependant, l'envie de découvrir l'endroit où elle vivait, de voir comment elle avait aménagé cet appartement l'emporta et il s'avança dans le couloir en tâtonnant un peu.

C'est à cet instant qu'il perçut un bruit d'eau coulant dans un évier, comme si on avait oublié de fermer un robinet avant de partir. Il s'approcha de la pièce d'où provenait ce bruit et poussa la porte qui était aux trois quarts fermée. Tout était sombre et il mit quelques secondes avant de comprendre que la masse blanchâtre qu'il touchait était un réfrigérateur et qu'il devait se trouver dans la cuisine. La noirceur, le bruit de l'eau, les formes indistinctes, l'impression de se comporter en intrus le mirent mal à l'aise et de nouveau il pensa à repartir. Il n'avait pas le droit d'être là. Que penserait Florence si elle arrivait à l'improviste et le trouvait en train de fouiller chez elle? Sans doute qu'elle ne le lui pardonnerait pas et que toute chance de renouer des liens avec elle s'envolerait. Inquiet, honteux, il décida de repartir, mais pas avant d'avoir refermé ce robinet qui coulait. À force de tâtonner, il trouva un commutateur près de la porte et le poussa. C'est en reportant son regard vers l'endroit où se trouvait l'évier qu'il vit Florence. Elle gisait sur le plancher près de la table, couchée dans une flaque de sang encore frais, la gorge tranchée. Le cœur de Paul s'arrêta de battre pendant un instant et il dut se retenir au cadre de la porte pour ne pas tomber. Il ferma les yeux, espérant qu'en les rouvrant le corps de Florence ne serait plus là. Mais ce ne fut pas le cas et, envahi par un énorme désespoir, il finit par admettre que ce qu'il voyait était la réalité.

Par réflexe plus que par conviction, il lui prit le pouls, mais il ne sentit rien. Pendant un long moment, ne sachant que faire, incapable d'avoir une seule pensée cohérente, il resta là, désemparé, paralysé, privé de raison.

Combien de temps resta-t-il ainsi? Plus de quinze minutes, apprit-il plus tard. Quand il émergea finalement de cette longue léthargie, il comprit qu'il lui fallait prévenir la police. Sans réfléchir, il sortit de la cuisine et, au lieu de se diriger vers le téléphone, il quitta l'appartement et courut jusqu'au poste de police situé non loin de là.

* * *

Calé dans le fauteuil, otage de cette torpeur dans laquelle les photos de l'album le plongeaient, Paul Lacroix vit son double virtuel s'éloigner en courant vers le poste de police et disparaître dans une sorte de brume blanchâtre. Il venait de revivre une horrible scène et il pouvait sentir son cœur tambouriner dans sa poitrine. Il essaya d'ouvrir les yeux, de bouger, mais il en fut incapable. Il était comme paralysé et seul son esprit semblait fonctionner. Que se passait-il? Les nuits précédentes, quand il revenait à lui, il pouvait bouger, marcher, voir. Pourquoi n'était-ce pas le cas aujourd'hui? Se pouvait-il que Florence soit allée trop loin en voulant contrôler son esprit et qu'elle ne soit plus capable de lui redonner la maîtrise de son corps et de ses muscles? Allait-il rester prisonnier de cette berceuse pour toujours et y mourir de faim et de soif? Une sensation atroce, mélange de peur, d'angoisse et d'épouvante, lui comprima le cœur à tel point qu'il crut être victime d'un infarctus. Après un moment, la douleur cessa et, prudemment, il recommença à essayer de bouger ne serait-ce que le petit doigt. Mais ses efforts demeurèrent vains et le désespoir s'empara de lui, car il sentait qu'il ne pourrait résister longtemps, que la folie le guettait, qu'elle commençait même déjà à s'insinuer dans les recoins obscurs de son cerveau.

* * *

Il allait se laisser glisser vers le néant lorsqu'il fut tiré en arrière par une image qui peu à peu apparut, une image trouble, aux contours imprécis et à la définition incertaine.

Toujours prisonnier dans son fauteuil, il essaya de reprendre le contrôle de ses nerfs et de réfléchir de façon calme et méthodique, sans paniquer. « *Et si c'était Florence*, pensa-t-il d'un seul coup, *qui m'a gardé immobile parce qu'elle avait encore des choses à me montrer?* » Ce que le docteur Legrand avait dit lui revint alors en mémoire: « Votre fille va probablement vous montrer la scène de son assassinat. »

Cet instant était-il arrivé? La perspective qu'il puisse apercevoir le meurtrier de sa Florence le galvanisa et il se concentra sur l'image qui s'imprimait lentement dans son cerveau. Puis une chose extraordinaire se produisit. Il y eut un vide, du noir, et, l'instant d'après, il se vit dans l'image, il était dans l'image. C'était la première fois qu'il avait cette impression.

Au début, tout était trop obscur, trop embrouillé pour qu'il puisse situer l'endroit où il se trouvait. Mais, l'image se précisant, il réalisa qu'il était debout dans la cuisine de sa fille et que la forme humaine qu'il apercevait près de l'évier était Florence occupée à laver la vaisselle. Il voulut s'élancer vers elle, la prendre dans ses bras, mais il ne le put. Il était rivé au plancher. C'était comme si ses jambes ne lui appartenaient plus. Il pouvait bouger la tête, les yeux, les bras, le haut du corps, mais pas ses jambes. Il en était à se demander pourquoi, lorsqu'il distingua du coin de l'œil un mouvement sur sa gauche tout près de la porte d'entrée de la cuisine. Une silhouette aux formes floues venait de pénétrer dans la pièce et s'avançait en douce dans le dos de Florence. Paul sentit une vague d'horreur l'engloutir quand il comprit que l'ombre se glissant de manière furtive vers sa fille était sans aucun doute son assassin. Il oublia qu'il revivait une scène du passé, que ce qu'il voyait s'était déroulé une vingtaine de jours plus tôt. Pour lui, une seule chose comptait: prévenir Florence, lui dire de courir, de s'enfuir au plus vite. Il cria, mais aucun son ne sortit de sa bouche. Il réalisa alors que tout était silencieux, un silence total, un silence de mort. La silhouette fantomatique s'approcha de la table, et une souffrance indicible s'empara de lui lorsqu'il la vit saisir ce qui lui apparut être un long couteau et se diriger vers Florence toujours inconsciente de ce qui se tramait derrière elle. Tout en sachant que c'était inutile, il tenta encore de se porter à son secours. Il eut beau redoubler d'efforts, ses jambes refusèrent de lui obéir et il se rendit à l'évidence. Il ne pouvait que regarder.

Puis tout se passa très vite. Il vit la forme spectrale se

dresser derrière Florence, saisir sa chevelure d'une main, tirer brutalement sa tête vers l'arrière et, de son autre bras, esquisser un mouvement de gauche à droite au niveau de la gorge. Le meurtrier faisant écran, Paul ne put voir le couteau s'enfoncer dans la chair de sa fille, mais ce qu'il vit fut suffisant pour comprendre qu'elle allait mourir. Ses deux bras battirent l'air pendant quelques secondes, son torse se contorsionna comme un poisson hors de l'eau avant de se cabrer comme un arc que l'on tend, et sa tête fit un drôle d'angle avec son corps. Puis il n'y eut plus de mouvement. Le tueur relâcha alors son étreinte et Florence s'effondra au sol, semblable à une marionnette dont le manipulateur aurait coupé les fils.

L'esprit en ébullition, avide de vengeance, Paul plissa les yeux, les écarquilla, les frotta dans l'espoir de distinguer les traits du meurtrier de sa fille. Mais il eut beau forcer sa vue, l'image restait toujours aussi floue. Il était incapable de détailler le visage de l'assassin qui s'était maintenant tourné vers lui comme s'il le mettait au défi de le reconnaître. Une rage folle, douloureux mélange d'impuissance et de culpabilité de n'avoir pu empêcher la mort de sa fille, s'empara de lui, et des larmes glissèrent sur ses joues.

Le meurtrier ne perdit pas de temps. Il regarda autour de lui, se dirigea vers un tiroir ouvert sous l'évier, saisit quelque chose que Paul ne put voir, attrapa un linge à vaisselle, y enroula le couteau et l'objet qu'il venait de prendre, et déposa le tout dans un sac de plastique traînant sur la table. Puis, d'un pas rapide, il sortit de la cuisine et se dirigea vers la porte de l'appartement après avoir éteint. S'étant assuré par le judas que le couloir était libre, il ouvrit la porte et s'enfuit en empruntant l'escalier de service. Paul, toujours à l'entrée de la cuisine, voulut partir à sa poursuite, mais avant qu'il ait pu faire un geste, il y eut encore du vide, un trou noir et il se retrouva lui aussi dans l'escalier derrière le meurtrier. Sans chercher à comprendre ce qui lui arrivait, il n'eut qu'une seule idée: le rejoindre et voir son visage. Cependant, malgré ses efforts, il ne parvint pas à le rattraper. C'était comme si une force invisible l'empêchait d'approcher de celui qu'il poursuivait. Finalement, il comprit qu'il ne servait à rien d'essayer et se résigna à le suivre. Peut-être arriverait-il à découvrir quelque chose d'important. Ils descendirent jusqu'au rez-de-chaussée dans un silence d'outre-tombe. Il avait l'impression d'être sourd. Toujours à la suite de l'assassin, il sortit de l'immeuble, prit la rue Prince-Arthur, puis tourna sur le boulevard Saint-Laurent, direction nord.

Tout au long de cette artère qui sépare l'ouest de l'est de Montréal, le meurtrier parut chercher quelque chose. Il regardait tantôt à gauche, tantôt à droite. Après une vingtaine de minutes de ce manège, il s'arrêta brusquement devant une palissade en bois érigée devant les décombres d'un vieil immeuble de quatre étages ravagé par les flammes quelques semaines plus tôt. Il n'en restait qu'un immense amas de ferraille tordue, de briques brisées, de planches et de madriers à moitié consumés, de déchets de toutes sortes. Les autorités s'étaient contentées de les laisser sur place en attendant le printemps suivant pour tout nettoyer. L'homme hésita, semblant réfléchir, puis il parut se décider. Il regarda autour de lui comme pour s'assurer de ne pas être vu, poussa la porte de la palissade, se dirigea vers les décombres et y lança le sac de plastique contenant l'arme du crime. Il le regarda rebondir sur la ferraille et tomber vers ce qui avait été la cave de l'immeuble. Le couteau perdu ainsi au milieu de tous ces débris, le meurtrier avait dû se dire qu'il y avait peu de chances pour qu'on le retrouve. Satisfait, il revint sur le boulevard en refermant soigneusement la porte de la palissade et reprit sa marche, mais cette fois vers le sud.

Paul voulut lui emboîter le pas, mais ses jambes refusèrent encore une fois de lui obéir. C'était comme si une force invisible avait pris possession de tout son être.

Il se demandait ce qui allait lui arriver lorsque l'image des décombres, de la palissade, du boulevard Saint-Laurent et de la silhouette marchant au loin commença à s'éloigner de lui, d'abord lentement, puis de plus en plus vite jusqu'à disparaître complètement.

L'instant d'après, il se retrouva dans la chambre de Florence en ayant l'impression que son cœur allait exploser.

Il resta assis dans le fauteuil plusieurs minutes, réfléchissant à ce qu'il venait de voir. Il avait assisté au meurtre de sa fille, mais il n'avait pu distinguer le visage de l'assassin. Par contre, il savait où était l'arme du crime. Il allait donc pouvoir faire avancer l'enquête en indiquant à la police où elle se trouvait. Peut-être y décèlerait-on des empreintes du meurtrier? Il regarda sa montre et sursauta : presque cinq heures du matin. Cette fois, sa transe avait duré trois heures. Florence devait avoir une sacrée emprise sur son esprit pour le maintenir dans cet état aussi longtemps. Il faudrait qu'il en parle avec le docteur Legrand pour savoir si c'était normal.

Il se leva et, après avoir éteint, retourna dans sa chambre. Mais avant de se mettre au lit, il chercha dans son carnet le numéro de téléphone du lieutenant Grimard. Il l'appellerait dès huit heures. Cependant, en notant le numéro sur un bout de papier, il eut un doute. Le policier le croirait-il? Quinze jours auparavant, lui-même n'aurait pas cru qu'un fantôme puisse revenir de l'au-delà pour donner des indications utiles sur un meurtre. Plutôt que d'appeler Grimard, ne serait-il pas préférable qu'il communique d'abord avec Legrand et laisse à lui le soin de le prévenir? Avec la caution du distingué professeur, il avait plus de chances qu'on le prenne au sérieux. Oui, il allait passer par lui.

Sa décision prise, il régla son réveil pour huit heures et se coucha. Cependant, trop énervé, il ne put fermer l'œil du reste de la nuit.

* * *

Le docteur Legrand écouta avec beaucoup d'attention la description de la scène du meurtre, les gestes de l'assassin et, surtout, le lieu où celui-ci s'était débarrassé du couteau. Son intérêt était visible.

« Vous êtes certain de pouvoir retrouver l'endroit où

l'assassin s'est débarrassé de l'arme du crime? demanda-t-il à Paul Lacroix quand il eut terminé.

— Oui, sans problème, je passe devant tous les jours.

— Hum! C'est excellent. Vous êtes un meilleur médium que je ne le croyais, monsieur Lacroix.

— C'est vous qui êtes fort, car dès le départ vous aviez prévu que Florence allait me fournir des indications pour retrouver et confondre son meurtrier.

— Je me suis contenté de faire un certain nombre de déductions qui, pour l'instant, semblent vouloir se vérifier. Mais le plus important, c'est la découverte de l'arme du crime. Cela devrait aider la police à démasquer l'assassin.

— À condition qu'elle croie à mon histoire.

— Pourquoi ne le ferait-elle pas?

— Mettez-vous à la place des enquêteurs qui entendent une pareille histoire. Ils ne voudront jamais me croire.

— Oui, mais le lieutenant Grimard est quelqu'un d'ouvert.

— Je sais, mais... si je puis me permettre de vous demander ça, j'aimerais que ce soit vous qui le contactiez pour lui raconter ce que j'ai vu. Comme c'est l'un de vos amis, il vous croira plus facilement que moi. »

Le professeur ne répondit pas tout de suite. L'aider servirait-il son plan? Il décida que oui.

« Bon, d'accord, si vous pensez que ça peut le convaincre, je vais lui parler, dit-il.

— Merci, docteur. Dommage que je n'aie pas vu le visage du meurtrier, cela aurait facilité les choses.

— Ne perdez pas espoir. À mon avis, Florence vous le montrera et ce, avant longtemps. Je ne serais pas du tout surpris que cela se produise la nuit prochaine.

— Mais pourquoi ne pas l'avoir fait la nuit dernière?

— L'explication peut paraître simpliste, mais sans doute ne maîtrise-t-elle pas encore suffisamment vos pensées. Cela pourrait expliquer le flou de votre vision. Pénétrer le mental d'un vivant, lui imposer des images précises ne doit pas être une chose facile même pour une entité surnaturelle. Si c'était simple à faire, il y aurait beaucoup de cas connus et étudiés.

Mais personnellement, j'en connais peu. On lit parfois, dans des revues spécialisées, des récits sur des lieux que des victimes d'assassinat ou de massacre auraient chargés de fluide émotionnel. Ce sont, en général, les endroits où elles ont trouvé la mort. On dit alors que les murs, les planchers et les plafonds de ces endroits ont de la mémoire. En se retrouvant dans de tels lieux, certaines personnes dont la sensibilité est très aiguisée peuvent éprouver des sensations très déplaisantes et une peur pouvant aller jusqu'à la panique. Certains médiums sont même capables d'appréhender ce qui est arrivé juste en touchant les murs. Cependant, il est exceptionnel qu'ils parviennent à voir le déroulement des événements. Ils ont des impressions mais rarement des visions comme vous en avez. Vous êtes le premier cas que je rencontre personnellement.

— Donc je serais un médium?

— Tout au moins avec votre fille.

— Et vous pensez vraiment que j'arriverai à percevoir les choses de manière plus précise, moins floue?

— C'est logique, non? Si Florence a senti que vous souhaitiez vraiment voir son assassin, elle va s'arranger pour vous le montrer. Elle ne vous a quand même pas fait revivre toutes ces étapes de votre vie pour rien. Le fait que vos transes soient de plus en plus longues et intenses est un signe qu'elle veut vous amener à ça. »

Il y eut un moment de silence que Paul rompit en demandant:

« Justement, sur ce dernier point, j'aurais une question à vous poser. Après avoir revécu les deux derniers épisodes de ma vie, je me suis réveillé. Or, j'étais conscient, mais incapable de bouger. J'étais comme paralysé. Je ne pouvais même pas ouvrir les yeux. J'avais l'impression d'être un cerveau sans corps. J'ai eu terriblement peur de ne pas pouvoir refaire surface complètement. Si je continue, croyez-vous qu'il y ait du danger pour moi?

— De quel ordre?

— Que je demeure paralysé par exemple ou qu'elle soit incapable de me ramener à la réalité?

— Non, si elle vous a gardé ainsi, c'était pour que vous ne bougiez pas. Elle avait encore des choses à vous montrer. La preuve, c'est que vous avez vu la scène de son meurtre. Réfléchissez, si elle vous montre son meurtrier, c'est pour que vous puissiez la venger. »

Paul Lacroix resta silencieux durant un moment avant de laisser tomber d'une voix étrangement douce :

« Ou bien que je le tue.

— Cette idée vous obsède, n'est-ce pas ?

— Mettez-vous à ma place. Je ne suis pas un assassin. Seriez-vous capable de tuer quelqu'un de sang-froid ? Moi, je ne crois pas pouvoir le faire et cela m'inquiète car si c'est ce qu'elle veut et que je n'obéis pas, quelle va être sa réaction ?

— Monsieur Lacroix, je crois vous avoir déjà dit de ne pas vous tracasser avec ça. Pour l'instant, essayons de régler la question de l'arme du crime et après, si nécessaire, nous aviserons. Je vais téléphoner à Grimard comme vous le souhaitez et je vous rappellerai pour vous dire quelle aura été sa réaction. Entre-temps, essayez de relaxer. Plus votre esprit sera disponible, plus ce sera facile pour Florence.

— D'accord. Mais, je vous en prie, ne me laissez pas tomber, j'ai tellement besoin de vous.

— Soyez sans crainte, je n'ai pas l'intention de le faire. D'ailleurs, vous passerez me voir à mon bureau cet après-midi. En vous hypnotisant, je vais essayer de vous préparer pour cette rencontre qui s'annonce décisive avec votre fille.

— Merci, sans vous je ne sais pas ce que je ferais. »

* * *

Toute la partie gauche du boulevard Saint-Laurent était bloquée par des voitures de police stationnées à l'intérieur d'un périmètre délimité par un large ruban jaune qui empêchait les badauds d'approcher. Directement devant l'endroit où Paul avait vu l'assassin se débarrasser de l'arme du crime, une petite grue montée sur une plate-forme de camion était déployée au-dessus de la palissade et déplaçait des tas de débris afin de faciliter le travail des hommes qui fouillaient les décombres.

Immobile sous la pluie qui tombait depuis le matin, le lieutenant Grimard, les bras croisés, observait la progression des recherches. Bien qu'impassible, il espérait ne pas s'être trompé en faisant confiance au docteur Legrand et à Paul Lacroix. S'il fallait que l'arme du crime ne se trouve pas à cet endroit, il aurait sûrement droit à un sérieux dîner-causerie avec son patron, sans compter les sarcasmes que ne manqueraient pas de lui adresser ses collègues des autres unités de la police.

Vers midi, il quitta les lieux et se dirigea de l'autre côté du boulevard vers un petit snack où Paul Lacroix et le docteur Legrand s'étaient réfugiés pour se réchauffer en attendant le résultat des recherches.

« Alors, lieutenant, vos hommes ont-ils trouvé quelque chose? demanda le psychologue au policier qui prenait place à leur table.

— Non, pas encore, répondit Grimard d'une voix où perçait un peu de désappointement.

— L'arrivée de la grue devrait leur faciliter les choses, reprit le docteur pour l'encourager. Une fois toute cette ferraille enlevée, ils pourront descendre dans le trou et fouiller les débris accumulés sur le sol. Monsieur Lacroix est persuadé que l'arme s'y trouve.

— Il vaudrait mieux pour nous trois qu'il ait raison. »

En prononçant ces paroles, le lieutenant jeta un long regard vers Paul Lacroix qui sentit un frisson d'angoisse le parcourir. Si on ne retrouvait pas le couteau, il aurait sans doute droit à une engueulade de première et deviendrait *persona non grata* auprès des services policiers. Il en était à chercher quelque chose à dire lorsque la porte du restaurant s'ouvrit sur un jeune policier à l'air excité qui lança:

« Chef, nous l'avons. »

Paul Lacroix poussa un soupir de soulagement. Il regarda le docteur Legrand qui lui fit un petit signe de tête en déclarant d'une voix joyeuse:

« Lieutenant, j'ai comme l'impression que notre ami Lacroix avait raison.

— Il semblerait bien que oui. Je retourne là-bas. Vous m'accompagnez?

— On vous suit. »

Les deux hommes vidèrent leur café et suivirent Grimard qui déjà traversait le boulevard. Lorsqu'ils le rejoignirent, il tenait dans ses mains gantées un paquet similaire à celui décrit par Paul Lacroix.

« C'est bien celui-là? demanda le policier.

— En tout cas, ça y ressemble beaucoup. Mais comme je vous l'ai dit tout à l'heure, l'image que j'avais devant moi n'était pas très claire.

— Je comprends, suivez-moi, tous les deux. »

Les trois hommes repassèrent de l'autre côté de la palissade et se dirigèrent vers le camion laboratoire de la police scientifique garé un peu plus loin. Ils pénétrèrent à l'intérieur et refermèrent la porte. Deux hommes vêtus de blouses blanches se levèrent à leur arrivée.

« Voilà l'objet à examiner, messieurs. »

Après avoir mis des gants de latex, un des deux techniciens saisit le sac, l'ouvrit et en extirpa un linge à vaisselle enroulé sur lui-même. En prenant beaucoup de précautions, il le déroula et fit apparaître un étui en cuir et un long couteau dont la lame était tachée de sang séché.

« C'est bien le couteau de Florence, ou un pareil! s'exclama Paul Lacroix.

— Comme ce genre de couteau est rare et que nous l'avons trouvé à l'endroit où vous avez vu l'assassin le jeter, je crois que c'est bien l'arme du crime, indiqua le policier en souriant. Monsieur Lacroix, je ne douterai plus jamais de vous. »

Puis, se retournant vers les deux experts, il ajouta:

« Je veux que vous me passiez ce couteau au peigne fin. Examinez aussi le linge à vaisselle et le plastique. Tout ce que vous pourrez trouver nous sera utile, mais l'idéal serait que vous détectiez des empreintes.

— Pouvons-nous retourner au labo? demanda le plus

vieux des deux techniciens. Nous y serions plus tranquilles pour travailler.

— Allez-y. Moi, je retourne au snack pour y prendre une bouchée avant de repasser par le bureau. N'hésitez pas à me prévenir dès que vous aurez le moindre indice. »

Toujours suivi par Paul Lacroix et le docteur Legrand, il ressortit du camion qui démarra aussitôt.

Le lieutenant Grimard le regarda s'éloigner, et, se retournant vers ses deux compagnons, il leur dit :

« Messieurs, la police de la Communauté urbaine de Montréal vous offre un bon hot-dog *steamé*. Intéressés?

— Bien sûr, répondirent les deux hommes en chœur.

— Allons-y. »

* * *

Le lieutenant Grimard était d'humeur massacrante. Le laboratoire de la police judiciaire venait de lui transmettre son premier rapport sur ce que l'on soupçonnait être l'arme du crime. Le résultat : rien, aucune empreinte, aucun indice, aucun élément tangible pouvant être exploité sauf, et c'était quand même important, le sang séché sur la lame du couteau qui correspondait à celui de Florence Lacroix. Pour plus de sûreté, on allait procéder à des analyses d'ADN, mais tout semblait indiquer qu'il s'agissait bien du couteau qui avait servi à la tuer. On n'avait rien trouvé d'utile non plus sur le linge à vaisselle et le sac en plastique. Pour Grimard, c'était la déception, surtout après les espoirs que la découverte de l'arme du crime avait soulevés chez lui. Il avait cru pouvoir boucler son enquête avec cette pièce à conviction, mais ce n'était pas le cas.

Ce qui l'ennuyait aussi, c'était de penser à la réaction de son patron en apprenant que la découverte du couteau ne faisait pas avancer les choses. Déjà, il commençait à trouver que cette affaire prenait une tournure un peu trop « tireuse de cartes ». Il ne raterait sûrement pas l'occasion de lui rappeler encore une fois qu'une enquête se menait à partir de faits concrets et non d'élucubrations psychiques ou surnaturelles.

Après avoir longuement réfléchi, Grimard décida qu'avant d'informer son patron des résultats du labo, il se rendrait au centre de détention Parthenais pour faire une dernière tentative auprès d'Alberto Rinaldo.

Il appela le responsable du labo et demanda qu'on lui apporte la pièce à conviction dans une boîte au couvercle transparent. Une fois en possession de l'arme du crime, il se dirigea vers Parthenais où Alberto l'attendait déjà dans une salle d'interrogatoire dont la porte était surveillée par deux gardiens.

Après avoir pénétré dans la petite pièce sans fenêtre dont le seul éclairage provenait d'un luminaire incrusté dans le plafond, il se dirigea vers l'une des deux chaises métalliques fixées au plancher et s'assit face au prisonnier qui, de l'autre côté de la table, le fixait d'un air arrogant.

« Bonjour, Alberto, commença-t-il.

— Si c'est pour m'interroger que vous venez ici, j'exige la présence de mon avocat, se contenta de répondre le petit mafieux.

— Qui te parle d'un interrogatoire? Il n'y a pas de caméra ni de magnétophone dans la pièce. Je suis simplement venu discuter en ami avec toi.

— Je n'ai pas d'amis chez les bœufs et je n'en aurai jamais, surtout pas vous. Il y a des gens que je ne tiens pas à fréquenter.

— C'est bien pour ça que tu es dans la merde jusqu'au cou.

— Je ne suis pas dans la merde.

— Bon Dieu! mais qu'est-ce qu'il te faut? Tu vas être déclaré coupable de meurtre avec préméditation et condamné à la prison à vie. Ce n'est pas être dans la merde jusqu'au cou, ça?

— Pour être condamné, il faudrait que j'aie tué Florence Lacroix. Or, ce n'est pas moi. Combien de fois faudra-t-il que je vous le répète pour que vous me croyiez?

— Tu peux le répéter autant de fois que tu le voudras, cela ne changera rien à ce que je pense. Pour moi, tu es le coupable.

— Non, ce n'est pas moi! »

Grimard sourit et se mordilla le pouce droit pour enlever une cuticule qui s'était soulevée. Puis, d'un ton qui se voulait protecteur, il dit :

« Tu sais, Alberto, ce n'est pas moi qu'il te faudra convaincre le jour de ton procès, mais les douze jurés qui rendront leur verdict.

— Encore faudrait-il qu'il y ait un procès.

— Pourquoi n'y en aurait-il pas? Tu penses t'évader?

— Pas besoin, votre dossier est vide et il va s'effondrer dès mon enquête préliminaire.

— Tu rêves, mon pauvre Alberto, je...

— Je ne veux pas que vous m'appeliez comme ça. Je ne vous appartiens pas et je ne suis pas pauvre; je peux même vous acheter dix fois! s'exclama le prisonnier en pointant son doigt sur Grimard.

— Oh! Quel caractère! Monsieur Rinaldo serait-il susceptible?

— Allez vous faire mettre.

— Justement, parlant de se faire mettre, les femmes ne te manquent pas trop à Parthenais? Ou peut-être que tu trouves ton bonheur avec les hommes? Hé! j'y pense tout d'un coup, peut-être que notre bel Alberto est une tapette et que Florence Lacroix l'a découvert. Ce pourrait bien être la raison pour laquelle il l'a tuée. Qui sait? »

Les traits d'Alberto se figèrent et le lieutenant Grimard put voir une lueur meurtrière s'allumer dans les yeux de son vis-à-vis. Se faire traiter de tapette était une sale injure dans le monde d'Alberto.

« Tu as envie de me frapper, mais tu n'oses pas, tu n'es pas assez courageux! lui lança le policier avec un sourire méprisant. Allez, tente ta chance, ajouta-t-il en levant les mains paumes ouvertes, pour le narguer davantage.

— Allez chier.

— Là, tu deviens grossier, ma poulette. Bon, je disais

donc que tu ne semblais pas réaliser la gravité de ta situation.

— Je sais très...

— Attends, laisse-moi finir. Mets-toi à la place des jurés. On leur présente un suspect accusé d'avoir tué une jeune femme dont tout le monde ne dit que du bien, un suspect qui, devant témoin, a juré de se venger d'elle. Deux témoins dont l'un est l'ami de l'accusé viendront le confirmer... Jusque-là ça va?

— ...

— Comme tu ne dis rien, ça doit aller. Alors, je continue. Ce suspect n'en est pas à ses premiers démêlés avec la police. Il a déjà été arrêté pour voie de fait, trouble à l'ordre public, résistance à agent et j'en passe. Il est soupçonné de trafic de drogue, de délit de fuite et de fraude. On le dit violent, brutal et immoral. Tu écoutes toujours?

— ...

— Tu n'es pas très bavard tout à coup. Je continue encore. Un témoin, dont la sincérité et le sérieux ne peuvent être mis en doute, a vu l'accusé pénétrer dans l'appartement de la victime à l'heure du crime et...

— Je vous ai déjà tout expliqué: pourquoi j'y suis allé, ce qui s'est passé, les raisons de mon silence...

— Arrête, Alberto, même un enfant ne croirait pas à ton histoire.

— Tout le monde n'est pas bouché comme vous. On verra bien au procès s'il y en a un.

— C'est tout vu, car depuis ce matin nous avons un nouvel élément à charge contre toi. C'est d'ailleurs pour t'en parler que je suis ici. »

Alberto haussa les épaules, se cura les dents avec son ongle puis laissa tomber:

« Vous essayez encore de me *boulshiter*. Pourquoi vous ne me laissez pas tranquille? »

Le lieutenant Grimard ne répondit pas. Lentement, il ouvrit son attaché-case pour en sortir la boîte où se trouvait l'arme du crime et, tout en camouflant son contenu à Alberto, la contempla pendant un long moment. Du coin de l'œil, il pouvait voir l'indifférence d'Alberto se transformer en curiosité au fur et à mesure que les secondes s'écoulaient.

Ayant jugé que son vis-à-vis était mûr pour la petite surprise, il déposa brusquement la boîte sur la table et demanda :

« Tu reconnais cet objet ? »

Le lieutenant Grimard vit Alberto froncer les sourcils en découvrant le couteau et crut apercevoir une lueur d'étonnement dans son regard. Cela ne dura qu'un instant, mais ce fut suffisant pour le policier qui l'observait avec attention.

« Alors, tu le reconnais ? reprit Grimard d'une voix forte tout en se penchant vers le jeune truand.

— ... Non. »

La voix du prisonnier avait perdu de son assurance et les muscles de ses joues se crispèrent après qu'il eut prononcé ce timide « non ». Il était visiblement ébranlé.

« Tu es un piètre menteur, Alberto. Bien sûr que tu reconnais ce couteau.

— Tabarnak ! Vous êtes sourd ! Je vous répète que je ne l'ai jamais vu.

— O.K., ne te fâche pas, on discute.

— Tu parles d'une discussion, vous n'arrêtez pas de me harceler et de me provoquer.

— Pas du tout. J'ai l'impression que tu souffres d'amnésie et je veux juste t'aider à retrouver la mémoire. C'est gentil, non ?

— ...

— Très bien, allons-y. Ce couteau, mon cher Alberto, est celui qui a servi à égorger Florence Lacroix. On le sait, car le sang sur la lame correspond au sien. Donc, aucun doute possible. Jusque-là, c'est clair ?

— ...

— C'est clair, oui ou non ! »

Le lieutenant avait crié en se redressant de toute sa hauteur. Ses traits s'étaient durcis et son poing s'était abattu sur la table de métal avec un bruit assourdissant. Surpris, effrayé, Alberto s'était reculé en levant les bras pour se protéger, comme s'il avait craint d'être frappé par le géant dressé devant lui.

« O... oui, c'est clair, balbutia-t-il, toujours sur la défensive.

— Voilà, ce serait plus simple et plus facile si tu répondais tout de suite. Tu sais que je suis un peu soupe au lait, alors ne t'arrange pas pour me mettre en colère, surtout que nous sommes seuls tous les deux et que les gardes à l'extérieur peuvent devenir sourds et aveugles au besoin. Tu m'as compris? Je continue, et là je te conseille d'écouter attentivement et, surtout, de me fournir une réponse crédible. »

Grimard se rassit, et d'une voix presque confidentielle, laissa tomber :

« Comment se fait-il que tu ne reconnaisses pas un couteau dont le manche porte tes empreintes? »

Alberto avait pâli. On aurait dit que le sang s'était retiré complètement de son visage. Sa lèvre inférieure tremblait et ses doigts avaient peine à tenir la cigarette que le lieutenant lui avait offerte quelques minutes plus tôt. La panique le gagnait. Ses yeux étaient rivés sur le couteau, comme hypnotisés par les taches brunes de la lame en obsidienne.

« Oui, finit-il par répondre d'une voix éteinte, je reconnais ce couteau.

— Alors, pourquoi prétendais-tu le contraire un peu plus tôt? »

Désarçonné, Alberto se contenta de hausser les épaules, l'air dépité.

« Bon, passons, ce n'est pas important. Par contre, je veux une réponse satisfaisante et crédible à ma prochaine question : où as-tu vu ce couteau auparavant?

— Chez Florence. Elle l'utilisait presque toujours pour préparer les repas.

— Bravo! et toi, tu l'as déjà utilisé?

— Oui, à quelques occasions pour couper la viande.

— Tu ne l'aurais pas utilisé à une autre occasion par hasard?

— Quelle occasion?

— Pour, disons... lui trancher la gorge?

— Non, non, je ne l'ai pas fait!

— Et les empreintes?

— C'est normal qu'elles soient sur ce couteau, je l'utilisais de temps à autre.

— Difficile à croire, Alberto, car si ce que tu dis est vrai, cela signifierait que Florence n'aurait pas lavé son couteau entre le moment où elle t'a mis à la porte et celui où elle est morte. Quinze jours sans laver un couteau qu'elle utilisait, selon tes propres dires, à tout bout de champ, c'est un peu surprenant, non? »

Le lieutenant Grimard s'arrêta de parler et resta un long moment les yeux fixés sur son interlocuteur dont le front s'était emperlé de sueur. Alberto semblait déboussolé, perdu.

« Je n'y comprends rien, finit-il par répondre. La seule chose dont je suis sûre, c'est que je n'ai pas tué Florence Lacroix, ça, je le jure.

— Alberto, mon petit, tu es mal barré. Tu n'as pas une chance de t'en tirer. Pourquoi n'avoues-tu pas? Ça pourrait alléger ta sentence, sans parler de ta conscience, si tu en as une, bien entendu.

— Je ne peux quand même pas avouer un crime que je n'ai pas commis! cria Alberto en se levant et en donnant un coup de pied dans sa chaise qui, fixée au plancher, ne bougea pas.

— Ça suffit, tonna Grimard qui se leva, reprends ta place tout de suite et ne bouge plus, sinon, je t'étrangle.»

La voix de Grimard avait des accents effrayants et Alberto s'empressa d'obéir. Grimard attendit qu'il se soit rassis avant de reprendre:

« Dommage que tu t'obstines à nier. Sinon, j'aurais pu négocier avec le juge pour que ta sentence soit allégée. Mais c'est ta vie et tu peux en faire ce que tu veux. D'après mon expérience des tribunaux, tu vas en prendre pour vingt-cinq ans sans possibilité de remise de peine. Tu en es conscient, Alberto? »

Le présumé meurtrier ne répondit pas. Tête baissée, il resta immobile. Toute sa superbe du début avait disparu. Il était coincé et il le savait. Ses chances de s'en tirer étaient près du zéro absolu. Le lieutenant Grimard, qui l'observait, attendit quelques secondes avant de reprendre la parole et de pousser son offensive.

« C'est long, vingt-cinq ans au pénitencier, surtout pour quelqu'un comme toi. Dans les rues de Montréal, tu étais un caïd, mais dans les couloirs d'une prison à sécurité maximum, là où sont emprisonnés les vrais durs, tu ne seras plus qu'un larbin. Sans compter qu'avec ta belle gueule de don Juan, tu ne tarderas pas à avoir de la visite dans ton lit. On dit que le sida fait des ravages dans les prisons. Et qui sait, peut-être rencontreras-tu dans cette prison un de ceux que tu as fait tabasser ou un de ceux que tu as couillonnés dans le passé? Cela pourrait être ennuyeux pour toi. »

Le policier se tut quelques instants avant d'ajouter :

« Pas facile le pénitencier, Alberto. J'en ai connu des beaucoup plus costauds que toi qui ont craqué après quelques mois seulement et qu'on a retrouvés pendus dans les toilettes. On se suicide beaucoup dans les prisons, tu sais. »

Un long moment s'écoula avant qu'Alberto ne dise quelque chose. Le lieutenant Grimard venait d'utiliser tous ses arguments pour faire avouer celui qu'il soupçonnait d'avoir tué Florence Lacroix. S'il n'y parvenait pas maintenant, il aurait perdu. Enfin, pas tout à fait. Peut-être pourrait-il lui faire parler de la mafia? Il attendit. Après un assez long moment, Alberto releva la tête, fixa le policier avec morgue, se leva et alla frapper à la porte en criant :

« Gardes, gardes! Faites-moi sortir d'ici! »

Grimard comprit qu'Alberto n'avouerait jamais avoir tué Florence Lacroix. Il devait vite abattre la dernière carte qui lui restait.

« Dommage pour toi que tu veuilles partir, car j'avais une belle proposition à te faire.

— Vous pouvez vous la mettre où je pense, votre proposition.

— Elle aurait pu t'éviter la prison complètement. »

La porte s'était ouverte. Alberto hésita, puis revint s'asseoir.

« Refermez! lança Grimard aux gardiens qui repartirent en tirant la porte derrière eux.

— C'est quoi, votre proposition? » demanda Alberto toujours avec ce petit air de défi qu'il avait retrouvé.

Grimard sourit intérieurement.

« Très simple, expliqua-t-il, tu nous balances tout ce que tu sais sur la mafia montréalaise, tu témoignes contre tes anciens amis lors de leur procès et, en échange, on te donne une nouvelle identité pour que tu puisses refaire ta vie ailleurs au Canada.

— C'est ça, votre proposition?

— Oui.

— Vous êtes malade ou quoi?

— Pas du tout, je suis très sérieux.

— Alors, autant régler ça tout de suite: ma réponse est non.

— Pourquoi?

— D'abord, je ne suis pas un donneur, deuxièmement, je ne sais rien sur la mafia et, troisièmement, si je savais quelque chose et si je parlais, je serais un homme mort. Au moins, au pénitencier, j'ai une chance de m'en sortir. Votre offre, c'est de la merde.

— Je t'offre la possibilité de refaire ta vie sous une nouvelle identité n'importe où au Canada et tu appelles ça de la merde? Allons, Alberto, prends le temps de réfléchir pour une fois. Que tu ne sois pas un donneur, je veux bien le croire mais, dans ta situation, c'est presque une question de vie ou de mort. Parfois, il vaut mieux donner que recevoir. Et ne me dis pas que tu ne connais rien à la mafia. Ton père en était et, à sa mort, tu es devenu le protégé du parrain actuel.

— Qu'en savez-vous?

— Nous savons tout sur toi, sur Simone et tous les autres, mais nous manquons de preuves pour faire le grand ménage. Tu pourrais nous les fournir et recommencer une nouvelle vie.

— Si vous connaissez tout de la mafia, vous devez savoir que les donneurs, on leur coupe la langue et on les balance dans le Saint-Laurent avec un bloc de ciment aux pieds.

— Crois-moi, Alberto. Quand des repentis se tiennent à carreau, qu'ils travaillent honnêtement et ne contactent pas leurs vieilles connaissances ou leur parenté, ils s'en tirent tous. Je crois que les chances de t'en sortir sont dix fois plus grandes en acceptant mon offre qu'en la refusant.

— Vivre en reclus dans une petite ville de province en faisant un boulot de merde, très peu pour moi.

— Penses-y jusqu'à demain.

— Inutile, c'est non. »

Le lieutenant Grimard se leva et se dirigea vers la porte. Mais avant d'appeler les gardiens, il se tourna vers Alberto et lui dit :

« Tu sais, je pourrais sortir d'ici et lancer une rumeur à l'effet que tu es prêt à collaborer avec nous. Je me demande ce que Simone en penserait? Tu serais dans de beaux draps, cher Alberto.

— Salaud! Vous n'êtes qu'un chien sale, Grimard.

— Je repasse demain pour que tu me donnes ta réponse. D'accord? »

Sans se préoccuper d'Alberto qui continuait à l'injurier, le lieutenant Grimard se fit ouvrir la porte et quitta les lieux après avoir ordonné aux gardiens de ramener le prisonnier dans sa cellule.

* * *

Un verre de whisky à la main, Marcello Simone se tenait debout devant l'une des immenses fenêtres panoramiques qui constituaient presque tout le mur sud du penthouse qu'il occupait rue Peel. Face à lui s'étendaient les rues du centre de Montréal illuminées par les décorations de Noël, la masse noire du fleuve Saint-Laurent et, se perdant au loin, les lumières des municipalités de la Rive-Sud. Par temps clair, il pouvait voir les monts de l'Estrie et les terres s'étendant en direction de la frontière américaine.

Il avait acheté cet appartement pour la vue qu'il offrait et, souvent, comme aujourd'hui, il se tenait debout devant cette immense fenêtre pour contempler cette ville dont il dirigeait la vie interlope, celle qui était le cœur de cet empire mafieux qu'il avait érigé jusqu'aux coins les plus reculés du Québec et de l'est du Canada, celle dont il connaissait presque tous les secrets.

Il avait réussi à infiltrer une grande partie de son administration à l'aide d'informateurs qui le renseignaient sur toutes les décisions importantes prises par les autorités municipales. Mais son plus précieux contact se trouvait dans l'Escouade du crime organisé chargée justement de lutter contre tous les groupes criminels du Grand Montréal.

Dès son arrivée à la tête de la famille montréalaise, son premier souci avait été de se trouver un informateur à l'intérieur de cette unité spéciale. Il en avait finalement déniché un bon. Cela lui coûtait cher, mais il ne le regrettait pas. Il savait tout ce qui se passait au sein de la police et ces renseignements lui avaient évité bien des ennuis.

Quelques minutes plus tôt, un de ses hommes de confiance était passé le voir pour lui rapporter ce que cet informateur avait appris au quartier général de la police. Le lieutenant Grimard aurait rendu visite à Alberto Rinaldo dans le courant de l'après-midi. À son retour, il aurait déclaré à son patron et à celui de l'Escouade du crime organisé qu'il n'avait pas réussi à faire avouer Alberto pour le meurtre de Florence Lacroix, mais qu'il était confiant d'en faire un repenti prêt à témoigner contre « sa famille » en échange d'une nouvelle identité et d'une nouvelle vie.

Marcello avait remercié son visiteur et lui avait demandé de le laisser seul. Il s'était alors versé un whisky et était venu se planter devant la fenêtre panoramique pour réfléchir. Le moment de la décision était venu. Il resta ainsi une bonne heure pratiquement sans bouger. Finalement, il hocha la tête et poussa un long soupir. Après avoir vidé son verre, il se dirigea vers le téléphone et, une fois la communication obtenue, il se contenta de déclarer à son correspondant:

« O.K. »

∗ ∗ ∗

Il était près de dix-huit heures quarante lorsque le lieutenant Grimard passa la tête dans la porte du bureau de son patron et lança:

« Jacques, j'ai du nouveau dans l'affaire Lacroix.

— Encore! s'étonna le capitaine Buchalet, je croyais pourtant que la journée nous avait réservé son lot de surprises. Cela va te permettre de boucler ton enquête?

— Peut-être, mais je ne sais pas encore. »

Buchalet émit un léger sifflement et hocha la tête.

« On dirait que tu es moins enthousiaste que cet après-midi. Raconte-moi tout.

— D'abord, l'empreinte de la semelle laissée par le meurtrier. Je viens de recevoir un rapport de nos enquêteurs. Ils ont finalement identifié la marque de la chaussure. Il s'agit d'une Rockport.

— Connais pas. Cela ressemble à quoi?

— Ce sont des chaussures sport à semelles épaisses très populaires chez les bobos américains. Elles commencent aussi à être à la mode chez les Montréalais branchés qui les portent au printemps et à l'automne. Elles coûtent un bras.

— Bon travail, cela ne peut que nous aider.

— Oui. Je vais demander un mandat et demain matin nous irons fouiller le domicile d'Alberto. Peut-être qu'on en trouvera une paire chez lui. Nous allons aussi interroger son entourage pour savoir s'il en porte.

— Si vous en trouvez une paire chez lui et que la pointure corresponde à celle des marques retrouvées, cela bouclerait l'enquête.

— C'est ce que je croyais moi aussi jusqu'à ce que l'on mette la main sur un nouveau témoin. »

Grimard regarda le bout de ses chaussures avant de relever les yeux et de continuer:

« Rappelle-toi, il y a deux ou trois jours, tu m'as incité

à poursuivre nos recherches sur le gardien. Tu avais raison de le faire, comme d'habitude.

— Avant de m'expliquer ça, entre dans le bureau et viens t'asseoir. De voir ta tête dans l'encadrement de la porte me donne l'impression que tu n'as pas de corps. »

Grimard esquissa un bref sourire et vint s'asseoir face à son patron.

« Figure-toi, reprit-il, que nous avons mis la main sur un témoin qui était au match de hockey le soir du meurtre.

— Et il a vu Mongrain, je parie?

— Oui, mais seulement pour quelques minutes.

— Tiens, tiens. Là tu m'intéresses, mon bonhomme.

— Tu crois que c'est lui, le meurtrier, et non Alberto, n'est-ce pas?

— Pour l'instant, je ne crois rien. Je veux des preuves dans un sens ou dans l'autre. Parle-moi de ton témoin.

— Ce monsieur est un amateur de boxe dont le fils a participé au tournoi des gants dorés cette année. Son patron a des billets de saison et, parfois, il les lui laisse. C'est ce qui est arrivé le soir du meurtre. Ils sont situés quelques rangées derrière le banc que Mongrain occupait. Le match était commencé depuis une dizaine de minutes lorsqu'il l'a vu se lever et quitter sa place. Il a guetté son retour, car il voulait lui demander un autographe pour son fils. Mais...

— L'ancien boxeur n'est jamais revenu.

— Exact. Tu t'en doutais, hein?

— J'ai trouvé étrange que personne ne se souvienne de l'avoir aperçu durant tout le match. En général, une ancienne vedette comme lui ne passe pas inaperçue.

— Donc, il nous a menti en affirmant avoir passé la soirée au Centre Molson et, s'il nous a menti, c'est qu'il a quelque chose à cacher.

— Attendons avant de tirer des conclusions. Il avait peut-être une bonne raison de ne pas nous dire la vérité.

— Justement, c'est ce que nous allons savoir. J'ai envoyé deux hommes avec mission de le ramener ici. Il devrait arriver dans une dizaine de minutes. Tu veux l'interroger avec moi?

— Certainement. On va utiliser mon bureau plutôt que le tien. On sera plus à l'aise. Je m'occupe des mondanités et tu interviens quand tu le jugeras à propos. Appelle-moi lorsqu'il sera là. »

* * *

« Le soir du meurtre de Florence Lacroix, vous étiez bien au Centre Molson, monsieur Mongrain? »

L'ancien boxeur était assis dans le bureau du capitaine Buchalet depuis une dizaine de minutes et, jusque-là, la conversation, menée par le chef de l'Escouade des homicides, s'était limitée à des banalités. C'est le lieutenant Grimard qui venait de poser cette question dont l'incongruité sembla prendre leur invité au dépourvu.

« Euh... oui, bredouilla-t-il en fronçant les sourcils.

— Vous êtes resté jusqu'à la fin?

— Oui.

— Toujours à la même place? »

Les questions de Grimard avaient été formulées sèchement, durement même. Mongrain ne répondit pas tout de suite. Il commençait à réaliser que, contrairement à ce que les agents venus le chercher lui avaient dit, cette rencontre n'allait pas être amicale. La peur commença à lui baratter les intestins. Buchalet et Grimard savaient-ils qu'il n'était pas resté au Centre pendant tout le match? Probablement que oui, sinon, pourquoi poseraient-ils cette question? Selon la loi, il pouvait refuser de répondre sans la présence d'un avocat. Mais à quoi bon? Si les deux policiers savaient, ils ne le lâcheraient plus. À moins, bien sûr, qu'ils n'aient que des doutes et qu'ils cherchent à le faire parler.

« Pourquoi ces questions? se risqua-t-il à demander dans l'espoir d'en apprendre davantage.

— Parce que nous avons de bonnes raisons de croire que vous avez quitté le Centre Molson dix minutes après le début du match et que vous n'y êtes revenu qu'à la fin. »

Donc, ils savaient. Il essaya de réfléchir vite. Nier ne servirait à rien. Refuser de répondre et demander un avocat risquait d'être interprété comme un aveu de culpabilité puisqu'on semblait le considérer comme un suspect pour le meurtre de Florence Lacroix. Il valait mieux qu'il trouve rapidement une bonne explication pour justifier son absence du Centre Molson.

« C'est vrai, répondit-il après un moment de silence, je suis parti dès le début du match. J'ai mangé un club sandwich et des frites graisseuses au restaurant des journalistes et je ne les ai pas digérées. J'ai commencé à avoir mal au cœur et je suis sorti pour aller aux toilettes. Là, j'ai vomi. Mais, comme j'avais toujours des nausées et des douleurs à l'estomac, je me suis demandé si je n'étais pas victime d'une indigestion aiguë. J'ai donc quitté le Centre pour retourner chez moi afin de me soigner.

— Comment êtes-vous revenu?

— J'ai marché. J'avais besoin d'air frais. En arrivant à la maison, je me suis préparé un verre de bicarbonate de soude – de la petite vache comme disait ma mère – et je me suis étendu. Cela m'a fait du bien, suffisamment, en tout cas, pour que je puisse retourner au Centre une heure plus tard. Comme le match était presque terminé, je me suis simplement rendu à la boutique de souvenirs afin d'acheter un chandail des Canadiens pour un de mes neveux. Voilà, c'est tout. »

Les deux policiers se regardèrent, puis se retournèrent vers l'ancien boxeur avec un tel scepticisme dans le regard, que celui-ci sentit des rigoles de sueur lui couler le long du dos.

« Monsieur Mongrain, attaqua Grimard d'une voix dure, vous pensez réellement nous faire avaler une pareille histoire?

— P... pourtant, elle est vraie, balbutia l'ancien boxeur dont la lèvre du bas tremblait sans arrêt.

— Alors, si c'est le cas, pourquoi ne pas me l'avoir racontée quand je vous ai interrogé le lendemain du meurtre?

— J'avais peur que les soupçons se portent sur moi.

— Quelles raisons aurais-je eues de vous soupçonner à ce moment-là?

— Un ancien boxeur vivant seul, ayant des relations amicales avec la victime, lui rendant de fréquents services, la visitant tous les jours, la défendant en cas de besoin et ayant déclaré à ses copains qu'il avait le béguin pour elle ne faisait-il pas un coupable idéal pour la police? En plus, je n'avais pas d'alibi pour l'heure du crime. J'ai eu peur et... j'ai menti.

— Vous deviez bien vous douter que nous ferions enquête et finirions par apprendre la vérité.

— Pas si les preuves contre Alberto s'avéraient suffisantes pour le faire condamner.

— C'est pourquoi vous avez tout fait pour le faire accuser? »

Mongrain se contenta d'acquiescer de la tête et resta silencieux. Le capitaine Buchalet, qui n'avait rien dit pour ne pas interrompre son adjoint, fit signe à celui-ci de laisser leur invité tranquille pour l'instant. Il se leva et se dirigea vers le guéridon derrière son bureau où il versa trois tasses de café du percolateur qu'il gardait toujours allumé. Il revint lentement, en donna une à Grimard et alla déposer l'autre devant Mongrain qui le remercia d'un semblant de sourire. Il attendit que l'ancien boxeur ait bu sa première gorgée avant de demander d'une voix douce :

« Vous habitez bien le carré Saint-Louis, monsieur Mongrain?

— Oui, capitaine.

— Curieux que personne ne vous ait vu. Il y a toujours plein de monde à cet endroit.

— J'ai vu du monde, mais aucune connaissance. Vous savez, ce soir-là, il faisait froid et les promeneurs étaient plutôt rares.

— Je comprends. »

La voix du capitaine était toujours aussi douce et chaleureuse lorsqu'il demanda :

« Vous mettez combien de temps pour vous rendre de chez vous à votre travail. Dix, quinze minutes, plus?

— Une quinzaine environ. »

Soudain, Robert Mongrain crut avoir saisi ce que le

capitaine avait en tête. Il frissonna, mais trouva la force de demander avec ce qui lui restait de courage :

« Qu'essayez-vous d'insinuer avec cette question ? »

La voix de Buchalet se fit encore plus douce, presque câline en répondant :

« Que vous auriez eu le temps de passer rue Sainte-Famille, égorger Florence Lacroix et passer chez vous avant de retourner au Centre Molson. »

Buchalet et Grimard purent voir la panique s'inscrire dans le regard de Mongrain qui réussit à bredouiller :

« Si euh... cela avait été le cas, euh... je me serais arrangé pour voir quelqu'un que je connais en me rendant chez moi. Non ?

— À moins que vous ne soyez pas retourné chez vous du tout et qu'après avoir assassiné Florence Lacroix vous vous soyez contenté de marcher au hasard pour vous calmer avant de retourner au Centre Molson.

— Capitaine, je n'ai pas tué Florence Lacroix, je le jure. D'ailleurs, pourquoi l'aurais-je fait ?

— Peut-être avez-vous cherché à vous faire rembourser en nature tous les services que vous lui aviez rendus. Quand elle vous a dit non pour une raison ou une autre, vous avez perdu la tête et vous l'avez égorgée. Ce sont des choses qui peuvent arriver.

— Non, vous faites erreur. Je ne suis pas allé rue Sainte-Famille ce soir-là. D'ailleurs, ce n'est pas moi que la vieille Chinoise a vu pénétrer chez Florence à l'heure du crime, mais Alberto.

— Vous auriez pu y aller juste avant lui sans que la vieille dame vous voie. Alberto nous a affirmé que le sang coulait encore de la blessure de Florence lorsqu'il est passé chez elle. Peut-être étiez-vous encore caché dans l'appartement quand il est entré ?

— Non !

— Ou peut-être avez-vous menacé la vieille dame de sévices ou de je ne sais quoi pour qu'elle désigne Alberto à votre place ?

— Non !

— Monsieur Mongrain, je crois que, le soir du 4 novembre, vous avez quitté le Centre Molson pour vous diriger rue Sainte-Famille et que vous êtes allé chez Florence Lacroix qui vous a fait entrer. Une fois en sa compagnie, vous vous êtes enhardi et avez voulu coucher avec elle. Devant son refus, vous l'avez assassinée. Je me trompe?

— Non! je veux dire oui. Comment pouvez-vous penser que j'aie pu faire une telle chose? C'est... c'est horrible ce que vous insinuez. Pourquoi ne voulez-vous pas croire mes explications?

— Ce serait plus facile si vous ne nous aviez pas menti au départ.

— Je vous l'ai dit, j'ai paniqué.

— Hum... hum... »

Mongrain était visiblement au bord de la rupture. Ses mains tremblaient et les muscles de sa mâchoire se contractaient sans arrêt. Buchalet essaya de lire dans ses yeux. Disait-il la vérité ou bien mentait-il? Il n'arrivait pas à se faire une opinion. Il se demanda s'il devait le mettre sous pression davantage. Il hésitait. Non, se décida-t-il finalement, il allait jouer une autre carte.

« Monsieur Mongrain, demanda-t-il toujours de cette voix doucereuse, portez-vous des souliers de marque Rockport?

— Euh... oui, pourquoi?

— Elles sont à votre appartement?

— Oui.

— Écoutez-moi bien. Je vais vous faire une offre et vous avez intérêt à y réfléchir sérieusement. Deux de mes hommes vont vous reconduire chez vous et nous ramener vos Rockport. Je vous laisse libre pour ce soir. Demain nous vous contacterons pour prendre un nouveau rendez-vous. Un conseil: vous avez intérêt à ne pas jouer au plus fin et à attendre notre appel. Je me suis bien fait comprendre?

— Et si je refuse?

— Vous passez la nuit ici en cellule. J'obtiens un mandat de perquisition et demain matin nous allons fouiller votre appartement. Alors, que décidez-vous? »

Mongrain n'hésita pas longtemps. Il était coincé. Mieux valait accepter l'offre du capitaine. Cela lui permettrait de réfléchir à un meilleur système de défense. Bien sûr, il avait toujours l'option d'essayer de fuir, mais Buchalet n'était pas assez bête pour lui en donner l'occasion. Des policiers passeraient la nuit à guetter son domicile. Fuir équivaudrait presque à signer des aveux. C'est peut-être ce qu'attendaient les policiers. Après tout, ils n'avaient pas de preuves, seulement des suppositions. Sa situation n'était quand même pas aussi désespérée qu'elle lui était apparue au départ. Mais pourquoi, diable, voulaient-ils voir ses Rockport?

« J'accepte votre offre, capitaine, et je serai chez moi demain matin, je vous le promets. »

Buchalet fit signe à Grimard qui alla chercher les deux agents. Une fois ceux-ci dans le bureau, il leur expliqua ce qu'il attendait d'eux et ils repartirent en emmenant Mongrain.

« Qu'en penses-tu? demanda Grimard à son patron lorsqu'ils furent seuls.

— Suspect, il l'est, mais coupable, je ne sais pas. Attendons que nos techniciens comparent la semelle de ses Rockport avec l'empreinte que nous avons et essayent de voir s'il n'y resterait pas de traces de sang. Une analyse d'ADN positive réglerait tous nos problèmes... Écoute, il est dix-neuf heures trente et je suis fatigué. Je vais retourner à la maison. Ma glycémie me cause beaucoup de problèmes ces jours-ci. Tu restes là?

— Non, j'ai un dîner avec un ami. J'ai demandé à Lapointe de faire le suivi. Il me donnera les conclusions des techniciens à la première heure demain matin. Je t'appellerai.

— O.K., Jean-Marc, à demain. Je crois que nous avons fait du bon travail.

HUITIÈME JOURNÉE

Vendredi 3 décembre 1999 à 0 h 15

Paul Lacroix attendait avec impatience son rendez-vous avec sa fille. Selon Legrand, c'était cette nuit qu'elle allait lui montrer le visage de son assassin et lui donner les moyens de la venger. Cette vengeance, il la souhaitait de tout son cœur. C'est d'ailleurs ce qu'il lui avait dit quelques heures plus tôt en se rendant dans sa chambre où, assis dans la berceuse, il lui avait parlé comme si elle était présente.

« Florence, je serai là cette nuit pour que tu me montres le visage de ton assassin. C'est très important pour moi, car te venger d'une façon ou d'une autre est la seule chance qu'il me reste de trouver un peu de rédemption pour mon comportement à ton égard. Tu sais que je t'ai aimée plus que tout. Cependant, je t'ai fait beaucoup de mal. Je me suis souvent senti coupable vis-à-vis de toi, une culpabilité qui me rongeait les sangs et qui me faisait regretter mes fautes sitôt après les avoir commises. Je me levais le matin, désemparé, me promettant de ne plus jamais recommencer ce que je t'avais fait subir le soir précédent. Mais c'était plus fort que moi, je ne me contrôlais plus. Il y avait dans le fond de mon être un besoin irrésistible de te toucher là où tu sais, un besoin annihilant toute ma volonté.

« Ce sentiment de culpabilité m'a poursuivi très longtemps. Cependant, je dois avouer qu'au cours des trois dernières années, il avait beaucoup diminué. Ton attitude et le plaisir que j'éprouvais en faisant l'amour avec toi effaçaient tous les remords que je pouvais avoir. Par contre, aujourd'hui que tu n'es plus là, ce sentiment est revenu plus fort que jamais et me corrode l'esprit. Je suis responsable de tout ce qui est arrivé, c'est comme si je t'avais tuée. Cette maudite pédophilie que j'ai voulu nier durant toute mon existence, mais qui était bien tapie dans le tréfonds de mon âme, a ruiné notre vie. Elle m'a conduit à la dépravation et nous a menés à l'inceste. Ce sont mes actes pervers à ton égard qui ont peu à peu réveillé l'intense libido que tu avais héritée de ta mère.

« Ta mère, je l'ai aimée. La blessure qu'elle m'a infligée en me quittant a été longue à se refermer. Elle m'avait fait découvrir tant de choses sur le sexe, tant de plaisirs dont je n'avais pas idée. Au début, elle m'a énormément manqué. Mais très vite tu as pris sa place. Tu lui ressemblais tellement. Je la voyais à travers toi. Dans mon esprit, tu étais à la fois ma fille et ma femme. C'est sans doute cette ressemblance parfaite qui a contribué pour une grande part à me pousser vers l'inceste.

« La vie n'a pas toujours été tendre avec moi. J'ai eu des moments difficiles, très difficiles même. Je ne dis pas ça pour trouver des excuses, je n'en mérite pas. Mais peut-être que le fait d'avoir subi tant de violences physiques et morales au cours de ma vie a contribué au développement de ma perversité.

« Notre relation aurait pu être merveilleuse si je ne m'étais pas laissé aller à mes bas instincts. Elle aurait pu être celle d'un père et d'une fille s'aimant d'un amour pur d'où est exclue toute immoralité. Mais il a fallu que je me comporte en dépravé. Je t'ai menée vers l'abîme et malheureusement tu as fini par y plonger avec moi. C'est probablement Alberto qui t'a égorgée, mais je me demande si le vrai responsable de ta mort, ce n'est pas moi. Ma pédophilie a transformé une petite fille pure et innocente en une assoiffée de sexe et de plaisirs défendus. Si je n'avais pas agi ainsi, tu serais probablement restée avec moi et tu n'aurais pas été assassinée. Je suis donc le vrai coupable et, jusqu'à ma mort, je vivrai avec cette culpabilité. Par ma faute, je t'ai perdue pour toujours.

« La seule chose qu'il me reste à faire maintenant pour trouver un début de rédemption, c'est de te venger quoi qu'il arrive. Cependant, pour ça, il faut que tu me désignes ton assassin, que tu me montres son visage. Je dois pouvoir le reconnaître, l'identifier, pour avoir une chance de le faire condamner et de te rendre justice. Florence, je compte sur toi. »

Pendant près d'une heure, Paul soliloqua ainsi, vidant son cœur, avouant à sa fille ce qu'il avait longtemps camouflé dans les replis de son âme. Puis, estimant lui avoir tout dit, il se dirigea vers la cuisine, se prépara du café, revint vers le salon, alluma la télévision et se carra dans le sofa en attendant l'heure de se mettre au lit.

* * *

Il se réveilla à deux heures pile avant même que la voix habituelle ne se fasse entendre. Il nota avec surprise qu'il était habité d'une profonde quiétude. Jamais il n'avait ressenti une telle sérénité. Il se dit que Florence devait avoir totalement pris le contrôle de son esprit et le guidait avec assurance vers ce qu'elle préparait depuis une semaine : sa rencontre avec son meurtrier.

En pénétrant dans la chambre de sa fille, il réalisa que, mis à part le plafonnier qui était allumé, tout semblait normal. Il n'y avait ni odeur particulière, ni atmosphère glaciale, ni télévision allumée. Même l'album photos occupait sa place habituelle sur l'étagère de la table de chevet. Il s'avança confiant et prit place dans le fauteuil à bascule. Une fois installé, il ferma les yeux et se détendit du mieux qu'il put. Il voulait suivre les conseils que le docteur Legrand lui avait donnés lors de sa dernière séance d'hypnotisme. En vidant son esprit de toute pensée étrangère, lui avait-il dit, il aiderait Florence à lui montrer plus facilement ce qu'elle souhaitait qu'il voie.

Pourtant, à part les certitudes du docteur Legrand, rien n'assurait que Florence serait fidèle au rendez-vous. D'ailleurs, plus tôt dans la journée, de sombres pensées l'avaient hanté. « *Florence viendra-t-elle cette nuit? A-t-elle encore des choses à me montrer?* »

Cependant, depuis son réveil, toutes ces interrogations s'étaient envolées. Il n'y avait plus de doute pour lui: Florence viendrait dans cette pièce, s'emparerait de son esprit et lui montrerait le visage de celui qui l'avait assassinée. Il ne pouvait en être autrement, sinon comment expliquer toutes ces visions qu'il avait eues au cours des dernières nuits. Cette certitude était désormais ancrée dans son cerveau et plus rien ne pouvait l'ébranler.

Comme il l'avait pressenti, Florence était bien au rendez-vous. À peine avait-il commencé à détendre ses muscles qu'il se sentit envahi par une douce torpeur et il sombra peu à peu dans une profonde léthargie. Il était conscient et avait l'impression de se trouver dans un monde au-delà de la réalité. C'était comme s'il flottait dans le néant, dans un immense vide où il n'y avait ni devant, ni derrière, ni haut, ni bas, ni droite, ni gauche. La noirceur était totale et l'espace infini. Cela sembla durer longtemps, très longtemps et il se dit qu'il était peut-être mort, que Florence lui avait montré tout ce qu'elle désirait qu'il voie, que la police ayant désormais l'arme du crime utilisée par Alberto, son travail était terminé et qu'il était temps pour lui d'aller la rejoindre dans ce monde de l'au-delà où elle se trouvait. « *C'est peut-être cela qu'elle veut*, pensa-t-il, *que j'aille la retrouver.*»

Mais tel n'était pas le cas. Soudain, il y eut comme un éclair dans le lointain et l'obscurité fut remplacée par une luminosité faiblarde, comme tamisée par un filtre empoussiéré. Il sut avant même de se poser la question qu'il se trouvait dans la cuisine de sa fille, au même endroit que la veille, observant la même abominable scène: Florence debout devant l'évier lavant la vaisselle pendant qu'une ombre aux contours imprécis s'avançait dans son dos. Paul jura. Tout était aussi flou, aussi imprécis que la nuit précédente. Allait-il donc assister encore une fois au meurtre de sa fille sans pouvoir discerner les traits de son assassin? Une immense frustration s'empara de lui et il ne put s'empêcher de crier silencieusement:

« Florence, je ne le distingue pas assez pour le

reconnaître. Fais-moi voir son visage, je t'en prie, montre-moi les traits de ce salaud. »

Malgré ses suppliques, l'image resta toujours aussi trouble. La gorge serrée, il vit la silhouette s'approcher de la table, saisir le couteau, attraper la tête de Florence, lui trancher la gorge, laisser son corps s'affaisser sur le plancher, attraper l'étui dans le tiroir, l'emballer avec le couteau dans le linge à vaisselle et le sac en plastique et, comme la veille, se tourner vers lui et regarder dans sa direction.

Incapable de discerner le visage du meurtrier, Paul sentit des larmes de rage rouler sur ses joues. À cet instant, tout se figea. C'était comme si le temps s'était arrêté, comme si l'assassin de sa fille allait le regarder ainsi pour toujours sans qu'il puisse distinguer son visage. « *Cette fois je suis vraiment mort*, pensa-t-il. *Je suis en enfer et cette scène figée est le châtiment que le Démon m'a réservé. Jusqu'à la fin des temps, je vais regarder le meurtrier de Florence sans jamais pouvoir le distinguer parfaitement. Je suis condamné à la désespérance et la frustration éternelles pour tout le mal que j'ai fait.* »

Découragé, convaincu maintenant que tout ce qu'il avait vécu au cours des derniers jours était l'œuvre du Diable et non de sa fille, il n'eut qu'une seule idée : ne plus voir cette affreuse scène, l'oublier si cela était possible. Il s'apprêtait à laisser son esprit dériver vers le grand trou noir du néant lorsqu'il y eut un autre éclair, mais cette fois tout près de lui, un éclair qui illumina toute la cuisine d'une lueur vive. C'est alors que les traits de l'assassin lui apparurent parfaitement. Ébloui, il mit un instant avant de reconnaître celui qu'il voyait. Puis une terrifiante réalité se fit jour d'un seul coup dans son esprit. Ses yeux s'agrandirent et sa bouche s'ouvrit sur un long mais inaudible hurlement. L'instant d'après, il perdait conscience.

* * *

Il était près de six heures du matin lorsque le lieutenant

Grimard se réveilla avec un étrange sentiment, celui d'avoir compris ce qui l'intriguait depuis quelques jours dans l'affaire Florence Lacroix. Il alluma la petite lampe fixée à la tête de son lit et saisit le calepin noir dans lequel il notait les éléments importants de ses enquêtes. Il l'avait lu en entier la veille avant de se coucher, mais rien n'avait déclenché ce processus mystérieux qui fait que soudain tout s'éclaire.

Il le consulta longuement, s'arrêtant à quelques reprises en hochant la tête. Une fois sa lecture terminée, il le referma et s'efforça de revoir toute l'affaire à la lumière de ce nouvel élément. Beaucoup de zones d'ombre demeuraient et certaines choses restaient inexpliquées, mais le nouveau scénario qui venait de se faire jour dans son esprit était, sinon certain, du moins plausible.

Il regarda encore sa montre: six heures quinze. Le capitaine Buchalet devait être réveillé. Il décida de l'appeler.

« Chef, lui dit-il lorsqu'il l'eut au bout du fil, j'aimerais passer chez toi dans une demi-heure si tu es d'accord. J'ai du nouveau dans l'affaire Lacroix.

— O.K., je prépare le café », répondit simplement Buchalet qui savait que son bras droit n'avait pas l'habitude de le déranger pour rien.

* * *

« Comment en es-tu arrivé à la conclusion que c'est Paul Lacroix qui a tué sa fille? » demanda le capitaine Buchalet tout en servant un café à son bras droit.

— C'est mon subconscient qui m'a fourni la réponse.

— Dois-je le mettre sur la liste de paye? »

Le lieutenant Grimard regarda son patron dont les yeux brillaient d'une petite lueur ironique. Il se contenta de hausser les épaules et reprit:

« Tu te souviens de cette phrase que Paul Lacroix a entendue à trois reprises en sortant de ses périodes léthargiques?

234

— Celle où, supposément, sa fille lui demandait de tuer son assassin?

— Oui, je...

— Jean-Marc, tu ne crois quand même pas que Florence Lacroix est revenue de l'au-delà pour demander à son père de la venger?

— Laisse-moi terminer et après on en reparlera, d'accord?

— Bon, si cela peut te faire plaisir, je t'écoute.

— Hier soir, avant de me coucher, j'ai repassé toutes mes notes sur cette affaire et rien de particulier ne m'a frappé. Par contre, pendant que je dormais, mon subconscient a travaillé et, en m'éveillant, je savais.

— Et c'est quoi, cette grande trouvaille?

— Dans cette phrase, Florence Lacroix vouvoyait son père. Or, selon les témoignages recueillis, dans la vie de tous les jours, elle le tutoyait. Alors, pourquoi, ce vouvoiement à cette occasion? En me réveillant ce matin, j'avais la réponse.

— Tu n'es pas en train de me dire que désormais tu vas mener tes enquêtes en dormant, j'espère?

— Ne plaisante pas, c'est sérieux, mon affaire.

— Excuse-moi.

— En fait, c'est grâce à mon ex-femme si j'ai compris. Tu sais qu'elle était Parisienne et qu'elle parlait un français impeccable.

— Oui, je sais! Elle nous faisait répéter sans arrêt sous prétexte qu'elle ne comprenait pas ce qu'on disait. Elle était un peu snob sur les bords, ton ex.

— Elle m'a énervé plus d'une fois avec ça, mais passons. Parmi les choses qu'elle me reprochait souvent, c'était de prononcer mes « tu es » comme « tué ».

— Et alors?

— Essaye de prononcer la phrase que Lacroix a entendue en pensant à ce que ma femme me disait. »

Le capitaine Buchalet réfléchit pendant quelques secondes avant de laisser tomber d'un ton mi-figue, mi-raisin :

« Tu crois qu'elle a dit : « Papa, tu es mon assassin » et non pas : « Papa, tuez mon assassin »?

— Exactement.

— Et je suppose que tu en conclus que Paul Lacroix est l'assassin?

— Oui.

— Tu me décourages, Jean-Marc.

— Pourquoi, tu n'es pas d'accord?

— Non. Ta conclusion repose sur le fait que le fantôme de Florence Lacroix existe, qu'il venait bien visiter son père, lui faisait revivre des séquences de sa vie et lui parlait par l'entremise de la télévision. Ça, mon cher Jean-Marc, personnellement, je n'y crois pas. Ce sont des fariboles, des histoires de bonne femme, des conneries même.

— Avoue quand même que ma théorie peut avoir du sens si l'on croit à l'existence du fantôme.

— Ouais, si on veut.

— Alors, crois-y juste pour une minute.

— D'accord, admettons qu'il existe. Mais alors, pourquoi Lacroix aurait-il tué sa fille?

— Je n'ai pas de certitude, mais on peut penser qu'il l'a fait parce qu'elle était partie vivre ailleurs et qu'il ne l'a pas accepté. Ils se sont d'ailleurs chicanés sur cette question. Il l'a dit à Legrand.

— Allons donc, on ne tue pas sa fille unique et adorée pour un prétexte aussi futile. Dans toute ma carrière, je n'ai jamais rencontré un tel mobile.

— Quoi qu'il en soit, je suis certain que c'est lui.

— Hier, tu disais la même chose d'Alberto Rinaldo et lui, au moins, il avait un sacré mobile, sans compter qu'un témoin l'a vu entrer chez la victime à l'heure du crime. Ça, c'est du concret. Jean-Marc, remets les pieds sur terre et évacue ces histoires de fantôme de ton esprit, s'il te plaît.

— Mais...

— Et que fais-tu du gardien? L'as-tu oublié, celui-là? Les explications qu'il nous a fournies hier n'étaient pas très convaincantes.

— Non, mais pour l'instant nous n'avons pas de preuves

contre lui. Nous verrons quand Lapointe appellera et nous dira ce que les techniciens ont trouvé. Cela ne saurait tarder, d'ailleurs.

— O.K., mettons le gardien de côté pour le moment et revenons à Lacroix. As-tu pensé à la réaction du juge si on se présente devant lui avec une pareille histoire? »

Le lieutenant Grimard n'eut pas le temps de répondre. La sonnerie de son biper se fit entendre. Il le prit, regarda l'écran et dit:

« Le bureau. Un appel urgent. Je peux utiliser ton téléphone? C'est peut-être Lapointe?

— Tiens, prends mon cellulaire. »

Il composa le numéro du poste de police où, dès la première sonnerie, on décrocha.

« Sergent Larouche à l'appareil, je peux vous aider?

— Ici Grimard. Vous m'avez bipé, sergent?

— Oui, j'ai sur l'autre ligne un certain docteur Legrand qui veut vous parler. Il dit que c'est très urgent. »

Grimard regarda son chef du coin de l'œil et se demanda si le moment était bien choisi pour discuter avec celui qui l'avait entraîné dans cette histoire de fantôme. Il pensa à dire qu'il rappellerait plus tard, mais sa curiosité fut la plus forte.

« O.K., sergent, passez-le-moi. »

Il y eut un clic, un silence, un autre clic, et il entendit la voix du docteur Legrand qui lui demanda d'un ton où perçait une certaine tension:

« Lieutenant Grimard?

— Oui, répondit le policier.

— Désolé de vous déranger, mais j'ai une information qui pourrait s'avérer capitale pour vous.

— Laquelle?

— Je crois connaître le meurtrier de Florence Lacroix. »

Le policier s'arrêta de respirer pendant que toutes sortes de questions surgissaient dans son esprit. Se pouvait-il que Legrand ait trouvé le coupable? Le cœur battant un peu plus vite qu'à l'ordinaire, il demanda:

« De qui s'agirait-il, selon vous?

— Vous allez être surpris.

— Dites toujours.

— Je pense que c'est son père qui l'a assassinée. »

Grimard sentit un frisson le parcourir. Sa théorie n'était peut-être pas si bête que ça après tout. Il jeta un autre coup d'œil à son patron qui le regardait distraitement. Si Legrand pouvait l'aider à prouver la culpabilité de Paul Lacroix, ce serait tout bénéfice pour lui.

« Qu'est-ce qui vous fait dire ça? demanda-t-il en essayant de garder un ton neutre malgré son excitation.

— Je vous ai parlé de ce cauchemar horrible qu'il faisait presque toutes les nuits et qui le traumatisait.

— Oui. Vous m'avez même expliqué l'importance que vous y attachiez et que, pour en avoir le cœur net, vous aviez contacté un de vos amis français pour en connaître la signification.

— Eh bien, j'ai reçu sa réponse ce matin par courriel. Pour lui, tout semble indiquer que Lacroix a tué sa fille, et ce cauchemar est l'expression parfaite du profond remords qui agite son âme.

— Accuser un homme de meurtre sur cette seule base me semble léger, non?

— Mon collègue est un parapsychologue reconnu dans le monde entier. Dans son domaine, c'est une sommité.

— Je veux bien vous croire, mais ça reste léger quand même.

— Selon lui, tout concorde. Les images du rêve, son déroulement, la blessure qui prend la place de la bouche, le sang qui l'immobilise, la bouche qui avale Lacroix, le rire démoniaque, la représentation de l'enfer, la couleur rouge qui domine, c'est presque classique.

— Hum! hum! Excusez-moi un instant. »

Grimard éloigna le cellulaire de sa bouche, le couvrit de sa grosse main et se tourna vers son patron.

« J'ai le docteur Legrand au bout du fil. Si tu le permets, j'aimerais l'inviter ici pour que tu puisses entendre ce qu'il vient de me dire.

— Tu ne peux pas me le dire toi-même?

— Ce serait mieux que ce soit lui qui le fasse. Ça ne prendra pas de temps. Il habite tout près de chez toi.

— Si c'est pour écouter une autre histoire de fantôme, cela ne m'intéresse pas. Je n'ai pas de temps à perdre avec ces élucubrations qui ne nous mènent nulle part.

— Fais-moi confiance, Jacques, je crois que tu ne le regretteras pas.

— Très bien, répondit le capitaine après un moment de silence, recevons ton cher docteur. Mais, en attendant qu'il arrive, je vais aller prendre ma douche. Si tu t'ennuies seul dans le salon, tu pourras toujours faire la causette avec le fantôme qui habite chez nous.

— Il faudrait d'abord que tu me le présentes.

— Tu te présenteras toi-même, tu as l'habitude de fréquenter ces gens-là. Entre-temps, essaye de rejoindre Lapointe. »

En regardant son patron sortir de la cuisine, le lieutenant Grimard sourit. Il connaissait Jacques Buchalet. Malgré ses dénégations et ses déclarations sur les fantômes, il savait que tout élément qui pouvait faire avancer une enquête l'intéressait. En tant que grand patron, son rôle était de s'assurer que les preuves apportées par ses enquêteurs soient solides et irréfutables. C'est pourquoi il s'appliquait toujours à jouer les contradicteurs avec eux. Si les conclusions d'une enquête passaient l'obstacle Buchalet, c'est qu'elles étaient aussi solides que du béton.

Grimard reprit le cellulaire, expliqua au docteur Legrand ce qu'il attendait de lui et, après avoir fourni l'adresse du capitaine à son interlocuteur, il referma le téléphone. Il réfléchit quelques instants, puis appela Charles Lapointe, son meilleur enquêteur.

« Si votre collègue français a raison, alors expliquez-moi ce qui a pu motiver Lacroix à se comporter de cette façon depuis le début de l'enquête! lança le capitaine Buchalet. »

Depuis son arrivée, le docteur Legrand s'était heurté au scepticisme du chef de l'Escouade des homicides qui, chose rare, était de fort mauvaise humeur. Après avoir pris sa douche, il était redescendu au salon pour rejoindre son adjoint. Grimard lui avait alors fait part des résultats du labo concernant Mongrain. Ils étaient négatifs. Si l'ancien boxeur portait bien des Rockport, ses chaussures étaient au moins quatre à cinq pointures plus grandes que celle de l'empreinte trouvée sur les lieux du crime. De plus, les techniciens n'avaient pas trouvé de traces de sang sur la semelle gauche. Cela n'innocentait pas pour autant Mongrain, mais rendait très aléatoire sa culpabilité. Buchalet devait admettre qu'il s'était probablement trompé en le choisissant comme « son » coupable et cela le rendait furieux. Dépité, il avait reporté sa frustration sur le pauvre docteur Legrand qui, malgré tout, s'était efforcé de rester calme.

Patiemment, il avait décrit en détail le cauchemar dont Paul Lacroix avait été victime, défendu la crédibilité de son collègue français, expliqué comment il en était arrivé à cette conclusion, et fourni quelques renseignements sur la théorie freudienne selon laquelle il existe un espace mental dont l'individu n'est pas conscient, mais qui est le siège de pensées et de désirs interdits, de réminiscences étouffées et d'actes répréhensibles cachés. C'étaient, pour Freud, les rêves qui ramenaient à la surface le contenu de cet espace mental. Malgré toutes ces explications, le capitaine Buchalet n'était pas convaincu et le ton de sa dernière question le laissait deviner.

« Il y a plusieurs raisons qui...

— Pourquoi, si c'est lui, le coupa sèchement le capitaine, a-t-il senti le besoin d'inventer toute cette histoire de phénomènes étranges, de visites d'un fantôme, de visions dont il serait témoin? Il n'avait pas à le faire, nous ne le soupçonnions même pas.

— Peut-être ne les a-t-il pas inventées.

— Parce que vous croyez réellement que tout ça est vrai?

— Je ne sais pas. La seule chose dont je suis certain, c'est que, sous hypnose, Paul Lacroix était sincère.

— Que voulez-vous dire?

— Simplement qu'il croyait à ce qu'il m'a raconté.

— Il serait fou?

— Difficile à dire, mais, si c'est le cas, ce serait plutôt dans le sens de déséquilibré que de dément.

— Pourtant, il faut être drôlement malade du ciboulot pour en arriver à tuer sa propre fille en l'égorgeant. Allons, ce n'est pas crédible, tout ça. »

Le lieutenant Grimard, resté muet jusque-là, choisit ce moment pour intervenir.

« Avoue quand même, Jacques, que la coïncidence est troublante. Sans nous être consultés et avec une approche différente, ce parapsychologue français et moi sommes arrivés à la même conclusion.

— Admettons, mais cela ne me convainc pas, surtout que vos conclusions sont basées uniquement sur des interprétations de phénomènes relevant du surnaturel et du psychisme. Moi, j'ai besoin de concret, de réel, de preuves tangibles pour boucler une enquête et demander au procureur d'envoyer un suspect devant les tribunaux.

— Pourtant...

— Il n'y a pas de pourtant. Lacroix n'a pas de mobile, il a semblé catastrophé par la mort de sa fille et, s'il a eu un comportement étrange récemment, c'est tout le contraire de celui d'un coupable. Non, messieurs, il va falloir que vous m'apportiez d'autres preuves si vous voulez que je le considère comme coupable.

— Je pourrais peut-être y arriver avec votre aide », intervint le docteur Legrand d'une voix timide.

Les deux policiers le regardèrent d'un air interrogateur.

« En faisant quoi ? lui demanda le capitaine Buchalet.

— En nous rendant tous les trois chez lui et en essayant de le faire parler.

— Voyons donc, si c'est lui le coupable, il ne dira rien.

— Il ne s'agit pas de procéder à un interrogatoire, mais de discuter avec lui. Il aura envie de parler si on lui raconte que ses explications peuvent contribuer à faire condamner Rinaldo. Dans le cours de la conversation, il peut nous fournir, sans s'en rendre compte, des réponses à certaines de nos questions. »

Le capitaine Buchalet prit une profonde respiration,

secoua la tête et se retourna vers son bras droit pour lui demander :

« Qu'en penses-tu, Jean-Marc?

— On n'a rien à perdre en essayant.

— D'accord, on y va, mais c'est vous qui allez l'interroger, car moi je ne saurais pas quoi lui demander.

— Bien sûr, n'oubliez pas que je suis en quelque sorte son médecin et son confident.

— J'ai l'impression de me faire embarquer dans une affaire foireuse. Je dois commencer à radoter pour accepter ça. Allons-y. »

* * *

Ils sonnèrent, frappèrent, crièrent son nom, mais Paul Lacroix ne répondit pas. Ils tendirent l'oreille, écoutèrent même à la porte. Rien, aucun son, tout était silencieux à l'intérieur de l'appartement.

Les trois hommes se regardèrent.

« Il doit être sorti, laissa tomber le capitaine Buchalet en fixant ses deux compagnons d'un air désabusé. On s'en va.

— Euh! vous êtes sûr, capitaine?

— Vous avez une meilleure idée, docteur? On ne va quand même pas rester là à se tourner les pouces en attendant que Lacroix revienne. »

Buchalet semblait impatient. Il détestait perdre son temps et s'en voulait de s'être laissé entraîner dans cette visite inutile.

« Je pense que nous devrions pénétrer dans l'appartement, lui répondit Legrand.

— Pourquoi?

— Par acquit de conscience. J'ai le sentiment que Paul Lacroix est toujours dans son appartement.

— Si c'est le cas, il aurait ouvert, il me semble.

— Pas forcément.

— Vous semblez inquiet. Qu'est-ce qui vous tracasse?

— J'hésite à en parler, vous allez dire encore que je fabule.

— Je n'ai jamais dit que vous fabuliez. D'ailleurs, je vous ai écouté avec attention tout à l'heure et je suis encore prêt à le faire. »

Legrand regarda Grimard qui acquiesça de la tête. Il réfléchit un instant pour organiser ses idées et expliqua :

« Au cours des dernières nuits, Paul Lacroix a eu des visions et chacune d'elles lui a fait revivre une étape de sa vie. Il y a deux nuits, il a vu le meurtre de sa fille mais sans pouvoir distinguer le visage de son assassin. Par contre, il nous a permis de découvrir l'arme du crime.

— Je...

— Attendez, capitaine, laissez-moi terminer. D'après moi, il a revu la même scène la nuit dernière, mais, à la différence de l'autre nuit, il a dû voir le visage du meurtrier. Or, si c'est lui l'assassin, essayez d'imaginer sa réaction en se reconnaissant.

— Si, comme vous le prétendez, c'est lui qui a tué sa fille, pourquoi aurait-il eu une réaction spéciale ? Il savait qu'il était le meurtrier.

— Pas forcément. Il a pu la tuer dans une crise de folie.

— Il faudrait vous décider, docteur, un peu plus tôt vous disiez qu'il n'était pas dément.

— Je voulais dire qu'il n'a pas complètement perdu la raison, qu'il n'est pas fou à lier, cependant, je ne serais pas surpris qu'il ait pu disjoncter à un moment donné. Vous savez, n'importe qui peut perdre les pédales quand la situation s'y prête. »

Le capitaine Buchalet fixa son interlocuteur sans rien dire. Son front plissé et son air songeur indiquaient qu'il réfléchissait à ce qu'il venait d'entendre. Finalement, il laissa tomber :

« Que Lacroix ait pu tuer sa fille dans un excès de folie, c'est effectivement possible bien que nous n'ayons pas de mobile pour l'instant. Par contre, que sa fille ait pu revenir d'entre les morts pour lui montrer le visage de son assassin, je n'y crois pas.

— Capitaine, peut-être ne le croyez-vous pas, mais, l'important, c'est que Paul Lacroix y croyait.

— Hum... hum. Vous avez peut-être mis le doigt sur quelque chose d'intéressant et qui ouvre de nouvelles perspectives pour l'enquête. Mais dites-moi honnêtement, docteur, vous y avez cru à ses histoires?

— Jusqu'à ce matin, oui.

— Vous n'y croyez plus maintenant?

— J'ai de forts doutes. Je me suis peut-être laissé emporter en pensant voir dans cette affaire une occasion pour mousser ma réputation et devenir une autorité dans le paranormal. L'orgueil et l'ambition rendent parfois aveugle et peuvent nous faire commettre de graves erreurs.

— Lacroix aurait donc pu imaginer tout ça?

— Pourquoi pas? Il est possible que son imagination lui ait joué des tours, surtout si elle était alimentée par de profonds remords. Mais, sincèrement, je suis incapable de me prononcer avec certitude dans un sens ou dans l'autre.

— Qu'en penses-tu, Jean-Marc, on pénètre dans l'appartement?

— Je crois qu'on devrait entrer, mais nous n'avons pas de mandat.

— Oublions le mandat, je trouverai bien une explication. Descends chez le gardien et dis-lui de venir nous ouvrir.

— Et s'il refuse?

— Connaissant ton pouvoir de persuasion, je suis sûr que tu sauras le convaincre. Vas-y, nous t'attendons ici. »

* * *

Le gardien vint leur ouvrir avec réticence et insista pour entrer avec eux dans l'appartement. Dans le vestibule, tout était calme. Ils visitèrent d'abord le salon et, mis à part la télévision qui était allumée, ils ne virent rien d'anormal. Ils se dirigèrent alors vers la pièce suivante, une chambre, d'après le gardien qui connaissait bien les lieux. Ils poussèrent la porte. C'était effectivement une chambre à coucher et Paul Lacroix s'y trouvait, étendu sur son lit, les bras allongés le long du corps, les poignets profondément entaillés. Une mare de sang s'étendait sous lui et avait traversé draps et matelas pour ressortir du dessous du lit en s'écoulant le long des lattes du plancher. Le visage de Paul Lacroix était convulsé et ses paupières contractées, comme s'il avait voulu échapper à une vision d'horreur avant de perdre conscience.

« Bordel de merde! murmura le capitaine Buchalet en s'avançant vers le lit.

— Est... est-il mort? demanda le gardien les yeux exorbités.

— Vous, retournez chez vous. Votre place n'est pas ici.

— Dites-moi au moins s'il est mort. Je suis le responsable de cet immeuble et cela me donne le droit de savoir.

— Pour l'instant, nous n'en savons rien. Nous vous informerons en temps et lieu. Allez. Évacuez. »

Puis, se tournant vers son bras droit, il ajouta :

« Jean-Marc, reconduis ce monsieur et appelle l'ambulance, le légiste, le labo et deux de nos collègues. »

Pendant ce temps, le docteur Legrand s'était approché de Paul Lacroix et, penché sur lui, procédait à un examen sommaire. Après un moment, il se releva et dit d'une voix sourde :

« Il est mort.

— Depuis quand?

— Je ne suis pas un spécialiste, mais je dirais environ une heure.

— Donc, entre sept heures et sept heures quinze?

— À peu près.

— Eh bien! Finalement, il aura obéi à ce que sa fille voulait : tuer son assassin. Quelle affaire tordue!

— Dommage que nous ne soyons pas arrivés un peu plus tôt, peut-être aurions-nous pu le sauver.

— Docteur, ne commencez pas à vous culpabiliser! lança le lieutenant Grimard qui revenait dans la chambre. S'il a choisi de mourir, c'est qu'il avait ses raisons. Par contre, ce qui est embêtant, c'est que nous soyons arrivés trop tard pour parler avec lui. Nous avons probablement perdu la chance d'obtenir des réponses à nos questions.

— Peut-être pas, lança le capitaine Buchalet en attrapant une grande enveloppe en papier kraft placée sur la table de chevet. Docteur, elle vous est adressée. »

Le psychologue prit l'enveloppe et en déchira le rabat. Elle contenait deux cahiers Clairefontaine, un bleu et un rouge. Sous le regard intéressé des deux policiers, il ouvrit le premier et, après avoir parcouru quelques lignes, leur dit :

« J'avais conseillé à Lacroix d'écrire tout ce qu'il a vécu depuis le début de cette affaire. Il semble qu'il l'ait fait dans ces cahiers. Possible qu'en les lisant nous apprenions beaucoup de choses intéressantes.

— Pourquoi ne pas vous installer au salon pour les lire, docteur? Pendant ce temps-là, le lieutenant et moi procéderons aux constatations d'usage et inspecterons l'appartement en attendant l'arrivée du légiste et des gars du laboratoire.

— Bonne idée. »

Le docteur retourna au salon et se plongea dans la lecture des deux cahiers. Il ne s'interrompit que pour fermer la porte de la pièce quand arrivèrent les techniciens de la police dont les cris le dérangeaient.

Une fois le premier cahier terminé, il hocha la tête et resta immobile un long moment, les yeux perdus dans le vague. Paul Lacroix lui avait caché beaucoup de choses, des choses tristes par certains aspects et effroyables par d'autres, des choses qui apportaient plusieurs réponses aux questions que les deux policiers et lui s'étaient posées.

Il saisit le second cahier et le regarda. Que pouvait-il contenir? Quels terribles secrets cachait-il? Il n'y avait qu'une façon de le savoir : le lire.

* * *

Une bonne heure s'était écoulée lorsque la porte du salon s'ouvrit sur le capitaine Buchalet et le lieutenant Grimard. Ils trouvèrent le docteur Legrand debout devant la fenêtre, l'air soucieux.

« Vous aviez raison sur l'heure de la mort, docteur, indiqua le capitaine, le légiste estime comme vous qu'elle s'est produite entre sept heures et sept heures quinze. »

Puis, voyant que Legrand ne réagissait pas, il continua : « Vous avez terminé votre lecture ? »

Le docteur acquiesça de la tête.

« Vous avez appris des choses intéressantes ?

— Oui ! finit-il par dire en poussant un long soupir. Je crois pouvoir répondre à la majorité des questions que nous nous posions. »

Le docteur Legrand revint vers les deux policiers et les invita à s'asseoir.

« Paul Lacroix, reprit-il d'une voix lente, était soit un grand malade, soit un pervers. Pour l'instant, je n'ai pas réussi à me faire une opinion définitive, mais je crois qu'il était les deux à la fois.

— Êtes-vous en train de nous dire qu'il a bien tué sa fille ?

— Oui, et pour un motif effrayant. »

Il se tut, attendant la question qui ne manqua pas de venir.

« Lequel ? demanda le capitaine.

— Elle était sa maîtresse et il l'a assassinée parce qu'elle ne voulait plus vivre avec lui.

— C'est donc ça. Lacroix était un incestueux ; ça explique beaucoup de choses. Mes excuses, Jean-Marc, tu avais raison.

— Attendez, ce n'est pas tout. Il n'était pas simplement incestueux, mais il était aussi pédophile. Il n'est devenu l'amant de sa fille qu'il y a trois ans. Cependant, il avait commencé à la toucher et à la caresser alors qu'elle n'avait que sept ans.

— Quel salaud ! marmonna le lieutenant Grimard entre ses dents, un père qui abuse de sa fille, c'est dégueulasse.

— Vous savez, c'est beaucoup plus fréquent qu'on ne le croit. Les statistiques indiquent que plus de quinze pour cent des garçons et près de vingt-cinq pour cent des filles ont été agressés sexuellement avant d'avoir atteint l'âge de dix-huit ans. De plus, sept fois sur dix, les actes pédophiles sont commis au sein même de la famille et le principal coupable est le père. Selon la dernière étude que j'ai consultée, trente-deux pour cent des violences sexuelles sur mineurs sont le fait du père et dix pour cent du beau-père ou du concubin. C'est une effroyable réalité et, le plus inquiétant, c'est que le phénomène est en constante augmentation. Il faut que les pouvoirs publics réagissent et combattent ce fléau...

— Nous essayons, intervint le capitaine Buchalet, cependant ce n'est pas facile. Jusqu'à tout récemment, la société québécoise considérait ce sujet comme tabou, et même si la situation s'est améliorée, il y a toujours de grosses poches de résistance. D'une part, il y a le clergé qui s'est employé, et s'emploie encore parfois, à étouffer les nombreux cas qui se sont produits en son sein, en achetant le silence des plaignants ou en les culpabilisant. D'autre part, l'omerta a longtemps régné dans les familles où ce genre de choses se pratiquait. Ce n'est pas facile de faire témoigner des enfants contre leur père. Bien souvent les mères n'osent pas accuser leur mari. Peut-être la peur du conjoint ou la crainte de se retrouver seule et sans revenu. Enfin, il y a les juges qui ne croient pas les victimes ou les tiennent pour responsables de ce qui est arrivé. Pourtant les allégations mensongères sont assez rares, selon les experts... Mais, dites-moi, est-ce que Lacroix, dans ses confessions, dit qu'il a abusé d'autres enfants?

— Non, tout au moins s'il l'a fait, il n'en parle pas. En fait, sa pédophilie n'a vraiment éclaté que le jour où il a vu sa fille de sept ans dans son bain. Cette sexualité perverse était en lui depuis le jour où il avait vu par hasard le sexe d'une petite voisine, mais elle ne s'était jamais exprimée ouvertement. À partir de l'instant où il a vu Florence nue, ce besoin a surgi et il n'a pu le contrôler. S'il ne s'est pas attaqué à d'autres enfants, c'est probablement parce qu'il avait sa fille à sa disposition.

— Un sale personnage, ce Lacroix.

— Attendez, je ne vous ai pas tout dit.

— Pédophile, incestueux, meurtrier, quoi d'autre?

— Tenez-vous bien, il a tué cinq personnes en plus de sa fille.

— Vous plaisantez! lança le lieutenant Grimard dont les yeux exorbités indiquaient bien toute la surprise.

— Malheureusement non, répondit le docteur Legrand.

— Expliquez-nous ça! s'exclama le capitaine Buchalet.

— Avant, il faut que je vous dise que Paul Lacroix a eu une enfance très difficile et passablement malheureuse. Il est né dans un petit village de l'Abitibi des amours coupables de sa mère et du curé. Son père, enfin celui qu'il croyait être son père, était un alcoolique brutal et coléreux qui passait son temps à rosser sa femme et son fils. Un jour, alors qu'il n'avait que trois ou quatre ans, il a voulu défendre sa mère en train de se faire violemment brutaliser par son mari. Frappé à son tour par l'alcoolique, il est tombé et sa tête a heurté durement le sol. Tout laisse à penser que sa chute lui a endommagé le cerveau. À compter de ce jour, chaque fois qu'il subissait un choc émotionnel très intense, il était victime de migraines si violentes qu'il perdait conscience; tout au moins, c'est ce qu'il croyait. En réalité, il devenait quelqu'un d'autre. Un Paul numéro deux, ayant une personnalité différente du Paul numéro un, prenait la relève et agissait à sa place. Heureusement que cela ne s'est produit qu'à quelques occasions, car c'est ce Paul numéro deux qui a commis tous les meurtres.

— Vous voulez dire que Lacroix, le vrai, le normal, n'était pas au courant qu'il tuait tous ces gens?

— Non. Il y avait deux personnalités en lui. Peut-être que l'une accomplissait ce que l'autre avait secrètement envie de faire. Mais le vrai Lacroix, comme vous dites, ne savait pas qu'il était un meurtrier.

— Une sorte de docteur Jekyll et mister Hyde.

— Ou de Norman Bates.

— Qui a-t-il tué?

— Je ne vais pas entrer dans les détails, ce serait trop long et trop compliqué. Tout est dans ce cahier bleu et vous pourrez le lire. Il a d'abord commencé par sa grand-mère. Elle le détestait parce qu'il était le fils illégitime d'un prêtre. Pour cette grenouille de bénitier, c'était inacceptable et elle s'en prenait à lui à la moindre occasion. Un soir, elle est allée trop loin, l'a menacé de graves sanctions et l'a envoyé en pénitence dans sa chambre. À peine avait-il fermé la porte que sa fameuse migraine s'est déclenchée. Il a perdu conscience et aussitôt Paul numéro deux a pris vie. Quand la grand-mère est allée se coucher, il a attendu qu'elle dorme pour entrer dans sa chambre et essayer de l'étouffer avec un oreiller. Mais elle s'est débattue et comme il n'était pas très costaud – il n'avait alors que dix ans – elle a réussi à se dégager. Malheureusement, son cœur très malade n'a pas supporté les efforts qu'elle a faits pour se libérer et elle a été victime d'un infarctus. La pauvre vieille est morte sur le coup. Le médecin est venu et a conclu au décès par crise cardiaque. Il n'y a pas eu d'enquête. Le lendemain matin, quand sa mère est venue le réveiller, Paul ne se souvenait de rien.

— Incroyable, et les autres, cela s'est passé de la même façon?

— À peu près.

— Qui a été la seconde victime?

— Son vrai père.

— Le prêtre?

— Oui. Paul et sa mère vivaient à Montréal dans la maison héritée de la grand-mère. Un jour, alors qu'il avait seize ans, il est revenu plus tôt de l'école. En entrant chez lui, quelle ne fut pas sa surprise d'apercevoir le prêtre dans le salon en discussion avec sa mère. Il venait lui annoncer qu'il partait pour l'Ouest et mettait fin à leur liaison. Désemparée, elle s'est traînée à ses genoux, a pleuré, a crié et l'a supplié de lui faire l'amour au moins une dernière fois, ce qu'il a accepté. Resté caché dans la cuisine, Paul a tout entendu. Cela l'a tellement affecté qu'il a quitté la maison pour aller se réfugier dans un parc non loin de chez lui. C'est à cet endroit que sa migraine est survenue et que Paul deux a pris la relève. Quand le prêtre est sorti de la maison, il l'a suivi jusqu'au bord du canal Lachine, a ramassé une grosse pierre, a attendu le moment propice pour s'approcher de lui par-derrière et lui fracasser le crâne avant de pousser son cadavre dans le canal.

— Oui, oui, murmura le capitaine Buchalet, je me souviens d'avoir lu le dossier sur ce meurtre lorsque nous nous sommes informatisés. Le corps du prêtre a été retrouvé dès le lendemain mais, à cette époque, l'Église catholique était toute-puissante et les autorités religieuses ont demandé à ce que l'affaire soit étouffée. Ce fut fait. Par qui? Le dossier ne le précise pas.

— Tu ne m'en as jamais parlé, intervint le lieutenant Grimard.

— Pourquoi l'aurais-je fait? Il y a des choses qu'il vaut mieux garder sous l'éteignoir... Et le troisième meurtre, docteur, de qui s'agissait-il?

— De sa mère.

— Ne me dites pas qu'il a aussi tué sa mère?

— Oui. »

Le capitaine Buchalet laissa échapper un long sifflement avant de dire :

« Ça s'est passé comment?

— Madame Lacroix n'avait plus toute sa tête. Elle adorait son fils, mais, dans sa folie, elle l'assimilait souvent à son défunt mari. À la longue, elle lui a rendu la vie impossible, faisant souvent des crises d'une grande violence. Un soir, au su et au vu de tous leurs voisins, elle s'est mise dans une colère noire quand il lui a dit avoir pris un rendez-vous pour elle chez un psychiatre. Comme chaque fois qu'il subissait un stress intense, sa fameuse migraine s'est déclenchée. Alors qu'il essayait d'empêcher sa mère d'appeler la police, elle l'a frappé avec le téléphone et il a perdu connaissance. En le voyant étendu, elle a raccroché, l'a traîné jusqu'au lit et est allée se coucher, du moins c'est ce que Lacroix pensait. C'est alors que Paul numéro deux est passé à l'action. Il s'est rendu dans la chambre de sa mère et lui a préparé un cocktail d'une vingtaine de somnifères qu'il lui a fait boire sans difficulté. Elle s'est endormie pour toujours. L'enquête a conclu au suicide et Paul ne fut jamais soupçonné.

— Tu te souviens de cette affaire, Jacques?

— Non, Jean-Marc. Cependant, je vais faire ressortir le dossier dès notre retour... Et les autres meurtres, docteur?

— Sa femme et son amant le même jour. Cela s'est passé en fin de soirée dans un motel de Kingston. Paul avait été averti par la gardienne de son immeuble que sa femme le trompait. Il était alors à Toronto pour son travail. Revenu à Montréal en catastrophe, il s'est stationné devant chez lui et a attendu. Il était là depuis une bonne heure lorsque sa femme accompagnée de son amant sont arrivés. Madame Lacroix a pénétré dans l'immeuble pendant que l'homme restait dans l'auto pour l'attendre. Elle est ressortie quelques minutes plus tard avec ses valises et ils sont repartis. Lacroix les a suivis jusqu'à Kingston, s'est garé dans le stationnement du motel et est resté dans son auto qu'il n'a quittée que vers vingt-trois heures pour aller regarder par la fenêtre de l'unité où logeaient les deux amants. Il les a aperçus faisant l'amour et cela lui a causé un tel choc que son hyper-migraine est survenue. Il n'a eu que le temps de retourner à son auto avant que Paul numéro deux ne se réveille. Une demi-heure plus tard, lorsque l'homme s'est absenté pour acheter des cigarettes, Paul numéro deux est entré dans la chambre et a tout simplement étranglé son épouse. Puis, il s'est caché et a patienté jusqu'au retour de l'homme pour l'assommer et l'étrangler à son tour. Il s'est alors assis tranquillement dans la chambre pour attendre le milieu de la nuit et transporter les deux cadavres et leurs bagages dans le coffre de leur voiture. Avant de quitter les lieux, il a mis une centaine de dollars dans une enveloppe adressée au gérant du motel avec une note disant qu'ils avaient dû repartir très tôt et l'a posée sur la table de chevet. Puis il a conduit l'auto jusqu'au port situé quelques centaines de mètres plus loin. Après avoir enlevé les plaques d'immatriculation, il a engagé le véhicule sur la rampe d'accès à l'eau, mis la transmission au point mort et a poussé la voiture dans le fleuve où elle s'est enfoncée. Peut-être s'y trouve-t-elle encore?

— J'en doute, depuis le temps, on a bien dû la repérer.

— Pas sûr, Jacques. Tu sais que j'ai un bateau et il m'arrive de me rendre jusqu'à Kingston en passant par la rivière Outaouais, le canal Rideau et la rivière Rideau. Dans ce port, l'eau est très profonde et le fond boueux. Il est possible que l'auto soit encore là.

— Dans ce cas, Jean-Marc, tu vas contacter les collègues de Kingston et leur demander de faire des recherches. On verra bien. Que s'est-il passé par la suite, docteur?

— Lacroix est retourné dans sa voiture et s'est endormi. C'est Paul numéro un qui s'est réveillé vers cinq heures trente du matin. Constatant que l'auto des amants n'était plus là, il a cru qu'ils étaient partis durant son sommeil. Ne sachant pas où ils étaient allés et ne pouvant plus rien faire, il est reparti pour Toronto.

— Ça paraît incroyable que Lacroix ait pu tuer six personnes sans s'en rendre compte.

— Et pourtant, capitaine, c'est bien le cas.

— Aucune chance pour qu'il ait menti?

— Non. Il a tout écrit dans ce cahier après avoir découvert la vérité à son sujet. D'ailleurs, pourquoi aurait-il menti avant de se suicider? Ce cahier bleu est une confession, un moyen d'alléger sa conscience avant de mourir.

— Vous avez probablement raison. Mais comment a-t-il su pour lui et son double?

— Il l'explique assez longuement dans son récit. La nuit dernière, Florence lui a fait revivre la scène de son meurtre pour la seconde fois. Cependant, contrairement à la nuit précédente où il n'avait pu voir le visage du meurtrier, cette fois-ci, il a pu le distinguer parfaitement et c'est son propre visage qu'il a aperçu. Cette découverte lui a causé un tel choc que Paul numéro un et Paul numéro deux ont, en quelques sorte, fusionné. Ils sont devenus une seule et même personne avec une seule et même mémoire. Ce fut comme si une porte s'était ouverte et que les souvenirs de Paul numéro deux se soient soudainement inscrits dans la mémoire de Paul numéro un. En une fraction de seconde, il a réalisé qu'il était non seulement un pédophile incestueux, mais aussi un meurtrier en série qui avait éliminé tous les membres de sa famille, y compris sa fille chérie.

— Justement, pour sa fille, comment ça s'est passé?

— Il n'en parle pas. Pourquoi? Je n'en sais rien. Peut-être n'en a-t-il pas eu le courage. Ou peut-être que ce meurtre est trop récent pour qu'il ait compris ce qui s'est produit. Qui sait ce qui peut se passer dans un cerveau malade à ce point? La seule chose dont nous sommes certains, c'est qu'il est bien l'assassin et que, si on n'a pas trouvé d'empreintes sur le couteau, c'est qu'il portait des gants.

— Il a dû avoir un drôle de choc quand il a réalisé qu'il avait tué sa fille.

— Oui, et il ne s'en est pas remis puisqu'il a choisi de se supprimer. Avant de le faire, cependant, il a voulu que la vérité soit connue afin d'expliquer son geste et d'éviter qu'un innocent soit condamné à sa place. Il détestait Rinaldo, mais il ne voulait pas être responsable d'un autre meurtre.

— Le bel Alberto! Je l'avais oublié celui-là. Jean-Marc, va téléphoner à Parthenais et fais-le libérer.

— Tu ne crois pas qu'on pourrait le garder au frais encore un ou deux jours de plus? Après mon petit numéro d'hier, je crois qu'il est mûr pour se mettre à table.

— Pas de ça, Jean-Marc. Tant qu'il était notre suspect numéro un, j'étais d'accord pour le mettre sous pression, mais maintenant qu'il a été innocenté par la confession de Lacroix, ce n'est plus possible. Nous aurons d'autres occasions de le coincer.

— J'ai des nausées à la seule pensée de le remettre en liberté », grommela le lieutenant Grimard en sortant du salon.

Après son départ, le psychologue et le policier restèrent un moment silencieux, chacun essayant de s'imaginer ce qu'avait pu être la vie de Paul Lacroix. Ce fut finalement le capitaine Buchalet qui rompit le silence en demandant:

« Docteur, dites-moi la vérité. Tous ces phénomènes

étranges dont il était témoin comme la présence chaque nuit du fantôme de sa fille dans sa chambre, les visions qu'il avait, les paroles qu'il entendait, tout ça, c'était vrai ou ce n'était que les hallucinations d'un esprit dérangé? Maintenant que vous avez lu ces cahiers, qu'en pensez-vous?

— Je pense que le jour où il a découvert le cadavre de sa fille, son cerveau s'est détraqué complètement et est devenu l'objet d'hallucinations de type hypnoïde. Il n'y avait donc rien de réel dans ce qu'il a vécu et nous a raconté. J'ai été bête de ne pas m'en apercevoir plus tôt! Je suis impardonnable.

— Mais dans sa tête à lui, tout était vrai, réel?

— Aucun doute là-dessus.

— Mais alors, comment expliquer le plafonnier allumé, l'album photos déplacé, la télévision qui fonctionnait?

— Je crois avoir compris. Le choc subi lors de la mort de sa fille a fait en sorte que Paul deux a pratiquement rejoint Paul un; pas complètement, mais presque. Comme vous le savez, il s'endormait toujours avant ces manifestations. Il est probable que, pendant son sommeil, son double allait préparer la chambre et revenait se coucher. À son réveil, il ne se rappelait plus rien. Qui sait ce qu'un cerveau détraqué à ce point peut inventer et faire? C'est la seule explication qui me vient à l'esprit. »

Juste au moment où il finissait sa phrase, la porte du salon s'ouvrit et le lieutenant Grimard entra. Son visage était pâle et ses traits contractés.

« Mon Dieu! Jean-Marc, qu'est-ce qui t'arrive? As-tu vu le fantôme de Florence Lacroix?

— Non, mais je risque bien d'être hanté longtemps par un autre fantôme, celui d'Alberto. Ce matin, des gardiens l'ont retrouvé dans les douches, poignardé à mort avec un pic à glace. Tu sais ce que ça veut dire?

— Que ses patrons pensaient qu'il allait parler et qu'ils l'ont fait taire pour de bon. Bordel! On a merdé sur ce coup-là.

— Non, tu n'as pas merdé, Jacques, mais moi, oui. Je ne

t'ai pas tout dit hier. Pour l'inciter à parler, je lui ai laissé entendre que nous avions trouvé ses empreintes sur le couteau et que, s'il parlait, nous pourrions lui donner une nouvelle identité et le cacher. Il a refusé. Je l'ai alors menacé de faire partir une rumeur à l'effet qu'il avait accepté de se mettre à table. Je croyais que cela l'effrayerait suffisamment pour qu'il change d'idée. En arrivant au poste, je vous ai dit que j'avais bon espoir qu'il devienne un repenti. C'est sûrement venu aux oreilles de ses patrons, qui ont probablement une taupe chez nous, et ils l'ont fait exécuter... À notre retour au bureau, je te remets ma démission.

— Ne dis pas de bêtises. Je ne vais pas me priver du meilleur bras droit que j'aie jamais eu parce que la mafia a fait assassiner une petite raclure. Oublie tout ça.

— Je ne suis pas prêt d'y arriver. »

Grimard était visiblement secoué et Buchalet s'en rendit compte. Il connaissait son adjoint sur le bout des doigts et voyait bien qu'il s'estimait responsable de la mort d'Alberto. Si rien n'était fait pour l'aider, il mettrait du temps à s'en remettre. S'approchant de celui qu'il considérait un peu comme son petit frère, il le prit affectueusement par l'épaule tout en faisant un signe de tête au psychologue.

« Jean-Marc, pourquoi n'amènerais-tu pas le docteur manger une bouchée et boire un café? Il y a un restaurant au coin de la rue.

— Excellente idée, j'ai faim, approuva Legrand qui avait compris que le capitaine souhaitait le voir jouer son rôle de psychologue auprès de son bras droit.

— Et toi, tu restes là? demanda Grimard à son patron.

— Oui, je tiens à être sur place tant que les techniciens du labo ne seront pas partis. Quand vous aurez fini de manger, tu pourras reconduire notre ami chez lui avant de revenir me chercher. Il mérite bien ça avec toute l'aide qu'il nous a apportée.

— D'accord.

— Docteur, un gros merci pour votre collaboration. Je

pense que l'on devrait vous faire nommer membre honoraire de la police.

— J'en serais flatté. À bientôt, capitaine, et surtout n'hésitez pas à m'appeler si vous pensez que je peux vous être utile. Oh! avant de partir, me permettriez-vous de jeter un coup d'œil à la chambre de Lacroix? J'ai l'intention d'écrire un article sur cette affaire et j'aimerais bien me mettre en mémoire ce lieu un peu spécial.

— Bien sûr. Le lieutenant va vous accompagner au cas où les techniciens ne voudraient pas vous faire entrer.

— Merci.

— Jacques, tu veux que je te rapporte un café avec des viennoiseries?

— Pas de viennoiseries. Il faut que j'arrive à stabiliser mon taux de sucre qui joue aux montagnes russes ces temps-ci. Un bon café me suffira. Que ferions-nous, pauvres policiers, sans café! C'est notre drogue quotidienne.

— C'est aussi celle des professeurs d'université, capitaine.

— Tiens, je croyais que c'était une sorte d'herbe qui se fume.

— Ce n'est plus à la mode. Vous êtes vieux jeu, cher ami. »

Les deux hommes éclatèrent de rire et Buchalet fut soulagé de voir son adjoint rire lui aussi. Il allait s'en remettre.

* * *

Resté seul, le capitaine Buchalet se dirigea vers la fenêtre et laissa son regard errer sur le mont Royal dont le sommet était encore parcouru par des filaments de brouillard que le soleil s'efforçait de chasser. La journée serait belle mais froide. « *Ça commence à sentir l'hiver* », pensa-t-il d'un air tristounet.

Il était soucieux. Si l'affaire Florence Lacroix était solutionnée, par contre son bras droit avait du mouron à se faire. Il avait commis une faute en menaçant Alberto.

C'était bien dans son tempérament d'agir ainsi. Comme enquêteur, il était excellent et comme meneur d'hommes, il n'avait pas son pareil. Malheureusement, il avait parfois tendance à interpréter la loi à sa manière pour faire triompher la justice. À toujours vouloir jouer avec le feu, on prend le risque de se brûler et dans ce dossier Grimard s'était brûlé. Il allait devoir lui en parler, non pas pour le blâmer, mais pour lui dire d'être plus prudent à l'avenir. Car si la police des polices se mettait le nez dans une affaire comme celle-ci, son adjoint s'en tirerait au minimum avec un blâme sévère qui ferait tache dans son dossier et pourrait nuire à sa carrière. Buchalet voulait lui éviter ce genre de problème.

Il réfléchit à la situation durant quelques minutes, puis ses pensées le ramenèrent aux explications fournies par Legrand sur le comportement de Lacroix. Quelque chose le tracassait, quelque chose que le psychologue avait mentionné à propos de l'enquête, quelque chose qu'il n'avait pas relevé sur le coup mais qu'il lui semblait important de se rappeler à cet instant. Il essaya de se concentrer car, habituellement, quand il éprouvait ce genre de sensation, c'était capital. Il passa en revue tout ce que le docteur avait dit, mais rien ne se déclencha. « *Laissons mûrir, ça viendra* », pensa-t-il.

Un peu frustré malgré tout, il se leva et sortit du salon pour se diriger vers la chambre de Florence Lacroix. Le fait de se retrouver dans cette pièce où elle avait vécu pourrait peut-être stimuler ses neurones? En passant dans le vestibule il remarqua, sur le plancher, des empreintes laissées par quelqu'un ayant marché dans le révélateur utilisé par les techniciens pour détecter d'éventuelles traces sur le sol. Il sourit. Si c'étaient celles de Legrand et Grimard, ils avaient dû se faire engueuler par les gars du labo.

Quand il ouvrit la porte de la chambre, il vit qu'elle était plongée dans la pénombre. Les stores avaient été baissés et seul un faible rayon de jour filtrait sur les côtés. Au lieu d'allumer le plafonnier, il préféra s'avancer vers la fenêtre pour remonter le store et laisser pénétrer le soleil.

C'est à cet instant précis que cela se produisit. Il fut d'abord parcouru par un long frisson et il eut très froid. Puis sa vue se brouilla et un bruit étrange, une sorte de sifflement accompagné de ce qui lui parut être une rafale de vent l'enveloppa et lui vrilla les tympans. Interdit, il s'arrêta et découvrit avec effarement que les objets autour de lui s'adonnaient à un étrange ballet. Certains montaient pendant que d'autres descendaient; certains se divisaient pendant que d'autres se recollaient; certains bougeaient vers la droite pendant que d'autres se dirigeaient vers la gauche. Tout semblait tourner autour de lui. Sa vue se brouilla davantage, comme s'il regardait à travers des lunettes aux verres trop forts. Son cœur se mit à battre à une vitesse folle et une bouffée de chaleur le submergea. Il se sentit défaillir et eut l'impression qu'une rafale de vent le poussait. Comprenant qu'il allait tomber vers l'avant, il tendit les bras dans l'espoir de se raccrocher à quelque chose. Ses mains rencontrèrent ce qu'il devina être la table de chevet qu'il avait aperçue en entrant et il s'y cramponna. Son poids la fit basculer vers l'arrière, mais elle ne se renversa pas et Buchalet put se maintenir debout. Il y eut un bruit sourd, une autre rafale de vent, encore une sensation de froid, puis le drôle de sifflement s'éloigna et disparut. Sa vision redevint normale, les objets de la pièce reprirent leur place et ses vertiges cessèrent. Tout redevint calme et il n'y eut plus que le silence.

Hébété, Buchalet respira profondément plusieurs fois avant d'oser bouger. « *Que m'est-il arrivé?* » pensa-t-il avec effroi. Lentement, il se redressa et ses doigts qui étaient crispés sur la petite table qui l'avait sauvé d'une chute certaine se desserrèrent un à un pour finir par lâcher prise complètement. Immobile, il ferma les yeux le temps de permettre à son cœur de retrouver un battement plus régulier. Avait-il eu une crise causée par une glycémie déréglée ou avait-il eu des hallucinations comme Lacroix? Quoi que cela ait pu être, il avait eu peur et se sentait encore bouleversé. Après quelques secondes, il se décida à ouvrir les yeux et, d'une main tremblante, il réussit à saisir le cordon du store et à le tirer. La lumière du jour remplit la pièce et il regarda autour de lui. Tout semblait être à sa place, mis à part l'album photos qu'il avait aperçu sur la table de chevet. Il avait glissé entre la table et le mur. « *J'ai dû le faire tomber en m'agrippant à la table* », se dit-il en se penchant pour le remettre à sa place. En le saisissant, il s'aperçut que la plinthe derrière la table de chevet s'était détachée. L'album avait dû la heurter et la faire tomber. En s'agenouillant pour la remettre en place, il réalisa que quelque chose se trouvait à l'intérieur d'une petite cavité entre la plinthe et le mur. Son instinct d'enquêteur prit le dessus et il oublia son inquiétude. Il sortit de sa poche une paire de gants en latex, les mit, plongea la main dans la cavité et en sortit un sachet en plastique dans lequel il distingua des photos et des lettres. Pendant un bref instant, il resta sans bouger, son cœur s'étant remis à battre très fort. Il ressentait ce petit frisson qui lui parcourait le corps chaque fois qu'il approchait du dénouement d'une affaire. Pourtant, le dossier Florence Lacroix était bouclé et le meurtrier identifié. Pourquoi ressentait-il cette émotion si caractéristique? Il ne comprenait pas.

Avec une fébrilité qui ne lui était pas familière, il ouvrit le sachet et en sortit d'abord les photos. Une à une il les contempla et son cœur s'accéléra davantage, au point que cela lui fit un peu peur. Il n'arrivait pas à croire ce qu'il voyait. « *Se peut-il que...* » Il laissa les photos pour s'attaquer aux lettres. Peut-être lui fourniraient-elles les éclaircissements dont il avait besoin. Il les parcourut avec avidité et, quand il eut terminé, ses mains tremblaient. Non, l'affaire Florence Lacroix n'était pas terminée. Il s'approcha de la berceuse où Paul Lacroix avait passé une partie de ses dernières nuits et s'y laissa choir. Il avait besoin de réfléchir et de regarder toute cette affaire à la lumière des nouvelles informations qui venaient de lui tomber providentiellement dans les mains.

Une dizaine de minutes s'écoulèrent avant qu'il ne se relève. Il comprenait tout maintenant, même ce qui l'avait tracassé depuis les explications du docteur Legrand. Satisfait et plein d'ardeur, il sortit son cellulaire et appela le quartier général.

« Sergent, dit-il lorsque le répartiteur lui répondit, rejoignez Grimard tout de suite sur son biper et demandez-lui de m'appeler sur mon cellulaire. Ça presse. »

Il n'eut pas à attendre très longtemps pour être rappelé par son adjoint.

« Chef, c'est moi, qu'y a-t-il?

— Vous êtes toujours au restaurant?

— Oui.

— Alors, ramène-toi avec le docteur. J'ai du nouveau sur l'affaire Lacroix et il me tarde de vous en parler. Cela vous intéressera tous les deux.

— O.K., on arrive. »

Après avoir fermé son cellulaire, Buchalet jeta un dernier regard à la chambre de Florence Lacroix, hocha la tête et sortit pour regagner le salon. Au passage, il s'arrêta assez longtemps dans le vestibule pour examiner les empreintes de pas qu'il avait aperçues un peu plus tôt. Satisfait, il se dirigea vers la chambre de Paul Lacroix, ouvrit la porte et demanda aux techniciens:

« L'un de vous est-il sorti depuis le passage de Grimard et du docteur Legrand?

— Non », crièrent les trois hommes.

Le capitaine referma la porte, hocha la tête de nouveau et retourna au salon pour attendre Grimard et Legrand.

* * *

« Alors, cher docteur, qu'en pensez-vous? »

Grimard et le psychologue étaient arrivés depuis quelques minutes. Après les avoir fait asseoir, le chef de l'Escouade des homicides leur avait décrit ce qu'il avait ressenti en pénétrant dans la chambre de Florence Lacroix. Il avait par contre passé sous silence ce qu'il avait découvert derrière la table de chevet. Il voulait leur en faire la surprise au moment propice.

« C'est difficile à dire, répondit Legrand. Est-ce la première fois que vous ressentez de tels symptômes?

— J'ai déjà fait des crises d'hyperglycémie, mais je n'ai jamais été victime de ce genre de sensations. À un moment donné, j'ai cru que je faisais un infarctus. J'ai eu peur de mourir, je l'avoue.

— Vous avez des problèmes de circulation?

— Oui.

— Je ne suis pas médecin, mais cela ne ressemble aucunement à un problème cardiaque ou à un coma diabétique. Par contre ce pourrait être une légère attaque cérébrale. Je vous conseille de voir votre médecin le plus tôt possible.

— Je vais le faire. Mais ce n'est pas pour ça que je vous ai fait revenir. J'ai du nouveau dans l'affaire Lacroix. »

Le capitaine Buchalet attendit quelques secondes, le temps de soulever davantage la curiosité de Grimard et de Legrand.

« Quand j'ai cru que j'allais m'évanouir, reprit-il finalement, je me suis accroché à ce que j'ai pu. J'ai attrapé la table de chevet, et l'album photos qui s'y trouvait est tombé. En me penchant pour le ramasser, j'ai vu qu'une partie de la plinthe derrière ce guéridon s'était détachée. Sans doute qu'en tombant l'album l'avait accrochée.

— Nous... commença le lieutenant Grimard qui fut aussitôt coupé par Buchalet.

— Laisse-moi terminer, Jean-Marc. »

Comprenant que son patron ne voulait pas être interrompu, il se tut et attendit la suite avec intérêt.

« Derrière ce petit bout de plinthe, reprit le capitaine, se trouvait une cavité et dans cette cavité un sachet contenant des photos et des lettres. Intéressant, non? »

Tout en prononçant ces paroles, Buchalet n'avait pas quitté des yeux ses interlocuteurs. Il vit le visage de Legrand se crisper durant une fraction de seconde et les traits de Grimard exprimer la stupeur la plus totale. Ayant vu ce qu'il voulait, le chef de l'Escouade des homicides continua :

« Mais le plus intéressant, c'est ce que j'ai vu sur ces

photos et lu sur ces lettres... Docteur, dites-moi, quand avez-vous rencontré Lacroix et sa fille pour la première fois?

— En février, chez des amis communs, à Sainte-Adèle. D'ailleurs, je crois vous l'avoir déjà dit, non?

— C'est vrai, j'avais oublié. »

Le gros policier hocha la tête comme s'il était découragé de son peu de mémoire et demanda d'un air innocent :

« Vous les avez revus après?

— Euh... non.

— Vous en êtes certain?

— Oui, pourquoi?

— Alors, il y a quelque chose que je ne comprends pas et que vous allez devoir m'expliquer. Comment se fait-il que, sur une des photos que j'ai trouvées, on vous voie en compagnie de Florence Lacroix dans ce qui m'a semblé être un club de jazz de la rue Saint-Denis?

— Je... je ne... comprends pas, bégaya le psychologue visiblement ébranlé.

— Peut-être cela stimulera-t-il votre mémoire si je vous dis que sur une autre vous dansez d'une manière non équivoque avec Florence et que sur la troisième on vous voit en petite tenue dans une chambre de motel ou d'hôtel? J'aimerais aussi préciser que mademoiselle Lacroix avait l'excellente habitude de dater et légender ses photos et que votre nom apparaît au dos de chacune d'elles. Donc, il s'agit bien de vous. Commentaires, docteur? »

Le visage de Legrand avait pris une couleur cadavérique. Ses mains tremblaient et ses yeux trahissaient une panique qu'il n'arrivait pas à dissimuler. Il ouvrit la bouche pour répondre, mais seul un son rauque en sortit. Buchalet attendit quelques secondes, puis lui dit d'une voix douce :

« Docteur, je crois que vous feriez mieux de nous dire la vérité.

— Je... je vous répète que je ne comprends pas. C'est... c'est incompréhensible, réussit à murmurer Legrand d'une voix chevrotante.

— Alors, c'est moi qui vais vous expliquer. La journée où vous avez rencontré Florence Lacroix à Sainte-Adèle, vous l'avez beaucoup impressionnée avec vos histoires de revenants. Vous l'avez tellement impressionnée que, quelques jours plus tard, elle s'est mise en rapport avec vous. Exact?

— ...

— Bon, puisque vous persistez à ne pas vouloir parler, je vais le faire pour vous. Vous l'avez reçue à votre bureau et vous l'avez envoûtée à tel point qu'elle vous est tombée dans les bras et vous êtes devenus amants. Elle a été votre maîtresse durant plus de trois mois. Puis, pour votre malheur, un soir qu'elle sortait avec des collègues de travail, elle a rencontré Alberto et ce fut le coup de foudre. Un peu comme celui qu'elle avait eu pour vous, mais en plus puissant, et elle vous a abandonné pour se mettre en ménage avec le bel Italien dans un appartement qu'elle a loué et dont elle payait le loyer. C'est vous dire qu'elle était vraiment amoureuse de lui. Dois-je poursuivre ou vous allez le faire? »

De nouveau le psychologue ne répondit pas. Il avait le regard fixe et le teint blafard. Seul le tremblement de ses genoux et le battement rapide de ses paupières indiquaient qu'il était vivant. Buchalet attendit quelques secondes, puis reprit :

« Je continue donc. Désespéré, vous l'avez appelée à plusieurs reprises. Au début elle a pris vos appels puis, quand elle n'a plus voulu vous parler, vous lui avez écrit. Mais elle n'a pas répondu à vos lettres. Lorsque vous avez appris qu'elle avait fait expulser Alberto de chez elle, vous lui avez écrit de nouveau pour essayer de la convaincre de reprendre votre liaison. À votre grande surprise, elle a donné suite en vous invitant à dîner. Vous y êtes allé et... c'est ce soir-là qu'elle a été assassinée. Docteur Legrand, je crois que c'est vous qui avez tué Florence Lacroix.

— Non! cria le psychologue qui semblait revenir à la vie, ce n'est pas moi qui l'ai tuée. Tout ce que vous avez dit est vrai, je le reconnais, mais ce soir-là, quand j'ai quitté

Florence, elle était vivante. C'est Lacroix qui a égorgé sa fille. Il l'a écrit dans son cahier. Si ce n'était pas lui, pourquoi se serait-il suicidé?

— Je maintiens que c'est vous qui l'avez tuée...

— Tant qu'à y être, le coupa Legrand devenu agressif, pourquoi ne pas m'accuser d'avoir tué tous les autres membres de sa famille. C'est bien Lacroix qui les a assassinés, non?

— Vous avez raison, il a bien commis tous les meurtres dont il s'accuse, tous sauf celui de sa fille. Celui-là, c'est vous qui l'avez commis.

— Je crois, capitaine, que vous avez des hallucinations comme Lacroix.

— Non, docteur. Je sais que le meurtrier de Florence Lacroix, c'est vous. J'en ai la preuve.

— Impossible! tonna Legrand.

— Vous avez commis une erreur et c'est elle qui vous a perdu.

— Et quelle erreur aurais-je commise d'après vous? »

Le ton du psychologue s'était fait sarcastique. Il était visible qu'il essayait de se donner une contenance. Buchalet se contenta d'esquisser un sourire avant de dire :

« Vous avez trop parlé ce matin, docteur. Quand nous avons discuté de la façon dont Paul Lacroix aurait tué sa fille, vous avez déclaré que la raison pour laquelle nous n'avions pas trouvé d'empreintes sur le couteau, c'est parce que Lacroix portait des gants. Or, comment pouviez-vous savoir qu'il n'y avait pas d'empreintes sur le couteau? Jean-Marc et, moi avions convenu de garder cette information secrète et, lorsque vous êtes revenus il y a quelques minutes, il m'a confirmé ne pas vous en avoir parlé.

— Il a pu le faire et oublier.

— C'est ça, dites que je suis sénile! explosa Grimard qui rageait de s'être fait berner d'aussi magistrale façon par le psychologue. Comment aurais-je pu vous en parler? Nous ne nous sommes pas vus entre le moment où j'ai eu les résultats du labo et celui où vous êtes venu nous rejoindre ce matin.

— Peut-être ai-je fait une supposition qui s'est révélée exacte?

— Admettons, c'est possible, admit Buchalet qui fut aussitôt interrompu par son adjoint.

— Jacques, tu ne vas quand même pas croire ce... »

Le capitaine fit signe à Grimard de se taire et ce dernier obtempéra de nouveau. Comme si le poids de son corps était devenu difficile à porter, le capitaine se leva lentement de sa chaise et fit mine de réfléchir. Puis, s'approchant du fauteuil où était assis le psychologue, il lui indiqua ses chaussures.

« Ce sont bien des Rockport que vous portez, n'est-ce pas?

— Euh... oui. Pourquoi?

— Passez-moi votre chaussure gauche. »

Le psychologue regarda sa chaussure, puis le capitaine, puis de nouveau ses chaussures.

« Je ne vois pas pour quelle raison je...

— Allez, obéissez sans poser de questions! lui cria le lieutenant Grimard d'une voix à terroriser le plus téméraire des hommes.

Effrayé du ton employé par celui qui quelques minutes plus tôt était encore son ami, le psychologue enleva sa chaussure gauche et la tendit à Buchalet. Le capitaine la prit, en examina la semelle et la passa à son bras droit qui venait de comprendre.

« Cette semelle te rappelle quelque chose, Jean-Marc?

— Bien sûr! s'exclama Grimard après l'avoir examinée, celle que le meurtrier a laissée sur les lieux du crime. Vous avez une explication pour ça, docteur?

— Cela ne veut rien dire. Je ne suis pas le seul à porter des Rockport.

— Exact. Mais nous aurons une réponse rapide en les comparant à la photo que nous possédons de l'empreinte. Cependant, ne vous faites pas d'illusions. Je me souviens très bien que l'un des coins de la semelle était écorné à la même place que la vôtre, cher ami... Allons, docteur, dites-nous la vérité. Cela ne pourra que vous aider. »

Visiblement secoué par ce qu'il venait d'entendre, le psychologue resta immobile, les yeux rivés sur ses genoux. Puis, comme si toutes ses forces s'étaient subitement envolées, il se tassa sur lui-même et se cacha le visage dans les deux mains. Il y eut un long moment de silence, puis les deux policiers purent voir ses épaules se mettre à tressauter. Il pleurait. Le chef de l'Escouade des homicides fit signe à son adjoint d'attendre qu'il se calme avant de le questionner. Mais ils n'eurent pas à lui poser de questions. Legrand releva la tête et ce fut comme s'il ouvrait les vannes de sa conscience pour en laisser sortir le lourd secret qu'il portait en lui.

« Florence Lacroix, commença-t-il, était une sorcière dans un corps de déesse. Au départ, j'ai cru que j'avais réussi à la séduire alors qu'en réalité c'est elle qui menait le jeu. Son efficacité au lit m'avait ensorcelé. Elle était de celles qui savent mener les hommes par le sexe. J'en suis devenu très vite amoureux fou. Croyez-le ou non, j'étais prêt à abandonner femme et enfants pour partager sa vie. Elle m'y poussait d'ailleurs. Le jour même où je lui ai annoncé que j'allais parler à ma femme, elle m'a dit que cela ne l'intéressait plus, car elle avait rencontré un autre homme beaucoup plus jeune et beaucoup plus beau que moi, qu'elle en était follement amoureuse et qu'elle m'abandonnait pour vivre avec lui. Le ton avec lequel elle m'a fait part de sa décision était effrayant. On aurait juré qu'elle prenait plaisir à me blesser. Pendant deux mois j'ai vécu un véritable enfer. J'étais désespéré. J'ai imaginé toutes sortes de plans plus fous les uns que les autres pour qu'elle me revienne. Puis, il y a un mois, alors que j'avais perdu tout espoir, j'ai appris par hasard qu'elle était désormais seule. Sans trop y croire, je lui ai écrit et, à ma grande surprise, elle m'a répondu en m'invitant à dîner chez elle. J'étais fou de joie. Nous allions pouvoir reprendre notre liaison. Si j'avais su... »

Le psychologue se tut et le silence se fit de nouveau dans la pièce. Les deux policiers attendirent que Legrand, dont les yeux pleins d'eau exprimaient une profonde détresse, reprenne la parole. Sans doute revoyait-il dans son esprit le déroulement d'une soirée dont les conséquences s'étaient avérées désastreuses. Buchalet et Grimard savaient que l'homme qu'ils avaient devant eux allait tout leur dire. Il suffisait de ne pas le brusquer, de le laisser s'épancher à son rythme. Une grosse minute s'écoula avant qu'il ne recommence sa triste histoire d'une voix brisée par l'émotion.

« Elle avait préparé un excellent repas et j'ai vraiment pensé que tout allait recommencer comme avant. J'étais si heureux. Je lui ai alors annoncé que j'étais prêt à divorcer pour venir m'installer chez elle. Que n'avais-je pas dit. Elle s'est mise à rire, un rire cruel qui m'a fait l'impression d'un coup de couteau. "Tu n'as vraiment rien compris, m'a-t-elle lancé d'un ton plein de raillerie. Ce que tu peux être cruche. Je ne veux plus de toi. Je t'ai déjà dit que j'en avais assez, des vieux croûtons. J'ai envie de m'éclater avec des hommes de mon âge. J'ai vingt et un ans et tu en as plus de quarante. Pourquoi perdrais-je mon temps avec toi?" Quelle déception après avoir cru que j'avais regagné son cœur! Mais le pire était à venir. Je lui ai alors demandé pourquoi elle m'avait fait venir si c'était pour me rejeter aussitôt. " Parce que j'ai besoin d'argent, de beaucoup d'argent, m'a-t-elle répondu, et c'est toi qui vas me le donner. Vingt mille dollars. " J'étais estomaqué. "Sûrement pas", ai-je rétorqué, après un moment d'hésitation. "Alors, je vais faire parvenir ces photos d'abord à l'université puis à ta femme. J'ai hâte de voir comment ils vont réagir." Elle a alors pris trois photos qui étaient dans son sac et me les a montrées. Sur chacune d'elles, nous étions photographiés en petite tenue. Pour mon malheur, Florence était une excellente photographe et elle insistait toujours pour prendre des photos de nous deux dans toutes sortes de poses. Quand j'ai vu les photos, j'ai cru devenir fou. Si elle mettait sa menace à exécution, j'étais un homme fini. Je perdais ma famille mon travail et ma réputation. J'aurais probablement accepté de payer si je n'avais pas perdu beaucoup d'argent dans des placements hasardeux au cours des derniers mois. J'ai essayé de la raisonner, de lui expliquer que je n'avais pas d'argent, mais elle ne m'a pas cru. Quand j'ai voulu savoir pourquoi elle voulait de l'argent, elle m'a exhibé un sachet de cocaïne. " Pour acheter ça ", m'a-t-elle dit. Quand je pense que c'est moi qui l'ai initiée à cette saleté. Vous saviez qu'elle se droguait, capitaine?

— Oui, le médecin légiste nous en avait parlé. Cependant, il ne pouvait nous dire si elle était une consommatrice occasionnelle ou habituelle.

— Elle m'a avoué en prendre tous les jours. D'ailleurs, son amour pour Alberto avait beaucoup à faire avec cette maudite poudre blanche. Tant qu'il a été avec elle, il lui en fournissait, mais le jour où elle l'a chassé, sa source d'approvisionnement gratuite s'est tarie et elle a dû en acheter. Finalement, elle en a eu assez de discuter et m'a envoyé réfléchir au salon pendant qu'elle faisait la vaisselle en me soulignant qu'elle me donnait trois jours pour payer. Je suis resté seul une dizaine de minutes, le temps de me dire que l'unique solution était peut-être de vendre ma maison ou de l'hypothéquer. Mais je savais que, si je payais une fois, je serais obligé de payer encore et encore. Les maîtres chanteurs ne s'arrêtent jamais. Incapable de bien réfléchir, j'ai décidé de m'en aller et ai pénétré dans la cuisine pour le lui dire. C'est là que j'ai vu le couteau sur la table et que l'idée de la supprimer m'est venue. »

De nouveau, le psychologue enfouit son visage dans ses mains et resta immobile un long moment. Lorsqu'il releva la tête, il avait l'air d'avoir vieilli de dix ans.

« Je n'y avais pas pensé avant de voir le couteau, reprit-il. En apercevant cette fine lame blanche qui brillait dans la pénombre, j'ai eu un flash. En me débarrassant de Florence, je mettais fin à ce qui s'annonçait comme un cauchemar. La suite s'est déroulée comme dans un rêve. Je me suis vu mettre mes gants, pénétrer doucement dans la cuisine, saisir le couteau, approcher derrière Florence, l'attraper par la chevelure, la tirer vers moi et lui trancher la gorge. Voilà, vous savez tout. »

Le psychologue se tut et de grosses larmes sillonnèrent

ses joues. Les deux policiers se regardèrent et Buchalet fit signe à son adjoint d'aller dans la pièce à côté pour appeler une auto-patrouille qui pourrait conduire Legrand au quartier général. Il attendit son retour avant de poser les questions qui lui trottaient dans la tête. Legrand s'était expliqué, mais il y avait encore des zones d'ombre qu'il voulait éclaircir.

« Docteur, dit-il, j'aurais quelques questions à vous poser. D'accord?

— Allez-y, murmura le psychologue d'une voix résignée.

— Lacroix n'a pas tué sa fille puisque c'est vous. Alors, comment a-t-il pu se persuader qu'il était coupable et, surtout, s'imaginer voir son visage dans sa dernière vision de la scène du meurtre? »

Legrand leva les yeux vers le policier et sourit, un sourire triste, mais réel.

« Vous me décevez, capitaine, je croyais que vous auriez deviné. L'hypnotisme, tout simplement. Dès sa première visite, j'ai pu l'hypnotiser sans qu'il s'en rende compte et par la suite pénétrer dans son esprit à volonté chaque fois que nous nous sommes revus. J'ai ainsi pu l'orienter dans la direction que je voulais. Ce fut très facile, croyez-moi.

— Je vois. Mais votre expert de France, celui qui vous a donné la signification du cauchemar, comment a-t-il pu se tromper à ce point?

— Il n'a jamais existé. Je l'ai inventé.

— Dangereux, non? Nous aurions pu vouloir le faire témoigner.

— Le risque était mince.

— Vrai. Je vais probablement vous décevoir encore, mais pourquoi avoir voulu faire accuser Lacroix du meurtre de sa fille? Nous avions un suspect, Alberto Rinaldo, que tout semblait désigner comme coupable. Vous n'aviez qu'à laisser les choses suivre leur cours et vous étiez tranquille.

— L'ambition et l'argent. J'ai voulu me tailler un rôle sur mesure dans cette affaire pour accroître ma notoriété. L'article que je comptais écrire serait paru dans les principales revues traitant de surnaturel et aurait fait de moi un conférencier-vedette invité un peu partout pour de gros cachets. D'autre part, en faisant de Lacroix le coupable, je me protégeais.

— Comment ça?

— Un événement inattendu aurait pu venir innocenter Alberto et vous obliger à recommencer votre enquête. Il y avait peu de chances que vous remontiez jusqu'à moi, mais qui sait? En faisant de Lacroix le coupable, j'assurais mon impunité. »

Buchalet acquiesça de la tête et dit après un moment :

« Docteur, vous avez bien failli réussir votre coup. Nous sommes passés à un cheveu de nous faire avoir. En fait, si je n'avais pas eu ce malaise qui m'a permis de mettre la main sur ces photos et ces lettres, vous auriez commis le crime parfait.

— Ce n'est pas un malaise ordinaire que vous avez eu, capitaine, mais une intervention surnaturelle. Je le sais maintenant. C'est le fantôme de Florence Lacroix qui est revenu de l'au-delà pour vous indiquer où chercher et se venger de moi.

— Allons, docteur, vous savez bien que je ne croirai jamais à ces histoires de fantôme.

— Comme vous voudrez. Je suppose que vous allez maintenant m'arrêter?

— Oui. Docteur Legrand, je vous arrête pour le meurtre de Florence Lacroix et pour celui de son père que vous avez poussé au suicide. Vous avez le droit de garder le silence, mais tout ce que vous pourrez dire à partir de maintenant pourra être retenu contre vous. Je vous conseille de vous trouver un bon avocat.

— J'ai l'intention de plaider coupable. Ma vie est finie de toute façon.

— Parlez-en avec votre avocat avant de prendre une telle décision.

— À quoi bon?

— Vous seriez prêt à faire une confession enregistrée maintenant?

— Oui.

« — Jean-Marc, va chercher le magnétophone que tu as dans ton auto et apporte-le ici. »

Pendant son absence, Buchalet et le psychologue restèrent silencieux. Tous les deux semblaient perdus dans leurs pensées. Lorsque Grimard revint, il déposa le magnéto sur la table basse et le mit en marche.

Durant l'heure qui suivit, le docteur Legrand fit le récit complet de son implication dans l'affaire Lacroix. Il s'efforça de répondre le plus fidèlement possible aux multiples questions des deux policiers. Une fois que tout fut terminé, ils le confièrent aux agents pour être conduit au quartier général de la police pour la photo d'identité et les empreintes avant de le remettre aux autorités de Parthenais.

* * *

Une fois le psychologue parti, le capitaine Buchalet poussa un profond soupir de soulagement, remonta son gros ventre, resserra sa ceinture et s'exclama :

« Quelle affaire! On peut remercier Dame Chance. C'est bien la première fois que l'on boucle une enquête grâce à mes problèmes de santé. Si je n'avais pas eu ce malaise, jamais je n'aurais découvert la cachette de la petite Lacroix. Quand je pense que Legrand a voulu me faire croire que le fantôme de Florence était responsable de ce qui s'est produit. Il y croit vraiment, à son surnaturel.

— Peut-être n'avait-il pas tort.

— Ne me dis pas que toi aussi tu crois que le fantôme de la petite Lacroix est revenu dans sa chambre pendant que j'y étais et a été la cause de ce que j'ai ressenti?

— Oui.

— Allons, Jean-Marc, ne sois pas ridicule. »

Mais, devant l'air sérieux de son adjoint, il ajouta :

« Pourquoi penses-tu ça?

— J'ai essayé de te le dire lorsque tu nous as parlé de la découverte de cette cachette, mais tu m'as fait comprendre de me taire et c'est ce que j'ai fait. Ce que je voulais te dire, c'est que, ce matin, quand Gagnon et moi avons inspecté cette chambre, nous avons vu qu'il y avait une cachette derrière la plinthe et nous l'avons examinée.

— Alors, pourquoi ne pas avoir pris les photos et les lettres?

— Parce que... quand nous avons regardé dans la cachette, il n'y avait rien.

— Quoi! Jean-Marc, ne fais pas de farces plates comme ça, tu vas me faire avoir un infarctus.

— Ce n'est pas une farce, Jacques, c'est la vérité. »

Le chef de l'Escouade des homicides eut l'impression de perdre pied. Une bouffée de chaleur le submergea et il se demanda s'il ne faisait pas un mauvais rêve. Il trouva cependant la force d'articuler :

« Tu veux dire que le fantôme de Florence Lacroix serait revenu dans la chambre et aurait déposé... »

Il ne termina pas sa phrase en voyant que Grimard acquiesçait déjà de la tête. Tout juste trouva-t-il la force de bredouiller après un moment :

« Et... tout ce que Lacroix a vécu dans la chambre de sa fille serait... réel alors? »

— Ça, Jacques, nous ne le saurons probablement jamais.

DISTRIBUTEURS EXCLUSIFS

Distributeur pour le Canada et les États-Unis
LES MESSAGERIES ADP
MONTRÉAL (Canada)
Téléphone : (514) 523-1182 ou 1 800 361-4806
Télécopieur : (514) 521-4434

Distributeur pour la Suisse
TRANSAT S.A.
GENÈVE
Téléphone : 022/342 77 40
Télécopieur : 022/343 46 46

Distributeur pour la France et les autres pays européens
HISTOIRE ET DOCUMENTS
CHENNEVIÈRES-SUR-MARNE (France)
Téléphone : 01 45 76 77 41
Télécopieur : 01 45 93 34 70
histoire.et.document@wanadoo.fr

Dépôts légaux
4ᵉ trimestre 2003
Bibliothèque nationale du Canada
Bibliothèque nationale du Québec